U0507620

中共江苏省委党校、江苏省行政学院学术著作出版资助项目

陈建科 ○ 著

中国自由贸易试验区管理委员会职权问题研究

RESEARCH ON THE ADMINISTRATION COMMITTEE
FUNCTIONAL AUTHORITY OF CHINA PILOT FREE
TRADE ZONES

中国社会科学出版社

图书在版编目（CIP）数据

中国自由贸易试验区管理委员会职权问题研究／陈建科著.
—北京：中国社会科学出版社，2018.11
ISBN 978 – 7 – 5203 – 2672 – 8

Ⅰ. ①中…　Ⅱ. ①陈…　Ⅲ. ①自由贸易区—管理—研究—中国
Ⅳ. ①F752

中国版本图书馆 CIP 数据核字（2018）第 120777 号

出 版 人	赵剑英
责任编辑	赵　丽
责任校对	王秀珍
责任印制	王　超

出　　版	中国社会科学出版社
社　　址	北京鼓楼西大街甲 158 号
邮　　编	100720
网　　址	http://www.csspw.cn
发 行 部	010 – 84083685
门 市 部	010 – 84029450
经　　销	新华书店及其他书店

印　　刷	北京君升印刷有限公司
装　　订	廊坊市广阳区广增装订厂
版　　次	2018 年 11 月第 1 版
印　　次	2018 年 11 月第 1 次印刷

开　　本	710 × 1000　1/16
印　　张	18
插　　页	2
字　　数	286 千字
定　　价	78.00 元

凡购买中国社会科学出版社图书，如有质量问题请与本社营销中心联系调换
电话:010 – 84083683

目　　录

第一章

导　　论

　　研究中国自贸试验区管理委员会职权问题，是在对一定理论意义和实践价值进行考量的基础上做出的选择。笔者在梳理国内外相关研究现状以及对相关文献进行整理和分析的基础上，对中国自贸试验区管理机构职权的相关问题逐步展开研究；在研究的过程中主要运用历史、比较、规范以及实证的法学研究方法；以自贸试验区管理机构职权的内容、产生、变更与消灭、权限争议及其解决以及对未来的中国自贸园区管理机构职权问题进行展望为写作思路，并在该写作思路的基础上确定本书的写作框架。

第一节　选题意义

　　将"中国自由贸易试验区管理委员会职权问题研究"作为选题，主要是基于如下考虑：

　　其一，有利于管委会性质的确定以及法人理论的引入与完善。中国的派出组织有两种，一种是派出机构，一种是派出机关。所谓派出机构是政府职能部门依据相关法律所设立的派出组织，具有部分让与的特征，一般是在比较偏远的地方，或者针对较为专业的事务；所谓派出机关是一级地方政府依法设立的行使管理职权的组织，该组织所行使的职权具有全面性、综合性和系统性。中国自贸试验区管理委员会，有学者将其界定为派出机构，也有学者将其界定为派出机关，因为中国自贸试验区管委会的职权具有行使的全面性和系统性，更为接近我国宪法以及组织法所规定的派出机关。但是对于派出机关的类型的列举范围中又没有管委会这一表现形式,这就面临着合法性的危机。也有学者借用法人理论特别是公务法人理论来解释中国自贸试验区管理委员会的性质或者法律地位问题。法人理论的引入,利于丰富中国行政主体理论,以及解决中国行政主体理论先天不足后天畸形的发展病态,在某种程度上促进了管委会性质或者法律地位问题的研究。

其二,有利于行政职权的类型化研究。在中国,行政职权的类型化,特别是行政职权的具体表现形式及其划分标准,是学界很关心的问题,但是行政法的发展不像民法(特别是物权法)那样成熟。物权法上,依据对自己所享有的物权的客体归属之不同,将物权分为自物权和他物权。自物权就是所有权。他物权因物权设立的目的而不同,如果是使用收益的目的,是用益物权;如果是担保债权的履行,乃担保物权。用益物权和担保物权又有具体的细分内容和标准。行政法学虽然有权利能力和行为能力的理论,将民法学中的相关基本理论引入行政法学中来,但是这样的研究还不够深入,只是停留在概念和抽象思维层面。对中国自贸试验区管理委员会的职权进行全面深入的研究,有利于推动行政法学行政职权理论问题的全面而深入的探讨。就像法律条文分为编、章、节、条、款、项、目一样,行政职权也可以进行类似区分,但是因为过于精细化,研究的工作量相当繁重。笔者的研究重心不在行政职权的类型化方面,然而对国际上以及中国自贸园区管委会的职权研究,对中国行政法学上行政职权的类型化研究,也有抛砖引玉之用。

其三,有利于跨学科融合研究。本书在写作过程中涉及民法学、行政法学、国际法学等学科的知识。民法学主要包括民事法律事实、民事法律关系、民事权利、物权理论、代理理论,行政法学主要涉及行政法律事实、行政法律关系、行政职权、行政行为、授权委托以及代理理论、行政职权的设定、撤销、撤回、取消、运行以及权限争议解决,国际法学主要涉及国际公法学中的相关知识(外国自由贸易园区管理机构的设立、运行与维护、权限争议及其解决等问题)。这些学科,特别是民法学和行政法学相互之间的关系是很密切的,行政法学的很多理论基础或者基础理论都是从民法学中借鉴甚至是照搬而来的,民法学的很多理论对于行政法学的发展具有重要的促进和推动作用,例如,民事法律事实理论对行政法律事实产生的影响，民事法律关系对行政法律关系产生的影响，民法上的物权理论、代理理论等对行政法学上的行政职权的类型化标准理论以及行政法学上的授权委托与代理理论所产生的影响。此外，国际公法学的美国、韩国以及新加坡、阿拉伯联合酋长国等自贸园区管理机构职权的相关问题，不论是在自贸园区的职权来源还是在自贸园区的设立主体、申请主体、管理运营与维护主体、职权争议及其解决等方面，对于中国自贸试验区管理委员会的职权的相关理论研究而言都具有重要的参考价值。

其四，有利于准确把握中国自贸试验区管委会职权的变动及运行状况。中国的自贸试验区从2013年至今有5年多的时间，在管理机构的设立、运行、维护、权限争议解决等方面逐渐建章立制并运转起来。上海是中国第一个设立自贸试验区的城市，运行时间也最长，经验也更为丰富，毕竟才刚刚起步，外界对于上海自贸试验区的运行效果是有很大期待的，但是又感觉根本性、实质性的措施并未出台，应当采取的改革措施未采取，应当开放的领域还处于"犹抱琵琶半遮面"的状态。2014年年末国家批准设立中国天津、福建、广东自贸试验区，上海自贸试验区进行了扩区，但是从实际运行情况来看，很多领域还处于建章立制的阶段，制度运行的时间和运行的效果短期内还难以显现出来，也就出现了所谓的"外冷内热"的现象或者评价。但是这种外冷内热的状态是在预料之中的，中国的自贸试验区各方面制度还不完善，甚至尚未建立起来，更不用提取得一定成效了。要取得一定成效，中国的自贸试验区的建设和成熟还需要一个长期的过程。对中国自贸试验区管委会职权的配置、运行等情况进行详细分析，有利于把握中国自贸试验区管理机构职权的配置与运行所处的阶段、程度，发现配置与运行过程中所面临的问题，然后确定下一步建设和发展的目标，进而提出相应的建议。

其五，有利于为中国自贸试验区相关立法提供参考。综观世界上自贸园区发展比较成熟的国家和地区，例如美国、韩国、新加坡、阿联酋，不论是立法先行，还是先设立运行后建章立制，都有一部统一的国家层面的自贸园区的设置与运行维护方面的法律，这些法律有很多共性，都对自贸园区设立的主体、程序、申请人的条件或者标准进行了详细而严格的规定，对自贸园区的运行与维护的资格资质有着规范的要求，对自贸园区管理运营维护机构的授权的取消、权限争议及其解决有着明确的制度安排。一个自贸园区的建设与发展的成熟程度与其所处的法治环境是有很大关系的，自贸园区建设与发展越成熟的地方，一般来说法治环境就越健全规范和完善。也就是说，法治环境是衡量自贸试验区成熟程度的关键指标。中国的自贸试验区建设没有先例可循，时间比较短，所积累的经验还相对比较浅薄。管委会一般是先筹备设立，然后开始运行维护，再次才是对自贸试验区管委会职权问题进行法治化，通过省或者直辖市人民政府制定关于自贸试验区管理方面的政府规章，然后地方人大制定关于自贸试验区运行维护与创新改革方面的地方性法规；但是国家层面的自贸园区的立法则处于空白状态。2016年《政府工作报告》中提出要扩大自贸试验区的范围，的确，自贸试验区的范围得到了扩大，相信以后几年还会有越来越多的自贸试验区得以设立和投入运营，覆盖全国更多的地方。随着自贸试验区的设立与管理运营经验的总结和成熟，在适当的时机，国家会制定关于自贸园区设立与管理服务方面的法律，对自贸园区的设立、运营和维护进行规范。笔者在对自贸试验区管委会的职权的产生、变更、消灭的过程进行研究的基础上，提出了《中国自贸园区设立与管理服务法》建议稿，希望能够对国家自贸园区立法提供些微参考，研究的存在就有很大的意义。

第二节　国内外相关研究现状及文献综述

中国自贸试验区管委会职权相关问题研究，涉及民法学、行政法学、国际公法学等部分法学理论，涉及中国四个自贸试验区的地方立法、国家立法以及世界上较为成熟的自贸园区所在国家或者地区的相关立法，涉及职权法定，职权的内容，职权的产生、运行、变更、消灭、权限争议及其解决等相关领域的问题。这里就这些学科、立法以及相关领域的与中国自贸试验区相关的国内外研究现状作一梳理，并对相关的文献进行综述。

一　国内外相关研究现状

中国自贸试验区的发展历史非常短暂，在整个世界上自贸园区发展历程中几乎可以忽略不计。国内随着自贸试验区的发展，对自贸试验区进行综合性的研究越来越多，当然也有针对性的研究。因为自贸园区在发达国家以及部分发展经济体中发展较为成熟，所以很多理论与制度实践经验都值得我们研究和借鉴。

（一）国内研究现状

因为中国实施自由贸易园区战略相对比较晚，从一个自贸试验区设立运营到现在，也不过几年的时间。虽然之前有学者关注和研究自贸试验区的相关理论与实践问题，但是毕竟是比较晚近的事情。而且对自贸试验区相关理论与实践问题的关注主要集中在国际法领域；在行政法领域，鲜有人涉猎自贸试验区管理机构的职权问题，没有人以中国自贸试验区管理机构职权为选题作为博士论文或者硕士论文或者著作。但是这并不是说没有研究自贸试验区管理机构职权的硕博论文或者著作。在中国主要是国际法学者著书立说专门研究自贸试验区的相关问题，主要集中在综合性的改革方案与具体措施方面，当然也有对自贸试验区的有针对性的研究，例如，关于自贸试验区政府职能转变的著作。① 但是这些研究相对来说比较抽象，比较原则。中国自贸试验区管委会的职权是一个精细化程度很高的问题，宏观层面的研究虽然不可或缺，但是也需要技术性的研究。职权的设立、运行、变更、消灭、权限争议及其解决，都需要相关的制度设计或者详细的法律规定，以提供一个相对确定的预期和稳定的规则。

通过梳理相关的资料，以及相应的整理分析和研究，笔者发现中国自贸试验区管委会的职权的很多问题，其实都是可以在民法学上找到相应的理论基础的，或者说很多行政法学上的、国际公法学上的自贸试验区管委会职权的相关理论，很多都是借鉴或来源于民法以及民法学。例如，行政职权的类型化问题，也就是说，行政职权的分类问题，民法学

---

① 例如，上海财经大学蒋硕亮教授的专著《中国上海自贸试验区制度创新与政府职能转变》，蒋硕亮：《中国上海自贸试验区制度创新与政府职能转变》，经济科学出版社 2015 年版。

上与此相近的是物权的类型化问题。如果将主权当作一种所有权，那么行政职权就类似与所有权相对的他物权，包括用益物权、担保物权等；或者是所有权的占有、使用、收益、处分等权能的具体权利表现方式。职权的设立，类似民事权利的产生。民事权利的产生，是民事法律关系产生的一种表现形式。导致民事法律关系产生、变更与消灭的客观现象就是民事法律事实，两者是原因与结果的关系。民事法律事实，根据是否以人的意志为转移，可以分为事件和行为，事件和行为根据不同的标准又可以进一步细分。这些在逻辑上是周延的，而行政法的有些研究则是不周延的，虽然能够抓住部分关键问题，但是其他的很多重要问题，特别是对"事件"的关注与研究着墨较少。职权的运行，在民法上，类似民事权利的行使。关于民事权利的行使，不论是在方式、条件、标准、依据、程序还是法律效果等方面，一般都有着比较确定的规则。职权的变更，民法上，类似的就是民事权利的变更，例如物权的变更以及合同的变更，这里的变更是非实质性变更或者非要素性变更。如果是要素性或者实质性变更，则是物权的产生与消灭的问题。再比如合同的更新问题，与合同的变更是有着天壤之别的，适用的民法规则也是截然不同的。职权的消灭，民法学上，类似的是民事权利的消灭。导致民事权利消灭的原因有很多，但是主要包括行为和事件。行为有表意行为与非表意行为、法律行为以及事实行为、作为或者不作为以及合法行为与违法行为；事件又可以分为相对事件以及绝对事件等。权限争议的解决，一般有协商、调解、仲裁、行政调处、复议、诉讼等等。

与自贸试验区管委会职权问题最为相关的还是行政法以及行政法学上的相关理论与制度实践。自贸试验区管委会职权的类型化问题，在行政法学上，一般表现为行政立法、制定其他规范性文件、行政决策、行政许可、行政处罚、行政强制、行政确认、行政复议、行政诉讼、行政监察等；但是行政法学上的类型化标准，相对来说没有组成一个统一的标准和体系，缺乏一个明确的有效的标准能够将行政职权划分为类似编、章、节、条、款、项、目或者物权法意义上的自物权与他物权。也就是说，行政职权的划分标准，还不够统一，不够精细。职权的设立，在行政法学上，表现为行政职权的设定以及流转。设定是直接的赋权，流转包括授权和委托。行政法上的委托和授权理论非常混乱，说是行政法学上最为杂乱的问题一点都不为过，这种杂乱的现象实际上是混淆了授权与委托的真正区别。民法上一度也是混乱的，但是有学者梳理与研究的比较清楚的成果，可以为行政法学所借鉴，主要是授权行为的独立性与无因性理论与制度。职权的运行，在行政法学上，主要是行政行为的理论，包括行政行为的成立、有效、生效、无效以及效力待定等问题。职权的变更，在行政法学上，主要表现为行政行为的变更，这里的变更也是行政行为的非要素性或者非实质性变更，如果是实质性变更或者要素性变更就不是行政行为的变更，而是行政行为的产生与消灭的问题或者是行政行为的更新问题了。职权的消灭，行政法学上，一般表现为行政行为的消灭。行政法上有行政行为的撤销与撤回。所谓撤销是指已经生效的违法的行政行为效力的消灭，所谓撤回是指已经生效的合法的行政行为的效力的消灭。行政行为的消灭原因还有条件满足、期限届至等，除了法律行为还有事实行为，除了行为还有事件；现有的理论是不周延的。在行政法上，权限争议依据不同的标准有着不同的分类。依据是否具有隶属关系，可以分为纵向权限争议以及横向权限争议；依据主张权力归属的主观态度，可以分为积极权限争议以及消极权限争议。解决权限争议的行政法路径有协商、调解、仲裁、行政调处、行政复议、行政申诉以及行政诉讼等。

（二）国外研究现状

国外对自贸园区的研究已经相当成熟和完善，特别是美国、韩国、新加坡、阿联酋等。国外的自贸园区已经有很长的历史了，欧洲自贸园区的发展历史可以追溯至 13 世纪；美国对外贸易法案制定实施也几近一个世纪了；韩国自贸园区的发展也有相当长的时间，积累了相当多的经验，可以为我所用。

在自贸园区管理机构职权的内容方面，因各自管理模式的不同而不同。在实行行政主导型管理模式的国家，一般是由政府负责设立自贸园区，以及自贸园区的开发、建设、运营及维护，也有部分国家建立与委托公司进行开发、建设与运营并存的模式，但是并非企业主导。企业主导型的国家，一般是由企业申请设立自贸园区，然后由企业负责开发、运营和维护，政府只是负责基本的安全社会保障以及秩序维护功能；在政企混合型管理模式的国家或者地区兼具两者的特征。职权的设定方面，既有法律或者中央政府的相关规定，也有相关机构的授权或者委托。在国际上特别是自贸园区发展比较成熟的国家，一般都是先制定相关的法律，然后再设立自贸园区并对自贸园区进行开发、建设、运营与维护；即便是发展经济体中，先设立自贸园区并运行，随着时间的推移和变迁，也会制定相应的统一的中央层面的立法，然后会有相应的配套的规定进行细化，例如，韩国的自由经济区设置与管理法实施条例，该条例就是由韩国总统制定的。① 职权的运行方面，对于自贸园区运行的方式、条件、标准、程序和法律效果，法律规定也相当清楚，除了专门的自贸园区立法，还有与自贸园区相关的其他法律，既有中央立法，也有地方立法。职权的变更方面，分为实质性的以及非实质性的变更；这里的变更是非实质性的变更；一般发展比较成熟的自贸园区都会区分实质性的变更以及非实质性的变更；非实质性的变更才是变更，如果是主体或者实质性内容或者构成性要素的变动则是自贸园区职权的产生或者消灭的问题，或者职权的更新的问题。职权的更新实质上也是职权的产生或者消灭的问题。之所以做出这样的区分，是因为如果是非实质性事项的变动，适用简易程序即可，如果是构成性要素或者实质性内容的变动，适用自贸园区的设立程序，要求要相对严格。职权的消灭层面，国际上，自贸园区只有在违反相关法律的强制性规定的情况下，才会被取消授权，或者自贸园区已经不具备存在的条件、已经完成设立的使命，或者具备其他授权消灭的事由，也可以主动申请取消对自贸园区的授权。在自贸园区管理机构权限争议及其解决路径方面，分为积极争议与消极争议、横向争议以及纵向争议，面对这些权限争议，解决的路径一般有协商、调解、仲裁、申诉、复议以及诉讼等。

二　文献综述

中国自贸试验区管理委员会职权问题涉及行政组织法、私人行政

---

① See *Enforcement Decree of the Special Act on Designation and Operation of Free Economic Zones*, http：//elaw. klri. re. kr/eng ＿ mobile/viewer. do？ hseq ＝ 29972&type ＝ lawname&key ＝ free％ 20economic％20zone（accessed October 17，2015）．

理论、行政职权基本理论、自贸园区相关理论与相关立法资料、派出机关与派出机构理论、公务法人与行政主体理论、代理授权委托理论、民事法律事实与行政法律事实理论、民事法律行为与行政行为变动理论、权限争议及其解决理论等。本书参考文献也主要集中在这些方面。

（一）行政组织法

近年来，对行政组织法的重视程度越来越高，也有越来越多的学者开始关注和研究行政组织法问题，特别是应松年教授和薛刚凌教授合著的《行政组织法研究》。当然还有其他一些著作，例如应松年教授主编的《美英德法日行政体制与组织法研究》，以及中国行政组织法的认识历史以及历史变迁过程中的相关立法材料的整理和分析，如关保英教授主编的《行政组织法史料汇编与点评（1950—1960）》以及杨向东教授独著的《建国初期（1949—1954 年）行政组织法认识史》，关于中央与地方关系的，如张迎涛教授独著的《中央政府部门组织法研究》，日本盐野宏教授的《行政组织法》以及应松年教授与王龙江教授主编的《英美德法日行政体制与组织法研究》等。① 应松年教授和薛刚凌教授合著的《行政组织法研究》主要研究行政组织法研究的必要性、思路、功能以及定位，西方国家相关的行政组织法制度及其特点，行政组织法的基本原则，组织法的内容与缺陷以及行政组织法相关核心问题包括行政主体、行政权力、中央与地方组织法、相关的社会组织的法律问题以及我国行政组织法的立法模式选择。②

（二）私人行政理论

私人行政理论，在国外，比较受关注和重视，随着中国传统的行政

---

① 应松年、薛刚凌：《行政组织法研究》，法律出版社 2002 年版；关保英主编：《行政组织法史料汇编与点评（1950—1960）》，中国政法大学出版社 2012 年版；杨向东：《建国初期（1949—1954 年）行政组织法认识史》，山东人民出版社 2013 年版；张迎涛：《中央政府部门组织法研究》，中国法制出版社 2011 年版；［日］盐野宏：《行政组织法》，杨建顺译，北京大学出版社 2008 年版；应松年、王龙江主编：《英美德法日行政体制与组织法研究》，法律出版社 2014 年版。

② 应松年、薛刚凌：《行政组织法研究》，法律出版社 2002 年版。

法学理论的缺陷渐次显现，开始有学者介绍与研究私人行政理论，[①] 以弥补我国传统行政法学理论之不足。介绍研究私人行政理论的文献有很多，我认为最有价值的就是日本学者米丸恒治独著的《私人行政——法的统制的比较研究》。私人行政是米丸恒治在研究生涯的早期就开始关注的课题，主要从法的统制的角度，对日本和德国相关的私人行政理论进行集中整理分析和研究；在日本，早期对私人行政理论了解的学者亦不甚多，私人行政，因为民营化以及委托行政的存在，而与民营化及委托行政相融合了，即便是委托行政或者民营化，私主体所行使的权力，或者私人权力的作用仍然是行政，需要受到行政法的约束；该书在对德国私人行政各个改革领域的问题进行法的统制的制度以及理论分析的同时，也对日本相似领域的私人行政现象进行了对比研究。[②]

（三）行政职权基本理论

行政职权，一般认为，是一个组织法问题，行政法学一般不怎么重视。起初，对行政组织法的研究，也差不多是描述性的，后来发现很多行政法的问题归根结底是组织法问题，行政职权是其他问题展开和研究的前提和基础，所以，开始有学者将行政职权相关理论问题纳入行政法学教材之中，作为行政法学理论的一个基本组成部分。我认为比较有代表性的有胡建淼教授独著的《行政法学》、章剑生教授独著的《现代行政

---

① 韩康：《“私人行政”的规制研究》，《山西省政法管理干部学院学报》2011 年第 3 期；李年清：《私人行政司法审查受案标准的美国经验——兼论我国私人行政责任机制的建构》，《法制与社会发展》2015 年第 3 期；李年清：《私人行政的美国经验与启示——以私人监狱为研究对象》，《行政法学研究》2014 年第 3 期；章志远：《私人参与执行警察任务的行政法规制》，《法商研究》2013 年第 1 期；陈军：《论私人的行政主体法律地位》，《福建政法管理干部学院学报》2009 年第 2 期；曾洁雯：《构建私人行政主体法律地位的必要性与可行性》，《求索》2011 年第 7 期；陈明聪：《警察行政任务私人化的辅警法制化问题研究》，《江苏警官学院学报》2012 年第 1 期；徐庭祥：《论我国私人承担行政任务的行政法规范模式选择——基于德国主观主义模式与法国客观主义模式的比较》，《西南政法大学学报》2013 年第 2 期；房艳、马敬仁：《公共服务社会化——中国行政改革的必由之路》，《广西青年干部学院学报》2003 年第 5 期；邹东升：《公共管理与私人管理的异同比较》，《西华师范大学学报（哲学社会科学版）》2004 年第 4 期；杨欣：《美、英司法审查受案标准的演化及其启示——以私人承担公共职能为考察对象》，《行政法学研究》2008 年第 1 期；［日］米丸恒治：《私人行政——法的统制的比较研究》，洪英、王丹红、凌维慈译，中国人民大学出版社 2010 年版。

② ［日］米丸恒治：《私人行政——法的统制的比较研究》，洪英、王丹红、凌维慈译，中国人民大学出版社 2010 年版。

法基本理论》、林纪东独著的《行政法》等。① 这其中研究得最为全面、最为透彻的是胡建淼教授的《行政法学》。该书认为，行政职权是行政法学的核心概念之一，行政法存在的目的就是保障行政职权的行使能够符合法律的强制性要求以及法律原则的内在旨趣，行政职权的来源是否合法也是行政行为是否有效的构成要件之一；从静态的角度来看，行政职权主要涉及行政权能、行为权能、行政权限、行政职能、行政职责、行政优益权等；从动态的角度来看，行政职权问题，主要涉及行政职权的产生、流转以及运行的全过程；行政职权的产生是行政职权的设定问题，行政职权的流转包括行政法意义上的授权和委托理论，行政职权的运行包括但不限于行政协助理论。②

（四）自贸园区相关理论问题研究

在中国设立自贸试验区之前，也有研究自贸园区相关问题的文献。③最为集中和丰富的是在中国自贸试验区设立之后，国际法学者研究自贸试验区相关理论与实践问题的文献迅速增长。有对世界自贸园区的设立、运行和维护等相关理论以及制度、实践问题进行研究的；也有对中国自贸试验区进行政策解读的，有对中国自贸试验区的制度设计进行研究的，有对中国自贸试验区政府职能转变进行分析的；也有对自贸试验区的发展情况进行抽象、总结的。对世界自由贸易区研究比较透彻的有上海保税区管委会研究室编的《世界自由贸易区研究》、李友华教授的《境外自由贸易区与中国保税区比较研究》、李泊溪教授等合著的《中国自由贸易园区的构建》、钱震杰的《比较视野下自由贸易区的运行机制与法律规范》以及上海财经大学自由贸易区研究院与上海发展研究院合编的《全

---

① 章剑生：《现代行政法基本理论》，法律出版社 2013 年版，第 63—89 页；胡建淼：《行政法学》，法律出版社 2015 年版，第 519—567 页；林纪东：《行政法》，三民书局 1994 年版，第 154—228 页。

② 胡建淼：《行政法学》，法律出版社 2015 年版，第 519—567 页。

③ 如李友华：《中国保税区向自由贸易港区转型研究》，福建人民出版社 2007 年版；李力：《世界自由贸易区研究》，改革出版社 1995 年版；郭信昌主编：《世界自由港和自由港区概论》，北京航空学院出版社 1987 年版；谷源洋：《世界经济自由区大观》，世界知识出版社 1993 年版；张福荣：《自由区之规划与经营管理》，台湾"经济部"加工出口区管理处 2012 年版；陈永山：《世界各地的自由港和自由贸易区》，厦门大学出版社 1988 年版；国际贸易研究所：《世界出口加工区和自由贸易区》，中国对外经济贸易出版社 1984 年版等。

球自贸区发展研究及借鉴》等。①

上海财经大学自贸区研究院的《全球自贸区发展研究及借鉴》一书首先梳理了全球自由贸易区的发展情况，整理归纳出全球自由贸易区的特点与未来发展的趋势，由此进一步研究全球自贸园区发展及其对中国自贸园区发展的启示，主要包括自贸园区的功能定位、法制建设情况以及相应的管理体制机制以及投资、贸易、金融、税收、知识产权保护、环境保护等方面政策，最后对世界上自贸园区发展比较成熟的地区与国家进行详细个案分析。②

钱震杰教授与胡岩教授的合著《比较视野下自由贸易区的运行机制与法律规范》首先对自贸园区的相关概念、特征进行分析，研究自贸园区的发展历史以及趋势，和自贸园区存在与演变的现实基础；其次分析自由贸易区的特征与运行的基本理论；再次是自贸园区的运作，包括自贸园区的运营主体以及运营原则、自贸园区的运营环节以及自贸园区各个运营环节相互之间的关系；复次是自贸园区所在国家或者地区的有关自贸园区的立法比较研究，主要是美国、土耳其、巴拿马、智利的立法在自贸园区的性质或者法律地位、批准设立自贸园区的主管机关、自贸园区设立申请人以及自贸园区的运营商、自贸园区的设立程序、通关、税收、金融、外汇以及法律责任等方面；最后是自贸园区的设立条件以及功能定位，最重要也是与本书最相关的就是自贸园区的管理，主要包括自贸园区的管理体制以及管理机构、微观管理以及日常监管等。③

李泊溪教授等合著的《中国自由贸易区的构建》一书认为，中国—东盟自贸区正式启动以后，中国的各类保税区、各类经济开发区的政策

① 上海保税区管委会研究室编：《世界自由贸易区研究》，改革出版社 1996 年版；李友华：《境外自由贸易区与中国保税区比较研究》，吉林大学出版社 2006 年版；李泊溪、周飞跃、孙兵：《中国自由贸易园区的构建》，机械工业出版社 2013 年版；钱震杰、胡岩：《比较视野下自由贸易区的运行机制与法律规范》，清华大学出版社 2015 年版；上海财经大学自由贸易区研究院、上海发展研究院编：《全球自贸区发展研究及借鉴》，格致出版社、上海人民出版社 2015 年版。

② 上海财经大学自由贸易区研究院、上海发展研究院编：《全球自贸区发展研究及借鉴》，格致出版社、上海人民出版社 2015 年版。

③ 钱震杰、胡岩：《比较视野下自由贸易区的运行机制与法律规范》，清华大学出版社 2015 年版。

需要进行调整，特别是中国国际贸易竞争面临着新的形势和挑战，发展
"境内关外"的自贸园区对于中国提升国际竞争力以及自身的综合国力具
有越来越凸显的重要意义；该书围绕中国自贸园区的构建这一主题，收
集整理相关的自贸园区的政策以及其他相关的资料，呈现自贸园区在国
际上的发展格局，在此基础上，分析了国际上比较成熟的自贸园区如新
加坡、迪拜、釜山等的发展经验以及教训，研究了中国各类开发、开放
区域发展的经验与相关政策、发展趋势，最后提出中国自贸园区管理体
制应当选择的模式。[1]

李友华教授著的《境外自由贸易区与中国保税区比较研究》一书认
为，保税区是中国在中国对外开放的过程中与自由贸易园区相对应的一
种特殊称谓，在立法体制、管理模式等方面参照了自由贸易园区的相关
经验，同时又保留了我国计划经济体制的痕迹。随着我国对外开放进程
的加快，特别是中国加入世界贸易组织之后，中国的保税区就面临着一
个转型的问题；当前中国保税区面临着两个问题，一个目标模式问题，
一个是管理体制选择问题，这两个问题是中国保税区向更高形态也就是
向自由贸易园区转型必须解决的关键问题。该书在对不同时期，不同区
域、类别、体制与管理模式下的国际自贸园区的设区主体、功能定位、
管理体制等进行研究后，设计出我国向自贸园区转型的最优体制；同时
运用定性分析与定量分析的方法，在对中国保税区发展过程中的功能扩
展、政策调整以及体制改革等方面进行研究的基础上，设计出中国保税
区向自贸园区转型过程中的管理体制改革最优方案。[2]

上海保税区管委会研究室编的《世界自由贸易区研究》是对世界自
由贸易区进行调研以及对相关的自贸园区立法进行翻译整理后的成果，
具有很大的参考价值，是第一手的材料。自世界上第一个自贸园区出现
以来，现在自贸园区已经有将近五百年的历史了。目前世界上自贸园区
的形态有很多，各大洲都有分布，不论是功能定位、设立主体、设立条
件及程序、自贸园区的维护与开发、自贸园区的扩区、设立分区以及其
他变更，还是自贸园区的其他问题，都有相关的立法，而且各具特色。

---

① 李泊溪、周飞跃、孙兵：《中国自由贸易园区的构建》，机械工业出版社 2013 年版。

② 李友华：《境外自由贸易区与中国保税区比较研究》，吉林大学出版社 2006 年版。

通过整理各个自贸园区的特点与共性，然后结合本国、本地区的相关特点，去设计、规划和建设自贸园区，就很容易与国际自贸园区的发展形势以及运行规则相衔接或者接轨。① 该书的作者就是抱着这样的一种态度，对世界上典型的发展比较成熟的国家进行考察，形成相应的考察报告，并组织力量对相关国家的自贸园区立法进行翻译，然后将这些考察报告以及翻译过来的自贸园区立法进行整理分析，汇集成册。毫无疑问，这样的工作及其成果，对中国以及中国各地区的自贸试验区的建设具有重要的参考价值。该书分为基础篇与法规资料篇。基础篇包括自贸园区的相关概念、功能定位、发展规模、特殊性、相关的基本理论问题以及发展趋势等基本概念与理论问题，创办自贸园区要具备的经济地理、规划、管理经营等条件，自贸园区的海关管理相关内容与其他问题，自由贸易区的与功能、范围、优惠刺激措施相关的政策与法律以及一些限制性措施，对自贸园区的管理体制（包括自贸园区的管理体制的基本特点、管理机构的表现形式、相关行政事务的管理），以及自贸园区的运营（包括自贸园区运行的功能定位、自贸园区的管理模式以及管理方案）等；法规资料篇主要包括对世界上自贸园区发展比较成熟的国家和地区的相关立法进行翻译后整理的材料，以及对世界上如汉堡、美国、墨西哥、智利、巴拿马克隆自贸园区进行考察后形成的报告，以及对相关自贸园区的基本情况进行介绍的文献资料。②

（五）世界自贸园区相关立法资料

美国法典商业贸易法海关法卷第十九编第一章"对外贸易区"中，实际上也就是美国的《对外贸易区法案》（Foreign-Trade Zones Act），③ 包括对外贸易区相关的概念界定，包括部长、委员会、州、法人、公法人、私法人、申请人、受让人以及地区的概念；对外贸易区建立的相关程序（对外贸易区委员会的园区设立审批权、园区的数量控制、公营公司获得授权的优先权、园区范围内相关基础设施的所有权以及使用权的相关问题）；通关政策、海关工作人员以及安全保卫人员；对外贸易区的设立与

---

① 上海保税区管委会研究室编：《世界自由贸易区研究》，改革出版社1996年版。

② 同上。

③ See *Foreign-Trade Zones Act*, 19 U. S. Ch. 1A.

扩张（包括提出申请、申请应当符合的条件以及对申请材料的修正），申请的审查与批准；对外贸易区委员会的规则制定权，其他机构与对外贸易区委员会的相互合作；房产、相关的其他对外贸易区运营所需要的基本设施的提供；对外贸易区适用的许可；对外贸易园区运营的要求；对外贸易园区内的居民相关规定、对外贸易区授权的转移、取消以及违法行为构成及其法律责任。①

　　《美国对外自由贸易园区条例》（Foreign-Trade Zones Regulation）对《美国对外贸易法案》进行了细化。该条例第一部分包括条例的适用范围、相关概念、对外贸易区委员会的职权、执行秘书的职权与职责、限制或者禁止特定园区运行的职权、对外贸易园区办公总部、美国海关与边防局官员以及美国对外贸易区委员会的代表等规定；第二部分是关于设立对外贸易园区的能力要求以及对授权的限制与禁止条件，包括对外贸易园区与及其分区的数量与区位、园区申请人应当满足的条件、授权园区设立开发运营的一般条件、限制与禁止条件、生产活动的要求与限制、生产设备、免税等；第三部分是设立与变更授权的申请的规定，包括申请设立园区、生产活动授权的周知、申请园区的扩张与其他变更、申请设立分区、扩区、设立分区以及其他园区变更评估的标准、申请生产活动评估的使用标准、举证责任以及申请费用；第四部分是关于评估申请的程序，包括申请建立或者变更园区的评估、生产活动授权的评估、通知程序、对外贸易园区非实质性变更的程序；第五部分是关于对外贸易园区的运行以及行政管理的要求，主要包括对外贸易园区运行的一般要求以及运行生效的要求、作为公共设施的运营、统一待遇、园区建设开发运营规划、公共设施以及投诉、受让人的责任、零售贸易、园区运营与其他活动的监管；第六部分是园区的记录、报告、通知、听证以及信息公开；最后是法律责任与申诉，包括授权的取消、罚款、已激活状态的搁置以及对执行合规助理秘书或者行政秘书相关决定不服的申诉等。②

①　《世界各国法律大典》总编译委员会主持编译：《美国法典·商业贸易法海关法卷》，中国社会科学出版社1997年版，第449—452页。
②　See Foreign-Trade Zones Regulation, 19 C. F. R. Ch. I. §146.

《韩国自由经济区设立与运营法案》（*Act on Designation and Operation of Free Economic Zones*）对韩国自由经济区的设立与运营进行了详细规定。该法案是在 2002 年 12 月制定通过的，2003 年 7 月 1 日开始实施。主要包括：简介，包括制定修改细节、主要内容等；第一章总则，包括立法目的、相关定义、自由经济区发展计划与其他规划或者计划的关系；第二章是自由经济区的设立，包括自由经济区的设立程序、自由经济区设立应当考量的因素或者条件、自由经济区发展规划、自由经济区设立的取消、替换以及自由经济区设立的影响；第三章是自由经济区发展计划的执行，包括执行计划的批准、执行计划批准的公开、批准授权的法律拟制、发展计划的实施、土地开发、任务完成情况的调查以及税费的减免等；第四章是外商投资企业的管理活动的协助，包括税收和财政支持、申请其他活动的禁止、基础设施有限使用以及产业秩序的维护等；第五章是外国人生存条件的改善，包括外语服务、一般交易的支付、外资教育机构的设立与运行、外商独资医疗机构或者外商独立制药机构的开放以及外资广播公司的转播；第六章是自由经济区委员会等事项，包括自由经济区委员会的设立与运行、自由经济区企划团、地方和政府行政事务的专有管辖权以及行政监察专员；第七章是补充条款，包括公开、管理职权的授予；第八章是法律责任条款。①

《自由经济区设立与管理特别法案实施条例》（*Enforcement Decree of the Special Act on Designation and Management of Free Economic Zones*）对《韩国自由经济区设立与管理特别法案》进行了细化。该条例是由韩国总统以总统令的形式在 2002 年制定，于 2013 年进行了第 13 次修改。该条例主要内容包括立法目的、自由经济区设立的要求、意见的听取、自由经济区设立的公开等事项，自由经济区设立的要求，自由经济区发展计划及其变更，在没有设立自由经济区的开发区内与市长、道知事咨询的事项，自由经济区毗邻区域范围、行为的限制，自由经济区设立的取消与取消的法律拟制，发展计划运行商的确定及其执行命令，执行计划的准备、申请、批准程序，提交环境影响评价报告的时间要求，国有土地

---

① See *Act on Designation and Operation of Free Economic Zones*（*Republic of Korea*）（Dec. 30, 2002 Act No. 6835），http：//www. moleg. go. kr/，access time：11/08/2015.

开发，利用法案相关的特殊事务，备用土地提供的方式等，以及开发收益的再投资，执行计划批准的公开以及授权、批准的法律拟制程序，任务执行情况的调查、土地利用、基础设施升级的范围、地方政府的补贴、国有及公共财产租金的减免、基础设施的优先补贴、外语服务、一般交易的支付、外国教师的聘用、外商医疗机构设立的要求、医疗机构经营范围、外商投资博彩业或者赌场设立等，外资广播公司的转播、外国人专用租赁房屋提供的标准、自由经济区委员会审查与处理的事项，自由经济区委员会的成员以及自由经济区的运行、听取意见、自由经济区的行政管理机构、权力授予、自由经济区管理机构的财务、监察专员功能、自由经济区项目效果的评估、罚款的作出与收缴以及生效日期。①

（六）派出机关与派出机构理论

在我国的行政法学上，派出机关与派出机构是派出组织两种表现形式。所谓派出机关，是指地方政府主要是省级人民政府和自治区人民政府，在认为必要的时候，报经国务院批准可以设立若干派出机关，县以及自治县人民政府，在认为必要的时候，经过省级人民政府批准，可以设立若干派出机关，派出机关的表现形式主要就是区公所；市级人民政府，在认为合适或者必要的时候，在报经上级人民政府批准的情况下，也可以设立若干的派出机关，该派出机关的表现形式就是街道办。② 派出机关的职权的内容以及行使具有全面性和综合性，类似一级人民政府，也有派出机关经过法定程序转化为一级人民政府的案例，而且不在少数。我国的地方组织法的规定大致也是如此。所谓派出机构，在行政法学上，或者公法学上，指的是政府的职能部门因为距离遥远执法不方便或者服务相对人不方便，或者是因为专业技术性很强，所以设立若干派出组织作为政府职能部门手臂的伸展、功能的延伸。例如，公安局的派出组织

① See *Enforcement Decree of the Special Act on Designation and Management of Free Economic Zones* (*Republic of Korea*) (Presidential Decree No. 21656, Jul. 30, 2009, Amended by Presidential Decree No. 24697, Aug. 27, 2013), http: //elaw. klri. re. kr/eng_ mobile/viewer. do? hseq =29972&type = lawname&key = free%20economic%20zone, access time：11/09/2015.
② 《中华人民共和国地方各级人民代表大会和地方各级人民政府组织法》（1979 年 7 月 1 日第五届全国人民代表大会第二次会议通过，根据 2015 年 8 月 29 日第十二届全国人民代表大会常务委员会第十六次会议第五次修正，2015 年 8 月 29 日发布），第六十八条。

公安派出所、工商局的派出组织工商所、税务局的派出组织税务所等不一而足，都是此类派出机构的表现形式。派出机构具有功能限制性以及专业技术性，其所行使的权力不是完整的、全面的，而只是所有派出组织职权的一部分，派出机构与派出机关的区别还是比较明显的。关于我国的四个自贸试验区管理委员会的性质，上海市人大制定的《中国（上海）自由贸易试验区条例》中将自贸试验区管委会定性为上海市人民政府的派出机构，① 从行政法学或者公法学的角度来说，这是难以自圆其说的。有学者认为，派出机构根本不能够解释自贸园区管委会职权行使的全面性和综合性，而且也不能够说明派出机关的内设机构实际上以自己的名义行使职权、承担责任、作为被申请人参与复议程序以及作为被告参与诉讼程序的现象，所以派出机关能够解释问题。② 但是派出机关理论也有局限性，从长远发展的角度来说，派出机关对一级人民政府是一个冲击，为了维护法律秩序的安定性，建议引入公务法人理论，承认公务法人理论的价值和意义，③ 以及被实践所认可以后，将中国自贸试验区的管委会界定为公务法人，就能够很好地解决这个问题。

（七）公务法人与行政主体理论

公务法人理论是在行政主体理论的研究遇到瓶颈以后，相关学者为了能够从整体上解决行政主体所面临的问题而做出的理论上的借鉴、探索。对行政主体理论的研究有很多，开始以及后来集中对行政主体理论进行探讨和分析研究的有薛刚凌教授的《我国行政主体理论之检讨——兼论全面研究行政组织法的必要性》，随后引起了学界的共鸣和争论，例如张树义教授的《论行政主体》、杨解君教授的《行政主体及其类型的理论界定与探索》、杨海坤教授对杨解君教授论文的回应《在探索中前进还是后退？——与杨解君教授商榷》、李昕教授的《中外行政主体理论之比较研究》、沈岿教授的《重构行政主体范式的尝试》、薛刚凌教授对行政主体理论经过重新思考后写的《行政主体之再思考》、沈岿教授的《公共

---

① 《中国（上海）自由贸易试验区条例》第八条规定，"中国（上海）自由贸易试验区管理委员会（以下简称'管委会'）为市人民政府派出机构……"

② 王丽英：《论中国（上海）自由贸易试验区管委会的法律地位》，《海关与经贸研究》2015 年第 6 期。

③ 马怀德：《公务法人问题研究》，《中国法学》2000 年第 4 期。

行政组织建构的合法化进路》以及余凌云教授的《行政主体理论之变革》，甚至连民法学者也加入了这场争论的热潮之中，如葛云松教授的《法人与行政主体理论的再探讨——以公法人概念为重点》。① 反而是葛云松教授的这篇论文我觉得价值是非常大的，对行政法学人研究和完善行政主体理论具有重要的借鉴和参考价值。该论文认为公法人与私法人的区分是大陆法系的特点，也是对法人的基本分类，具有重要的理论和实践意义，我国应当重新构建行政主体理论，特别是应当使用公法人的概念；同时还应当在法人一般理论基础上，对法人的理论进行修正，在未来的民法典当中合理确定法人的概念和适用规则；国家机关不应当具有法人或者行政主体的地位，只有国家才是法人与行政主体。②

对行政主体理论进行研究的著作有很多，其中比较透彻的有薛刚凌教授主编的《行政主体的理论与实践——以公共行政改革为视角》以及王丛虎著的《行政主体问题研究》。薛刚凌教授的《行政主体的理论与实践——以公共行政改革为视角》一书，立足我国的制度实践，既重视我国行政主体的理论发展，也重视行政主体的制度实践变迁以及未来的制度构建；该书对国内有关行政主体理论的文献作了详细的梳理，并将行政主体理论、制度与公共行政改革之理论、发展趋势相结合，以公共行政改革的需求指引我国行政主体未来的制度实践发展；对传统的行政主体理论进行了新的阐释，重新定位功能，重新划分类型，在制度设计方面，着重探讨了国家行政主体、地方行政主体、公务与社会行政主体以及代理理论与制度意义上的行政主体的相关理论与制度实践；最后该书

---

① 薛刚凌：《我国行政主体理论之检讨——兼论全面研究行政组织法的必要性》，《政法论坛》1998 年第 6 期；张树义：《论行政主体》，《政法论坛》2000 年第 4 期；杨解君：《行政主体及其类型的理论界定与探索》，《法学评论》1999 年第 5 期；杨海坤、陈仪：《在探索中前进还是后退？——与杨解君教授商榷》，《法学评论》2000 年第 4 期；李昕：《中外行政主体理论之比较分析》，《行政法学研究》1999 年第 1 期；沈岿：《重构行政主体范式的尝试》，《法律科学（西北政法学院学报）》2000 年第 6 期；薛刚凌：《行政主体之再思考》，《中国法学》2001 年第 2 期；沈岿：《公共行政组织构建的合法化进路》，《法学研究》2005 年第 4 期；余凌云：《行政主体理论之变革》，《法学杂志》2010 年第 8 期；葛云松：《法人与行政主体理论的再探讨——以公法人概念为重点》，《中国法学》2007 年第 3 期。

② 葛云松：《法人与行政主体理论的再探讨——以公法人概念为重点》，《中国法学》2007 年第 3 期。

对行政主体理论的发展所需要的立法、司法、行政等制度资源的需求进行了探索。① 王丛虎学者的《行政主体问题研究》主要从理论、制度以及实践层面对行政主体的相关问题进行研究，包括行政组织理论；与行政以及行政主体相关的概念的定义；国内外行政主体的表现形式，对比分析我国行政主体表现形式的不足，并对我国的行政主体的表现形式重新进行了界定，在此基础上，进一步研究我国的行政主体的类型化问题；行政主体的权利能力和行为能力的问题；行政主体与其他组织的关系以及行政主体相互之间的关系，从而准确定位行政主体的法律地位；在分析国外行政主体理论的发展趋势的基础上，结合公共行政的理论制度发展趋势，对我国的行政主体未来的发展趋势进行了展望；最后通过政府采购的案例分析传统行政主体理论以及新行政主体理论的优劣。②

（八）代理、授权与委托理论

与物权和债权理论的发展历程相似，民法学上的代理、授权与委托理论也经历了一个由混同一体到相互分离、截然不同的发展历程。原先物权行为是以物权变动为目的的债权合同的组成部分之一，履行买卖合同，就会产生物权变动的效果，物权变动是债权行为发生法律效力的必然结果。但是随着时间的推移，也许是德国学者的严谨，德国将物权行为与债权行为分离开来，主要是为了保护物权人的合法权益。物权行为开始具有独立性和无因性，也就是说债权合同是否生效，并不影响物权行为的效力，即便债权行为有效并生效，也不意味着发生物权变动的法律效力。③ 民法上的代理、授权、委托理论也经历了这样的一个大致相似的发展过程，原先产生代理关系，只需要委托合同即可，有时为了方便代理人能够充分地处理被代理人的事务，就需要对代理人进行授权，一般这种授权在委托合同中已经有所规定，委托合同生效，就会发生授权

---

① 薛刚凌主编：《行政主体的理论与实践——以公共行政改革为视角》，中国方正出版社2009年版。

② 王丛虎：《行政主体问题研究》，北京大学出版社2007年版。

③ 董学立：《物权行为无因性相对化理论之否定》，《法学》2007年第1期；周金恋：《物权行为的独立性与无因性评析》，《河南社会科学》2008年第6期；徐涤宇：《物权行为无因性理论之目的论解释》，《中国法学》2005年第2期；吴一鸣：《物权行为无因性：逻辑的必然还是价值的衡量》，《政治与法律》2009年第4期；朱启莉：《物权行为无因性之探究》，《当代法学》2003年第4期。

的法律效果；但是后来授权行为开始独立，开始具有无因性，也就是说，委托合同是否有效以及生效并不影响授权行为的有效和生效。行政法学者似乎忽略了这一过程，其所认识的授权与委托理论、代理的关系以及授权委托之间的关系是浅层次的，而行政法学的授权与委托理论又具有自身的特色，① 这样民法与行政法之间的联系就被人为割断。关于这个问题研究得比较透彻的是尹田学者的《论代理制度的独立性——从一种法技术运用的角度》，该论文认为德国民法所创立的代理制度所使用的抽象的技术方法同物权行为理论背后的技术方法大致相同，代理权授予行为的独立性使得一定代理规则以及法定代理规则产生，为形成独立的代理制度创造了条件，而授权行为的无因性则使得授权行为的独立性具有维护交易安全的根本意义。我国的民法学，承认了授权行为的独立性，还应当承认其无因性。②

（九）民事法律事实与行政法律事实理论

在民法学上，民事法律事实是法律规定或者认可的能够引起民事法律关系产生、变更与消灭的客观现象。民事法律事实，首先是一种客观现象，如果是人的主观意识活动，则不是民事法律事实所能够涵摄与调整的；其次，这种客观现象应当具有法律调整的必要性和可行性，所谓必要性就是客观现象的存在对人类的活动具有积极的价值，所谓可行性就是虽然客观现象的存在对人类的活动具有积极的价值，但是不具有调整的可能性，则亦非民事法律事实；最后，这种客观现象还应当是能够引起民事法律关系产生、变更或者消灭的客观现象，客观现象与民事法律关系变动之间具有引起与被引起的因果关系。③ 行政法律事实的概念也大致相同。

依据民事法律事实是否以人的意志为转移，可以分为行为和事件。

---

① 姜起民：《政府代理论与若干行政法理论基础关系探析》，《行政与法》2009 年第 6 期。

② 尹田：《论代理制度的独立性——从一种法技术运用的角度》，《北方法学》2010 年第 5 期。

③ 马俊驹、余延满：《民法原论》，法律出版社 2010 年版，第 72—73 页；王轶：《论民事法律事实的类型区分》，《中国法学》2013 年第 1 期；潘牧天：《民事法律事实与民诉举证责任规则的配置》，《苏州大学学报（哲学社会科学版）》2009 年第 1 期；赵勇峰、马瑞娟：《对民事法律事实体系的再思考》，《学术交流》2005 年第 10 期；关江霞：《民事法律事实探析》，《重庆行政》2003 年第 5 期。

依据行为是否与人的表示活动有关，可以分为表意行为以及非表意行为。表意行为是指以意思表示为要素，旨在引起民事法律关系产生、变更或者消灭的行为；表意行为也有合法行为以及不合法行为之分。法律行为以及准法律行为是表意行为，事实行为是非表意行为。所谓事实行为，是指虽然主观上没有产生民事法律关系变动的意思，但是客观上却因为法律的规定而产生了民事法律关系变动的效果；事实行为也有合法行为与不合法行为之分，前者如无因管理，后者如侵权行为。依据行为人的主观态度，可以分为作为与不作为；依据行为人的行为是否符合法律上的肯定性评价，又可以分为合法行为以及不合法行为。事件，依据是否由人的行为所引起，又能够分为相对事件以及绝对事件。所谓相对事件是指由人的行为引起，但是不以人的意志为转移的行为，例如战争；绝对事件，是指不是由人的行为所引起也不以人的意志为转移的客观现象，例如人的生老病死、时间的流逝、自然灾害等。[①] 行政法律事实的分类大致与此相似，但是很多学者关注的只是引起行政法律关系变动的法律行为，对于准法律行为以及行政事实行为，特别是对于事件的关注程度不够。

（十）民事法律关系及行政法律关系变动理论

行政法学上的行政行为变动理论，很多是从民法学借鉴而来的，因此出现许多与此相关的论著[②]。所谓法律行为的变动，是指法律行为的产生、变更与消灭。民事法律行为的概念、特征，民事法律行为与事实行为的区别，民事法律行为与意思表示的区别，民事法律行为与民法上的行为，民事法律行为与适法行为的区别，准民事法律行为，民事法律行为的种类、成立、有效、意思表示，附条件与附期限的民事法律行为，无效、可撤销民事法律行为以及效力未定的民事法律行为等对行政行为

---

① 杨波：《法律事实辨析》，《当代法学》2007 年第 6 期；杨建军：《法律事实的概念》，《法律科学·西北政法学院学报》2004 年第 6 期；孔祥俊：《论法律事实与客观事实》，《政法论坛》2002 年第 5 期。

② 柳砚涛等：《行政行为新概念》，山东人民出版社 2008 年版；叶必丰：《行政行为原理》，商务印书馆 2014 年版；谭剑：《行政行为的撤销研究》，武汉大学出版社 2012 年版；叶必丰：《行政行为的效力研究》，中国人民大学出版社 2002 年版；闫尔宝：《行政行为的性质界定与实务》，法律出版社 2010 年版。

及其效力理论具有重要的参考价值。法律关系变动与法律事实是既有联系又有区别的两个概念，有学者在使用这两个概念时容易将两者混同，其实法律关系变动是由法律事实引起的变动，法律事实是法律关系变动的原因。

对民事法律关系变动研究得比较全面而深入的是马俊驹教授以及余延满教授合著的《民法原论》一书。该书认为民事法律行为的成立、有效与生效是不同的，所谓民事法律行为的成立，是指某种行为因为符合法律的构成要素的规定而作为一种存在，所谓民事法律行为的有效，是指已经成立的民事法律行为获得法律的肯定性价值判断。民事法律行为的成立是民事法律行为有效的前提，民事法律行为有效是民事法律行为成立的目的，但是民事法律行为成立则未必有效，还需要法律的肯定性评价作为必要条件。[①] 民事法律行为成立与有效的性质不同，民事法律行为的成立是事实问题，民事法律行为的有效是价值判断问题；两者的判断标准也是不同的，民事法律行为的成立主要是以意思表示作为构成要件，民事法律行为的有效则主要看意思表示人的行为能力、意思表示是否真实、是否符合法律和社会公共利益等；两者发生的时间不同，民事法律行为的成立与有效有时是一致的，有时是不一致的，例如效力待定的民事法律行为的成立与有效；两者的效力也不同，有成立即生效的，也有成立后未必马上生效的。[②] 民事法律行为的有效和生效也是两个既有联系也有区别的概念，民事法律行为生效的一般条件就是有效要件，但是有效的民事法律行为不一定马上生效，例如附延缓条件的民事法律行为，有效的民事法律行为也不一定生效。[③] 该书对附条件、附期限的民事法律行为、无效民事法律行为、可撤销民事法律行为、民事法律行为无效或者被撤销的法律效力以及效力未定的民事法律行为都有比较全面而深入的研究。[④]

（十一）权限争议及其解决理论

对于权限争议及其解决理论的研究文献可谓是汗牛充栋，只要是一

---

① 马俊驹、余延满：《民法原论》，法律出版社 2010 年版，第 186—187 页。

② 同上。

③ 同上书，第 187 页。

④ 同上书，第 198—220 页。

门部门法学就会存在大量的关于纠纷解决的论文与著作。① 权限争议依据主体之间是否具有隶属关系，可以分为横向权限争议以及纵向权限争议。所谓横向权限争议，是指不同的职能部门或者地区之间主管机关之间的权限争议，不论这些主管机关是什么级别，横向权限争议背后的标准是事权理论；纵向权限争议就是具有相同的事权，而且主管机关之间相互具有领导与被领导的关系，这种具有隶属关系的权限争议就是纵向权限争议。划分横向权限争议与纵向权限争议的意义就在于解决这两者权限争议的途径不同。横向权限争议，一般是通过协商协调解决，如果协商或者协调不成，则通过共同的上级机关来解决，或者通过司法途径解决。依据权限争议主体对争议权限主张的心理态度，可以分为积极权限争议以及消极权限争议。积极权限争议，是指对争议权限都主张归属于自己，消极权限争议则相反。之所以会存在积极权限争议，是因为积极权限争议能够为争议各方带来一定的利益；之所以会存在消极的权限争议，是因为争议权限一般都不能够为争议各方带来经济或者其他方面的利益。按照现有的法学理论，解决权限争议的途径一般有协商协调、民间调解、仲裁、行政复议、行政调处、行政申诉、立法途径以及司法程序。②

第三节　拟解决的问题

本书主要解决关于中国自贸试验区管委会职权的内容，职权的产生、运行、变更、消灭、权限争议及其解决的问题，以及分析本书的研究对

① 如毛国权：《宗法结构与中国古代民事争议解决机制》，法律出版社 2007 年版；钟丽：《国际知识产权争议解决机制研究》，中国政法大学出版社 2011 年版；贺荣：《行政争议解决机制研究》，中国人民大学出版社 2008 年版；汪庆华、应星编：《中国基层行政争议解决机制的经验研究》，生活·读书·新知三联书店 2010 年版；陈年冰等编著：《合同法与合同争议的解决》，中国法制出版社 2002 年版；薛刚凌主编：《中央与地方争议的法律解决机制研究》，中国法制出版社 2013 年版。

② 朱榄叶、贺小勇：《WTO 争端解决机制研究》，上海人民出版社 2007 年版；黄进主编：《国际商事争议解决机制研究》，武汉大学出版社 2010 年版；赵相林主编：《国际民商事争议解决的理论与实践》，中国政法大学出版社 2009 年版；林忠：《中国商事争端解决》，法律出版社 1998 年版；贺荣：《行政争议解决机制研究》，中国人民大学出版社 2008 年版；殷兴东编著：《行政争议解决及国家救济途径》，甘肃文化出版社 2009 年版。

相关理论和实践发展可能产生的影响。

一　中国自贸试验区管委会职权的内容

了解以及分析研究中国自贸试验区管委会的职权相关问题，前提是了解职权的内容，包括哪些方面、哪些领域、哪些项目，然后在此基础上，才能够研究中国自贸试验区管委会职权的其他问题。中国自贸试验区管委会的职权是全方位的，既包括制定规范性文件的权力，也包括行政许可、行政处罚、行政强制、行政调查等权力，涵盖投资、贸易、金融、知识产权保护等领域，主要集中在实施国家以及相关主管机关作出的关于自贸试验区改革创新发展方案以及规划的落实，以及与自贸试验区建设、开发、运行、维护相关的措施制定与实施等方面。

二　中国自贸试验区管委会职权的来源

中国自贸试验区管委会职权的来源问题，牵涉职权来源的合法性问题。职权法定是行政法上一条重要的组织法原则。在职权的来源意义上，也就意味着职权的设定、转移、替换等职权的产生方式是有着相关的法律依据的。这里主要涉及三个问题：其一是自贸试验区管委会的法律地位问题，有派出机关说、派出机构说、公务法人说、私人行政说等不一而足。其二是行政授权问题，与行政委托问题相结合，行政法意义上的授权以及委托是最为杂乱的行政法问题之一。行政授权理论以及行政委托理论与民法上的物权与债权的关系理论的发展变迁历史较为相似，但是因为行政法受到民法的影响，且所借鉴的民法学理论又不是最新发展的理论，结果行政法上的授权以及委托理论"自成一体"，变得与民法学、诉讼法学等意义上的授权委托理论相去甚远。其三是行政委托问题，行政委托问题在早期是包含行政授权的，委托合同中有关于授权的条款、发生授权的法律效力，但是后来因授权行为具有了独立性和无因性，所以现在的委托只是一种合同行为，生效与否并不影响授权行为的法律效力。

三　中国自贸试验区管委会职权的运行

行政法学上与此相关的是行政行为理论，但是行政行为理论存在难以自洽的逻辑缺陷，所以后来才会有行政相关行为以及行政过程论、私人行政行为等理论学说作为补充来弥补行政行为理论的缺陷。在这一过程中，民法学上的民事法律行为理论发挥了重要的作用，民事法律行为的成立、民事法律行为的有效以及生效理论相继被学者引入行政法学中来，但是因为学科交流的问题，这一借鉴还存在不充分以及"换汤不换药"的问题。中国自贸试验区管委会职权的运行，主要涉及自贸试验区管委会职权运行的表现形式问题、依据问题、条件与程序问题以及自贸试验区管委会职权运行的法律效力问题。

四　中国自贸试验区管委会职权的变更

这里的变更是非实质性变更或者非要素性变更，不包括中国自贸试验区管委会职权的产生以及消灭，也不包括自贸试验区管委会职权的更新。职权的更新，实质上是管委会职权主体的替换、内容或者构成要素的实质性变动，这些已经不是自贸试验区管委会职权的变更所能够覆盖的。民法上，有物权的变动、变更，合同的更新以及合同的变更等相关理论。国际上，包括美国、韩国、阿联酋等国家也有实质性要素变更以及自贸园区管理机构职权的非实质性变更的划分。划分非实质性变更以及实质性变更的意义，就在于变更的条件、标准、审核的程序都是不一样的。实质性变更，因为涉及的问题包括主体、实质性内容的变动等关系重大的问题，所以一般适用自贸园区的设立的规则、条件、标准和程序。但是非实质性变更就没有必要遵循如此严格的规则、条件、标准和程序。

五　中国自贸试验区管委会职权的消灭

中国自贸试验区管委会职权的消灭有两种情形，包括职权的绝对消灭以及职权的相对消灭。所谓职权的绝对消灭，是指中国自贸试验区管委会的职权所针对的对象在客观上已经不复存在，职权失去了所能依附的载体，在空间上以及时间上已经不复存在。所谓职权的相对消灭，是指职权的主体的替换，职权从一个主体手中移转到另一个主体手中，原有主体丧失了相应的管理职权，新主体获得了原有主体的相应的管理职权。因为自贸园区管理机构职权消灭问题的重要性，在国际上，实际上也是按照自贸园区设立的标准、条件、评估审核程序进行的。按通说，已经生效的行政行为，如果符合法律规定的，该职权的消灭叫作职权的撤回；已经生效的行政行为而又违反法律规定的，该职权的消灭叫作职权的撤销。这与民法学上的理论大相径庭，也与国际上的职权消灭实践不相符合，这种逻辑上的不完满以及自身的封闭将来会影响中国自贸试验区管委会职权消灭的理论和实践的发展。

六　中国自贸试验区管委会权限争议及其解决

中国自贸试验区管委会的职权在产生、变更以及消灭过程中，会面临上下左右之间的权力界限争议，如果争议各方都主张权力归属于自己，那么就是积极权限争议；如果都不主张权力归属于自己，那么就是消极权限争议。解决权限争议的途径有很多，包括协商、调解、行政调处、立法途径以及司法程序。因争端的性质以及法律法规所规定的不同解决路径相应地会有一定的差别，民事纠纷的解决路径也大致相同。世界上，对于纠纷解决方式有着比较成熟的经验，一般包括仲裁、诉讼、复议等途径。我国致力于建设与高水平高标准国际规则相衔接的开放程度最高的自由贸易试验区，有必要借鉴国际上成熟的权限争议解决规则（权限争议解决的范围、标准、程序以及法律效力等），为中国自贸试验区范围内的与管委会相关的权限争议解决提供一个稳定、可预期、公平、公正、高效的法治环境。

七　中国自贸试验区管委会职权问题未来展望

在对中国自贸试验区职权的相关问题进行研究的基础上，笔者对中国自贸试验区以及中国行政法学理论可能会受到的影响以及产生的积极作用进行了展望。在理论发展层面，笔者认为在私人行政理论、自贸试验区管委会的性质与法律地位、行政法律事实理论、行政法意义上的代理授权委托理论以及行政职权类型化等方面会有一些新的发展或者突破。随着中国自贸试验区试点范围的扩大、越来越多问题的出现，对于自贸园区相关立法资源的需求会更加迫切，在适当的时候，参考国际上的自贸园区立法经验，中国也会在国家层面制定一部统一的《中国自贸园区设立与管理服务法》，对中国自贸园区的设立、运营与维护，权限争议解决路径以及法律责任等方面进行统一规范。

第四节　研究方法

本书主要采用历史分析、比较分析以及规范分析三种研究方法。

一　历史分析

笔者对中国自贸试验区以及自贸试验区管委会酝酿、筹备、成立、制度建设以及职权的运行过程进行了历史的梳理，以及对国际上自贸园区的发展，特别是对美国对外自由贸易区、韩国自由经济区以及阿联酋自由区、新加坡等自贸园区的建立、运行和发展历史进行了梳理。对中国自贸园区的发展过程有一个直观的了解，对国际上自贸园区的发展历史有一个基本的把握，对中国自贸试验区发展过程中面临的问题以及国际上自贸园区发展历程中沉淀下来的宝贵经验进行总结，为解决中国自贸试验区发展过程中的问题，为国家与地方相关立法提供了相应的参考。

二　比较分析

在写作的过程中，比较分析方法的运用主要体现在民法学、行政法学以及国际公法学之间的比较，中国自贸试验区之间的比较，国际上自贸园区之间的比较，自贸试验区与其他开发、开放区域之间的比较。中国自贸试验区管委会职权的内容、产生、变更、消灭、权限争议及其解决，不论在民法学上，还是在行政法学上都有相应的理论和制度，通过对比相关学科之间的共性与特殊性，找出中国自贸试验区管委会相关理论与实践问题的解决路径。中国自贸试验区之间，虽然都是自贸试验区，在机构设置、权力运行、纠纷解决等方面都有着一定的共性，但是在功能定位、权力内容等方面也存在一定的差别。中国是实行自贸园区政策比较晚的国家，发展自贸园区就需要对国际上的自贸园区的相关机构设置，自贸园区的设立、开发、运营与维护以及纠纷解决等进行横向的比较，以为我所用。

三 规范分析

确定中国自贸园区（园区已经发展成熟，不再具有试验性质）管委会职权的内容、设立、运行、变更、消灭、权限争议解决，制定一部国家层面的《中国自贸园区设立与管理服务法》，就必须对国内外的相关立法进行研究。在国内，首先是地方政府会同商务部制订自贸试验区建设总体方案，报国务院批准实施，然后在省级政府制定自贸试验区管委会管理办法，这些办法都是省级政府规章，然后省级人大制定地方性法规规定自贸试验区的相关事宜。但是中国还没有一部统一的中央层面的关于自贸园区设立与管理服务的法律，随着未来中国自贸试验区的增多，对于中央层面的立法需求就会更加迫切，未来在必要的时候很有可能会制定相关法律。国外，特别是自贸园区发展比较成熟的国家或者地区，一般都是先立法后设立自贸园区然后开发、运营，而且自贸园区存在和发展了相当长的时间，相关立法几经修改以后，已经相对比较成熟。为了在法治层面保障中国自贸试验区的发展，为将来立法做好理论准备，就需要对国际上立法经验丰富的国家或者地区的立法进行研究，以备不时之需。

第五节　基本思路与逻辑结构

本书是按照自贸试验区管委会职权变动的基本逻辑进行构思的，职权变动的基本逻辑是职权的产生、职权的运行、职权的变更、职权的消灭、权限争议及其解决，最后在此基础上进行理论与制度实践的未来展望。

一 基本思路

笔者的基本思路是，先对相关的基本范畴主要是自贸试验区及其管委会、职权以及与这三个范畴相关的概念和理论基础进行分析，在此基础上对中国自贸试验区管委会职权的相关问题进行研究。然后是中国自贸试验区管委会职权的内容，该内容与一般的开发、开放区域管理机构的职权以及国际上相关自贸园区管理机构职权的区别。接下来分析中国自贸试验区职权的来源，包括设定与流转以及中国自贸试验区管委会职权的运行（主要涉及行政行为理论与实践）、变更（非实质性或者非要素性变更）、消灭（包括绝对消灭与相对消灭）、权限争议及其解决路径。最后对中国自贸试验区管委会职权的相关理论发展以及《中国自贸园区设立与管理服务法》的制定进行展望。

二　逻辑结构

第一章是导论，介绍本书的选题意义、国内外相关研究现状以及文献综述、拟解决的问题、相关研究方法、基本思路与逻辑结构等。

第二章是相关基本范畴分析——自贸试验区及其管委会，研究自由贸易区与自由贸易园区的区别、中国四个自贸试验区、管委会的概念特征、法律地位以及中国四个自贸试验区管委会的历史、特征、法律地位。

第三章是相关基本范畴分析——职权，研究职权的相关问题，包括职权的概念与特征、职权的结构（主体、内容与客体）、职权的分类（划分、分类与归类、职权的分类）、职权与相关概念辨析（权能、职能、职责与权限）、职权法定原则（"法"之表现形式、职权设定的主体、职权设定的内容与程序、职权的规定）以及私人行政与私人行政职权理论（概念、承认该范畴的重要性与必要性、私人之范围、私人行政的法律效力）。

第四章是国内外自贸园区及其管理机构职权发展历史，世界自贸园区发展，大致经历了萌芽、兴起与过渡、成熟以及深化时期，大致来看具有功能越来越多元化，数量逐步扩大，政策越来越精细，设立与运行越来越规范。中国四个经济特区以及城市开发区的发展经历了萌芽、发展与异化以及成熟的时期。自贸试验区在中国还处于初创时期，未来发展也将经历一个数量逐步扩大、空间分布逐步合理、规则逐步国际化、职权的设立与运行更加法治化、运营逐步企业化和市场化以及开放更加综合化与系统化的发展过程。

第五章是中国自贸试验区管委会职权内容及其特殊性，首先是自贸园区管委会职权比较研究，包括世界上自由贸易园区发展历史及其管理机构职权、世界自由贸易园区管理机构职权的横向比较；其次是中国四个自贸试验区管理机构职权的具体内容；最后是中国自贸试验区管委会职权的特殊性，包括与其他经济园区管理机构职权的区别、与其他派出机构之间职权的差别以及与国际自贸园区管理机构职权之间的差别，并进行小结。

第六章是中国自贸试验区管委会职权的来源，主要研究中国自贸试验区管委会职权的设定，包括设定与规定的区别、设定的主体、法律依据以及程序；其次是自贸试验区管委会职权的流转，包括民法意义上的授权和委托理论、行政法意义上的授权与委托理论、自贸试验区管委会职权的流转以及中国自贸试验区的行政审批制度改革；最后进行小结。

第七章是中国自贸试验区管委会职权的运行，主要是权力运行基本理论分析，包括职权及其运行、职权运行的主体与依据、条件与程序；其次是世界自贸园区管理机构职权运行分析，主要包括美国对外贸易区管理机构职权分析、韩国自由经济区管理机构职权分析；然后是中国自贸试验区管委会职权分析，包括职权运行的方式、依据、条件、程序以及法律效力；最后进行小结。

第八章是中国自贸试验区管委会职权的变更，主要研究权力变更基本理论，包括民法意义上的民事权利变更理论以及行政法意义上的权力变更理论；其次是世界自由贸易园区管理机构职权运行分析，包括美国、韩国与新加坡；然后是中国自贸试验区管理会职权运行分析，包括职权运行的方式、依据、条件、程序与法律效力；最后进行小结。

第九章是中国自贸试验区管委会职权的消灭，主要研究权力消灭基本理论，包括民法学上的权利消灭理论以及行政法学上的权力消灭理论；其次是世界自由贸易园区管理机构职权的消灭，包括美国、韩国与阿联酋；然后是中国自贸试验区管理机构职权的消灭，包括概念、特征、原因、标准与依据、程序、法律效力；复次是世界自由贸易竞争新形势及中国自贸试验区管委会职权消灭的时间节点；最后进行小结。

第十章是中国自贸试验区管委会权限争议及其解决，主要研究权限争议及其解决路径基本理论，包括民事权限争议及其解决以及行政法意义上的权限争议及其解决路径分析；其次是世界自贸园区管理机构权限争议及其解决，包括美国、韩国以及阿联酋；然后是中国自贸试验区管委会权限争议及其解决，包括概念、特征、类型以及解决路径等；最后进行小结。

第十一章是中国自贸试验区职权问题未来展望，理论展望包括私人行政理论，法人以及管委会的法律地位理论，行政法律关系变动以及行政法律事实理论，行政法意义上的代理、授权、委托理论以及职权的类型化理论；另外是对中国自贸试验区未来的立法实践展望，为制定一部国家层面的统一的《中国自贸园区设立与管理服务法》提出相应的建议稿，主要包括相关管理机构的设置与职权、自贸园区的设立、自贸园区的扩区、设立分区以及其他变更、自贸园区的运营、自贸园区的让与、取消与中止、复议诉讼与监督检查以及法律责任等。

第 二 章

相关基本范畴分析——自贸
试验区及其管委会

　　研究中国自由贸易试验区管委员会职权，首先需要对相关基本范畴进行界定，涉及中国自由贸易试验区、管理委员会和职权三个概念，"职权"是中心词，"中国自由贸易试验区"和"管理委员会"是修饰词、限定词。考虑到"职权"概念或者范畴的重要性，需要单独成章进行研究。所以，第二章研究"自贸试验区及其管委会"，第三章研究"职权"。

第一节　中国自由贸易试验区

　　自贸区，是自由贸易区的简称。关于自贸区有两个概念，一个是 FTA（Free Trade Area）——自由贸易区，另一个是 FTZ（Free Trade Zone）——自由贸易园区。因为都被译成"自贸区"，所以会造成认识上的混乱。两者是虽有联系，但各有自我规定性的两个范畴。中国自贸试验区，主要分析上海、天津、广东和福建四个自贸试验区。其他七个自贸试验区于2016 年 9 月设立，还处于准备以及建章立制的阶段，不具有典型意义。

一　自由贸易区与自由贸易园区

　　因为概念可能会产生认识混乱，所以有必要对中国自贸试验区的内涵进行界定和分析，同时将其与 FTA 意义上的世界自由贸易区的关系梳理清楚。

　　（一）FTA 与 FTZ 的概念

　　所谓 FTA，是指一种双边或者多边的自由贸易区，是两个或者两个以上国家或者地区之间通过互相谈判，在 WTO 最惠国待遇的基础上，通过签署自由贸易协定，进一步开放市场，减让关税，取消其他贸易壁垒，改善服务业市场准入的条件，推动资本、人才、信息等要素在成员之间的自由流动，实现贸易或者投资的自由化。FTA 是一个"大区"，例如北美自由贸易区、中国—东盟自由贸易区、中—韩自由贸易区、中—澳自由贸易区，都是如此。所谓 FTZ，是指一个国家领土范围的自贸园区，是一个国家主权范围内的行为，进入该区的货物视同关外，实施特殊的海关监管措施，或者其他类似 FTA 的贸易、投资或者其他措施。许多国家设立的自由港或者自由贸易园区就属于这个范畴，如，德国的汉堡自由港、中国设立的上海自由贸易试验区①。

（二）FTZ 的特征

自贸试验区，是一个主权国家或者地区境内设立的，例如中国自由贸易区，在上海浦东新区，广东的广州、深圳、珠海，福建的福州、厦门和平潭，天津滨海新区等范围内设立的贸易园区。园区内，所实施的措施不同于自贸试验区外的其他行政区域，参照国际规则，在政府职能转变与管理体制、投资领域开放、金融服务、贸易便利、税收、海关、综合监管以及法制环境保障等方面实施更为开放的改革措施。中国自由贸易试验区的设立，在很大程度上，就是为了将 TPP（跨太平洋伙伴关系协定）的规则在中国自贸试验区内试行，可行地进行推广；也为将来中国是否加入 TPP②以及其他双边或者多边自由贸易区的谈判，例如未来的中日韩自贸区谈判、亚太自贸区谈判奠定基础，提供经验。当然，中国自贸试验区的措施，可能会随着环境的变化以及试验的效果进行相应的调整，由碎片化逐步走向系统化，由小规模而逐渐大范围铺开。

（三）FTA 与 FTZ 的区别

中国自由贸易园区（FTZ）与国际或者世界自由贸易区（FTA）区别是很大的。首先，两者的设立主体不同，中国自由贸易园区，是中国作

---

① 如果没有特殊说明，本书中所指称的中国自贸园区，指的是已设立的上海、广东、天津、福建等自由贸易试验园区，或者未来设立的类似的自由贸易园区。

② 美国总统特朗普于 2017 年 1 月 23 日签署行政命令，正式宣布美国退出跨太平洋伙伴关系协定（TPP）。参见载新华网，http://news. xinhuanet. com/world/2017 - 01/24/c_ 129459738. htm，2017 年 6 月 23 日访问。

为一个主权国家设立的，而双边或者多边的世界自由贸易区，是两个或者两个以上的国家或者地区通过谈判以及互相经过国内批准程序以后成立的。其次，两者的区域范围不同，中国自由贸易园区是在中国境内的部分区域；而国际或者世界自由贸易区，是由两个或者两个以上的国家与地区作为成员单位，已经超出了单个主权国家范围。再次，两者的核心政策不同，世界自由贸易区的核心政策是稳定系统的，而中国自由贸易园区的措施则是不稳定、不系统的。最后，两者的设立和运行的法律依据不同，FTA 是双边或者多边协议，FTZ 是国内立法。两者的联系在于：两者设立的目的都是最大限度降低国际贸易成本，推动贸易、投资、金融、海关、税收、监管的便利化、统一协调和进一步开放，推动对外贸易，促进区域一体化和全球化；都有进一步的开放措施，区域内和区域外的措施有着很大区别，有时也互相借鉴。

二　中国自由贸易试验区

中国自由贸易试验区，是中国，作为一个主权国家，在中国领土特定范围划定的一个区域，依据制定或者修改的国内法，实施特殊的海关监管措施，以及进行投资、金融、服务、管理体制、法制环境等开放和改革试验的区域。目前，具有典型意义的，有中国（上海）自由贸易试验区、中国（天津）自由贸易试验区、中国（福建）自由贸易试验区、中国（广东）自由贸易试验区四个。

（一）中国（上海）自由贸易试验区

中国（上海）自由贸易试验区，是中国政府设立的第一个境内区域性自由贸易园区，属于中国自由贸易园区，上海只是中国自由贸易园区的一部分。中国（上海）自由贸易试验区，是在 2013 年 9 月，经过批准正式成立的，面积将近 30 平方公里，后来在 2014 年 12 月，经过全国人大常委会授权，扩展至 120 平方公里。扩展后的自贸试验区各区块的定位和功能各不相同，如陆家嘴，主要是金融服务，张江，主要是集成电路、医药和软件等产业基地。上海自由贸易试验区的建设，主要是围绕国家的总体战略要求，以及上海国际金融中心、贸易中心、航运中心、经济中心的建设目标，按照特定的原则，改革政府管理体制，最终成为与国际规则相衔接的国际化、高水平、法治化、市场化的监管高效、投资便利的自由贸易试验区。

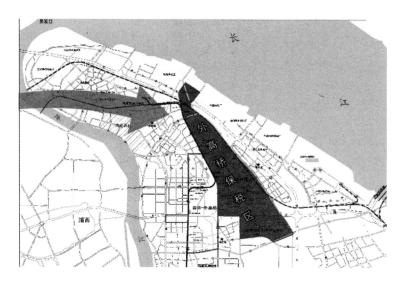

图2-1 上海自贸试验区——外高桥保税区自贸片区①

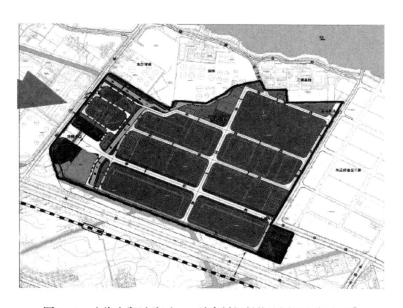

图2-2 上海自贸试验区——外高桥保税物流园区自贸片区②

---

① 资料来源：中国自贸试验区—公共服务—地图栏目，2016 年 11 月 19 日（http://www. shftz. gov. cn/NewsDetail. aspx？NID = ab913708 - 22d4 - 49da - 9b8e - 3526438747da&CID = 9c31db8a - c113 - 44e1 - b19e - cc37c4ee8858&MenuType = 0）。

② 同上。

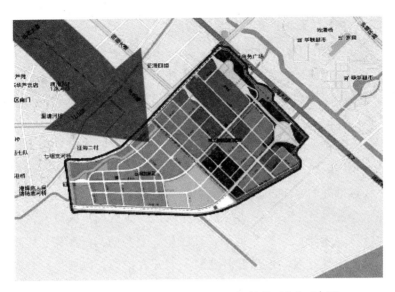

图 2 - 3　上海自贸试验区——洋山保税港区自贸片区①

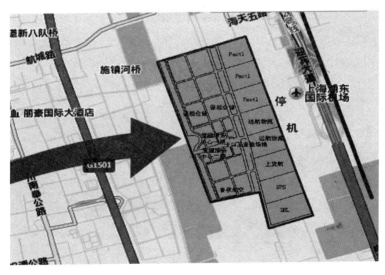

图 2 - 4　上海自贸试验区——浦东机场综合保税区自贸片区②

① 资料来源：中国自贸试验区—公共服务—地图栏目，2016 年 11 月 19 日（http：// www. shftz. gov. cn/NewsDetail. aspx？ NID = ab913708 - 22d4 - 49da - 9b8e - 3526438747da&CID = 9c31db8a - c113 - 44e1 - b19e - cc37c4ee8858&MenuType = 0）。

② 同上。

（二）中国（天津）自由贸易试验区

中国（天津）自由贸易试验区，是继上海之后设立的第二批中国区域性自由贸易试验区，地处天津市。天津自贸试验区的战略定位，主要是服务于京津冀协同发展，对相应的制度措施进行改革试验，带动辐射其他地区的发展，在 3 年到 5 年内，探索将天津试验区建造成为一个在投资、贸易、金融、高端产业、法治环境、监管等领域高水平的自由贸易试验区，在中国经济转型升级和京津冀协同发展中发挥示范作用和引领作用。经过批准的天津自由贸易试验区，总面积大概有 120 平方公里，覆盖天津三个片区，主要是天津港东疆片区、天津机场片区以及滨海新区中心商务区。未来改革探索期间，在投资、服务贸易、利率、汇率、人民币跨境使用等方面，会有更多更深入的开放措施，以服务京津冀协同发展，发挥引领示范作用。

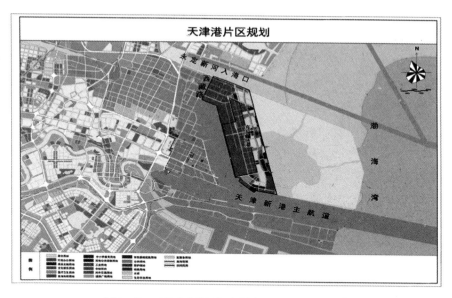

图 2-5 天津自贸试验区地图——天津港片区①

---

① 资料来源：中国（天津）自贸试验区—首页—区域概览—自贸区概况—自贸区简介，2016 年 11 月 20 日（http：//china - tjftz. gov. cn/html/cntjzymyq/ZMQJJ24924/List/list_ 0. html）。

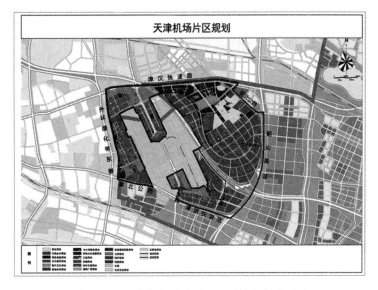

图 2-6　天津自贸试验区——天津机场片区①

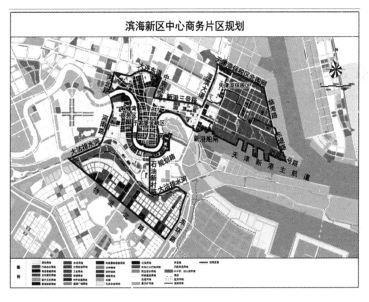

图 2-7　天津自贸试验区——滨海新区中心商务片区②

---

①　资料来源：中国（天津）自贸试验区—首页—区域概览—自贸区概况—自贸区简介，2016 年 11 月 20 日（http：//china - tjftz. gov. cn/html/cntjzymyq/ZMQJJ24924/List/list_ 0. html）。

②　同上。

（三）中国（福建）自由贸易试验区

2014 年 12 月 31 日，中国（福建）自由贸易试验区，被国务院批准设立，涵盖福州市、厦门市、平潭综合实验区 3 个片区，大约 120 平方公里。福建的地理区位优势比较明显，首先是沿海地区，是改革开放的先行地，其中，福州、厦门有着较好的对外开放的基础，同时又与台湾隔海相望，与台湾的经济文化社会往来比较密切。在这里开辟自由贸易试验区，具有重要的战略意义。三个自由贸易片区，平潭、厦门和福州，各有分工，平潭，重点建设国家旅游岛，厦门，发展现代服务业、航运和两岸金融和贸易，福州，主要是先进制药业以及服务贸易和金融合作创新。福建自由贸易试验区的立足点，主要就是服务和深化两岸经济合作，对接国家战略，发挥福建特色，发挥对台优势，率先推动和实现福建和台湾之间投资、贸易、金融等领域的往来便利化，成为两岸经济合作的示范区。① 福建省政府 2014 年 1 月的政府工作报告，提出整合各类特殊监管区，推动在福建设立自由贸易园区的目标，由福建省委商务厅牵头，完成自贸试验区总体方案初稿，经过听取各方意见，经福建省委省政府批准后，报国家有关部委征求意见，最后由省政府成文报送商务部，商务部和中央经过研究，在 2014 年 12 月 12 日国务院常务会议上，明确开展第二批自贸试验区试点工作，然后商务部协调相关部门进行研究相关法律授权和调整问题，福建省研究自贸试验区总体方案和机构设置问题，最后在 2014 年 12 月 28 日，全国人大常委会第二次会议审议并通过福建、广东、天津和上海自贸试验区法律调整议案，12 月 31 日，国务院以国函〔2014〕178 号文，批复设立中国（福建）自贸试验区，总体方案经过征求各方人士、国务院相关部委等意见后，在 2015 年 2 月联合会签报国务院审批，2015 年 3 月 24 日，中央政治局会议审议通过四地自由贸易试验区总体方案，4 月 8 日，国务院以国发〔2015〕20 号文，批复同意通过福建自贸试验区总体方案，同时福建省委、省政府及国务院相关部委发文支持自贸试验区建设工作。

---

① 参见《国务院关于印发中国天津自由贸易试验区总体方案的通知》（国发〔2015〕19号），国务院 2015 年 4 月 8 日印发。

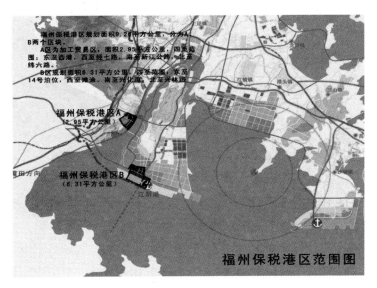

图 2-8 福建自贸试验区福州片区——福州保税港区范围图①

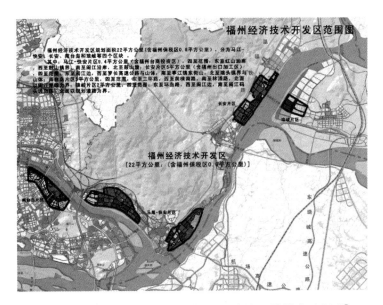

图 2-9 福建自贸试验区福州片区——福州经济技术开发区②

---

① 资料来源：中国（福建）自贸试验区—首页—走进自贸区—福州片区简介，2016 年 11 月 20 日（http：//www. china - fjftz. gov. cn/article/index/gid/11/aid/143. html）。

② 同上。

图 2 – 10　福建自贸试验区厦门片区地图①

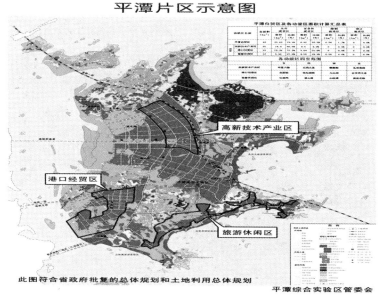

图 2 – 11　福建自贸试验区平潭片区地图②

① 资料来源：中国（福建）自贸试验区—首页—走进自贸区—厦门片区简介，2016 年 11 月 20 日（http：//www. china – fjftz. gov. cn/article/index/gid/11/aid/143. html）。
② 同上。

（四）中国（广东）自由贸易试验区

中国（广东）自由贸易试验区，是与天津、福建自由贸易试验区一同被批准设立的，包括广州南沙新区片区、深圳前海蛇口片区以及珠海横琴新区片区，总共 120 平方公里。广东有着自身特有的区位优势，毗邻香港和澳门，最方便引进港澳资本，与香港和澳门开展经济、社会、文化等领域的合作和交流。同时，又有着改革开放的深厚基础和经验，在经济建设方面走在中国的最前沿，也比较适合试行国际规则，与上海、天津、福建等自贸试验区的建设形成对比，形成互补优势。自贸试验区的最大优势，就是依托港澳，同时可以辐射和带动广阔深厚的腹地发展，又处在中国提出海上丝绸之路的重要地理位置，具有重要战略意义。自贸试验区，在今后的建设中，主要将围绕管理体制、协调机制、投资开放、贸易服务便利化、金融制度创新与风险防控、香港澳门和广东的合作、综合服务体制等方面进行探索。在《中国（广东）自贸试验区总体方案》及其建设实施方案发布后，深圳前海蛇口片区、广州南沙新区片区和珠海横琴片区，分别研究制定本片区的自贸片区建设实施方案，并在此前后，国务院部委、广东省政府及其职能部门、各自由贸易片区所在市区政府以及各自由贸易试验片区管理委员会，都出台了相应措施，以推动自由贸易试验片区的建设工作。

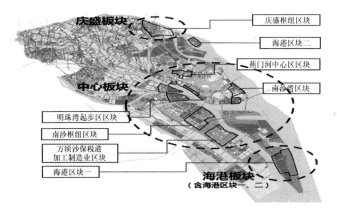

图 2－12　广东自贸试验区——广州南沙片区①

---

① 资料来源：中国（广东）自贸试验区—首页—政务公开—区域概况—区域简介，2016 年 11 月 23 日（http：//www.china－gdftz.gov.cn/zwgk/qygl/qyjj/201502/t20150216_615.html#zhuyao）。

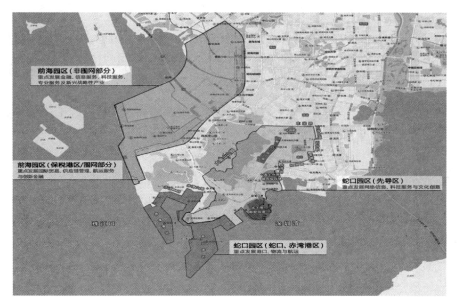

图 2 - 13　广东自贸试验区——深圳前海蛇口片区①

第二节　中国自由贸易试验区管委会

中国四个自由贸易试验区中②，上海和天津都设立了自贸试验区管理委员会，广东和福建各自贸试验区片区也都设立管理委员会作为管理机构。但是，各自的职权、职权的来源和职权的行使、变更、权限争议及其解决又各有不同。这里，先就管理委员会的概念与特征，以及中国四个自由贸易园区管委会的基本情况作一简单介绍，其他内容将在后面章节中详细研究。

一　管理委员会

管理委员会，主要是指特定的开发、开放区域，为了对特定事务进

———————————

① 资料来源：中国（广东）自贸试验区—首页—政务公开—区域概况—区域简介，2016年11月23日（http://www.china – gdftz.gov.cn/zwgk/qygl/qyjj/201502/t20150216_615.html#zhuyao）。

② 这里的以及下文的"中国四个自贸试验区"，如果没有特殊说明，专指中国（上海）自由贸易试验区、中国（天津）自由贸易试验区、中国（福建）自由贸易试验区以及中国（广东）自由贸易试验区。

行统一管理，所设立的管理机构。同时，管委会还被扩展适用至非开发开放的其他区域，如某景区或者历史遗址保护等管理委员会，这些管理委员会具有限定性、灵活性、试验性，但是也存在着法律地位和职权运行过程中的各种问题，实务中和学理上对这些问题的认识也各不相同。

（一）概念

从 20 世纪 80 年代开始，我国开始出现各种园区，例如高新技术开发区、经济技术开发区、出口加工区、科技园区、保税区等各种工商业开发区，主要表现为工业开发区①。这些开发区，具有组织和实施生产、培育市场主体、招商引资的功能。为了承担这些职能，根据政府的授权（主要是政策性授权，虽然也有不少地方制定了地方性法规，但是在国家层面还是没有统一的法律授权）而设立开发区，实施特殊政策和特殊制度，发挥经济开发、城市规划、公共服务等功能。②

（二）特征

管理委员会，是在改革开放的背景下产生的。党的十一届三中全会以后，我国的重心由阶级斗争转移到经济建设上来，同时实行改革开放的基本国策，开始吸引外资，进行经济开发、城市建设，往往吸引进来的资本或者企业集聚在特定的区域。为了提供服务，设立各种开发区。开发区的管理机构经过长时间的摸索后，就形成了管委会模式。管委会，是我国政府进行简政放权的组织表现形式，同时也是产业集聚的载体。计划经济时期，我国的行政管理几乎是无所不包的，政府具有强大的经济干预功能，市场和社会的活力非常有限；实施改革开放后，发展或激活经济和市场活力，需要对开发区的管理体制作出调整，同时简政放权。管委会职权的来源主要是授权。这里的授权还不能作规范意义上的解读，因为缺乏法律的规范和依据。管委会的类型，主要有政府管制型、企业管理型和政企合一型。管委会的权力运行，因为我国改革的渐进性，也具有一定的过渡性。因为，授权，大多是政策性授权，而且随着经济社

---

① 所谓开发区，是指在城区或者其他具有发展前景的地区，划定一定的区域，由政府根据一定的标准和原则研究和审批设立的，实施特殊政策和特殊制度的开发或者开放区域。

② 胡彬：《开发区管理体制的过渡性与变革问题研究——以管委会模式为例》，《外国经济与管理》2014 年第 4 期。

会的发展，没有权力依据或者超越授权权限的问题不断涌现，① 因此亟须增加和完善制度供给来解决此类问题。

（三）法律地位

那么，各类管理委员会法律地位如何？在我国的宪法、法律和行政法规层面是没有规定的，仅有部委规章的规定，地方性法规及地方政府规章，以及其他规范性文件的规定，如《国务院办公厅转发商务部等部门关于国家经济技术开发区进一步提高发展水平若干意见的通知》规定，管委会除了企业性质外，一般都是政府派出机构。规章，严格来说，并不是中国现行开发区管委员会法律地位正当的依据。管委会在权力的设置和运行过程中的其他问题部分也是由于法律地位不明确所导致的。所以目前解决各类管委会法律地位的法律，只有各省、自治区、直辖市和较大的市的地方性法规。

归纳起来，有些地方性法规，将管委会界定为所在地市人民政府的派出机构，根据地方性法规的授权在特定的范围内行使行政职权，管理特定开放开放区域内特定事务，如《天津市经济技术开发区条例》② 《贵州省开发区条例》③ 的规定；或者是对管委会的性质并没有说明，仅指出管理委员会的职权来源是根据法律由地方人民政府授权，回避了管委会的法律地位问题，如《北京市经济技术开发区条例》④ 和《重庆市经济技术开发区管理条例》⑤ 的规定。对于现行法律的界定，学界开始了研究和争论，认为不能准确反映开发区运行的实际情况，不能反映中国经济

---

① 除了法律地位不明确，这些问题主要是，管理体制封闭运行，缺乏自治因素，管理被动，管理体制僵化难以因时制宜以及适应和应对国内外经济社会形势的变化，甚至有趋向行政化的"体制复归"倾向。胡彬：《开发区管理体制的过渡性与变革问题研究——以管委会模式为例》，《外国经济与管理》2014 年第 4 期。

② 《天津市经济技术开发区条例》第六条规定，天津经济技术开发管理委员会是天津市人民政府的派出机构，代表市人民政府对开发区实行统一管理。

③ 《贵州省开发区条例》第十条规定，开发区设立管理委员会，开发区管理委员会是设立开发区的人民政府的派出机构，根据授权代表本级政府在开发区行使管理职权。

④ 《北京市经济技术开发区条例》第八条规定，北京市人民政府设立北京市经济技术开发区管理委员会，代表北京市人民政府对开发区实行统一领导和管理。

⑤ 《重庆市经济技术开发区管理条例》第七条规定，重庆市人民政府设立重庆市经济技术开发区管理委员会，并授权开发区管理委员会代表重庆市人民政府对开发区内的特定事务进行统一管理。

社会发展情况和国际竞争新形势，难以解决和解释管委会在运行中存在的各种问题，所以分别产生了派出机关说、公务法人说和私人行政主体说。派出机关说，可以解释管委会内部机构行使职权承担责任的问题，管委会职权的扩张性问题，以及管委会同地方一级政府同质化的问题；公务法人说，解决一些管委会权力运行的不稳定性、被动性和公共服务提供主体的多样性等问题，一些企业化运行管理的管委会，虽然不是准行政机关，但是政府为了实现一定任务而设立的行使行政职权、采用市场化企业化管理机制、管理处理特定开发开放区域的特定事务的组织，是对行政主体传统理论的补充；私人行政主体说，不彻底改变原有的行政主体理论，然而对其有所扩张，将私人、社会组织或者企业纳入行政主体的范畴之中。

二　中国自由贸易试验区管理委员会

中国自由贸易试验区，根据国务院批准的四个自贸试验区建设总体方案以及各相关地方性法规或者地方政府规章的规定，在自贸试验区或者自贸试验片区，采取管理委员会的管理体制和机制，对自贸试验区的特定开发开放事务实行统一管理。

（一）中国（上海）自由贸易试验区管委会

国务院批准的《中国（上海）自由贸易试验区总体方案》中规定，上海自贸试验区管理机构要加快转变政府职能，深化行政管理体制改革。这就为上海自由贸易试验区的管理体制改革提供了依据。2013 年 9 月上海市政府第 24 次政府常务会议通过的《中国（上海）自由贸易试验区管理办法》的第二章"管理机构"中规定，上海市设立中国（上海）自由贸易试验区管理委员会，作为上海市政府的派出机构，对自贸试验区内的相关行政事务进行统一管理和协调，以及负责落实自贸试验区的改革任务，上海市政府职能部门以及浦东新区等相关地方政府协助和支持自贸试验区管委会的工作。根据上海市政府规章的规定，管委会的职责，主要是负责推进相关改革任务、研究制定并负责实施相关规划和措施、投资贸易、文化、卫生等各方面的行政管理以及相关协调和领导工作、国家安全和反垄断审查工作、行政复议、综合执法、综合服务、信息建设以及统筹指导区内相关产业和开发活动并协调推进相关投资项目建设，同时还有兜底条款，规定管委会可以享受相关的市政府赋予的其他职权，原来上海外高桥保税区、洋山保税港区、上海综合保税区管委会等管理的相关事务，转由管委会统一管理。海关、检验检疫等部门可以在自贸试

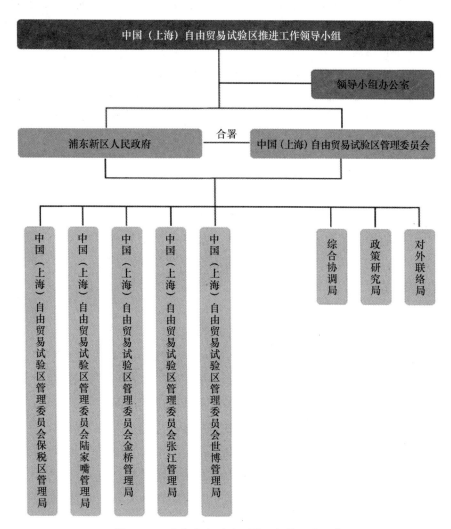

图 2-14　上海自贸试验区管理机构结构图①

---

① 资料来源：中国（上海）自由贸易试验区—政务公开—组织架构图，2015 年 11 月 23 日（http：//www. china‒shftz. gov. cn/InstitutionalFramework. aspx？CID＝845655BA‒C13E‒44A1‒B861‒0460EB9F9635&types＝0&navType＝1）。

验区内设立办事机构，市政府有关部门以及浦东新区有关政府各司其职，承担自贸试验区内相关事务。《中国（上海）自由贸易试验区条例》的规定，大同小异，对管委会法律地位、职权、相关驻区机构、市政府有关部门和浦东新区政府与管委会的关系的规定与上海市政府规章的精神基本一致。扩区以后，浦东新区规定自贸试验区管委会和浦东新区人民政府合署办公，下设三个职能局——综合协调局、政策研究局和对外联络局，以及在世博、张江、金桥、陆家嘴和保税区等片区设立相应的管理局，其中，保税区管理局经过委托由浦东新区政府进行管理，其他四个管理局则与陆家嘴金融贸易区、张江高科技术园区、金桥经济技术以及世博地区管委会合署办公。有学者认为上海市政府规章和上海市人大常委会均将自贸试验区管委会界定为上海市政府派出机构，与法理不符，不能解释自贸试验区管委会的职权行使的全面性与综合性问题，而其权力运行特征类似派出机关，界定为上海市人民政府的派出机关更为合适。① 当然，界定为派出机关，也有人认为不妥，有待进一步研究。

（二）中国（天津）自由贸易试验区管委会

国务院批准的《中国（天津）自由贸易试验区总体方案》，对自贸试验区管理机构的总体要求是，建设与国际接轨、借鉴市场化运作机制、符合法治化运行要求以及便利投资和贸易过程的自由贸易园区。在此要求和目标定位下，深化行政体制改革，在行政审批、社会信用、市场监管、综合执法、反垄断审查、知识产权保护服务和救济、社会专业化服务等领域提高管理的效果；向自贸试验区下放经济管理的职权，实行权责清单制度，优化行政审批程序，完善制度制定和实施工作。天津市人民政府2015年年初常务会议通过的《中国（天津）自由贸易试验区管理办法》，决定设立中国（天津）自贸试验区推进工作领导小组，领导自贸试验区的整体改革工作，决定自贸试验区改革中的重大事项。同时设立自贸试验区管理委员会，主要职责是在自贸试验区推进工作领导小组的领导②

---

① 参见王丽英《论中国（上海）自由贸易试验区管委会的法律地位》，《海关与经贸研究》2015年第6期。

② 这里的领导，主要是由天津市自贸试验区推进工作领导小组领导整体改革工作以及研究决定自贸试验区改革工作中的重大事务来体现的。

下，负责统筹协调以及组织实施自贸试验区内的改革创新等具体工作，以及对区内的具体措施的实施效果进行研究和评估。天津市人民政府有关职能部门以及滨海新区政府支持管委会的各项工作，同时负责管委会职责以外的行政事务的管理；对天津市自贸试验区管理委员会的性质或者法律地位并没有规定。该政府规章对自贸试验区管理委员会的要求和目标类似总体方案的规定。管委会设立三个派出机构，分别在天津东疆保税港区管委会、天津港保税区管委会以及天津滨海新区中心商务区管委会加挂自贸试验区相关片区办事处牌子，行使自贸试验区相应的行政事务的管理职责；这些管委会（非自贸试验区管委会）在自贸试验区相关的土地、规划、基础设施建设等方面的事务，由滨海新区政府进行统筹。《中国（天津）自由贸易试验区条例》规定，自贸试验区要建立权责明确、运转协调、透明高效的管理体制，设立自贸试验区推进工作领导小组，以及中国（天津）自由贸易试验区管委会，其职责权限，大致类似总体方案和天津市政府规章的职权规定，但是对于自贸试验区管委会的性质或者法律地位仍然没有规定，或者有意回避。

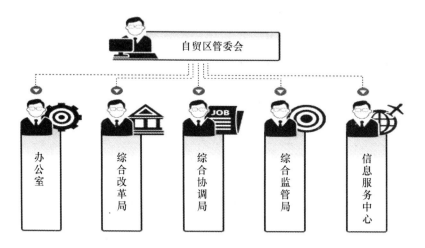

图2-15　天津自贸试验区管委会组织结构图①

①　资料来源：中国（天津）自贸试验区—首页—政务公开—职能机构，2016年11月23日（http：//china - tjftz. gov. cn/html/cntjzymyq/ZNJG24866/List/list_ 0. htm）。

（三）中国（福建）自由贸易试验区管委会

根据《中国（福建）自由贸易试验区总体方案》，福建自贸试验区的管理体制要进行改革，转变管理机构职能，按照与国际规则接轨、借鉴吸收市场化经验和法治化运作的要求，推进政府管理体制创新，福建省下放经济和社会管理权限到自贸试验区，提高管理机构权限和流程的透明度，推进行政审批制度改革，完善知识产权的管理、执法和救济机制，将特别专业的行政职能转移给社会专业服务机构来承担，同时福建省要开展地方立法，为自贸试验区的建设提供法治保障。在福建省一级，设立了中国（福建）自由贸易园区推进工作领导小组，[①] 在福建省商务厅设立领导小组办公室，负责协调统筹自贸试验区的改革创新发展的具体工作，在福州、厦门和平潭分别设立自贸试验片区管委会，对各自贸片区的特定事务进行统一管理。在 2015 年 2 月，由福建省人民政府常务会议通过的《中国（福建）自由贸易试验区管理办法》规定，设立福建自由贸易试验区工作领导小组，主要职责就是对自由贸易试验区内的改革发展工作进行统筹和协调，下设办公室，同时在相应片区设立片区管理机构，也就是管理委员会，负责各片区相关自由贸易工作的统筹，包括组织落实相关发展具体措施、研究制定和实施相关管理制度、统筹片区产业发展、牵头落实相关改革试点措施。与上海和天津不同的是，这里没有规定各片区管委会的性质及其职权的兜底条款。同时对经济社会管理权限的下放，省级人民政府、片区所在地政府与片区在社会事务管理权限方面的分工与协调配合，各片区在相关园区设立办事机构以及海关、边检等部门在自贸试验区的工作机构职权进行了规定。《中国（福建）自由贸易试验区条例》对自贸试验区的管理体制做了规定，各片区管理机构是省级人民政府的派出机构，负责片区具体事务。

根据福建省政府批准的福州、厦门和平潭综合实验区片区的建设工作实施方案的规定，各片区的管理机构的建设目标都是一致的，均是转

---

① 设立依据是福建省委、省政府《关于成立中国（福建）自由贸易园区推进工作领导小组的通知》（闽委〔2014〕24 号）、福建省委编制委员会办公室《关于印发〈中国（福建）自由贸易试验区管理体制的意见〉的通知》（闽委编〔2015〕4 号）以及《关于省自贸区工作领导小组办公室有关机构编制相关问题的通知》（闽委编〔2015〕5 号）三个文件。

变政府职能，深化行政体制改革，内容均涉及商事登记制度改革、信息化建设、市场监管、社会公共服务体系完善等内容，与福建省自由贸易试验区总体方案和福建省人民政府通过的《福建自由贸易试验区管理办法》中对管委会的职权的规定是吻合的，同时厦门经济特区和福州市还可以利用经济特区立法权以及较大市地方立法权制定、修改相关法规，对自贸试验区的改革、创新工作提供法制支持和保障，平潭综合实验区的相关法律保障工作则由福建省政府和福建省人大常委会来进行。根据《中共福建省委机构编制委员会关于印发〈中国（福建）自由贸易试验区管理体制的意见〉的通知》（闽委编〔2015〕4 号），将原来的福州保税港区管委会经过改组成为福州片区管委会（福州保税港区管委会），定性为省级人民政府的派出机构，为副厅级，福州市人民政府，同时，还负责对其进行管理。管委会的职责是，负责组织实施建设方案、统筹协调产业和项目建设、牵头落实相关规划和改革任务、研究制定并负责落实相关改革措施、负责区内投资规划卫生等事务的行政审批和监管服务、相关信息化建设、协调海关边检等单位管理工作、市场监管和执法、企业综合服务，以及其他工作。根据中国福建自贸试验区福州片区管委会编制规定，福州片区管委会设立 6 个内部机构，包括办公室、人力资源局、政策法规局、财政金融局、经济发展局、规划建设和环境管理局，同时设立综合监督和执法局以及在相关片区设立办事处。厦门片区和福州片区的编制规定中关于职权职责、人员编制和内设机构的内容都大同小异。

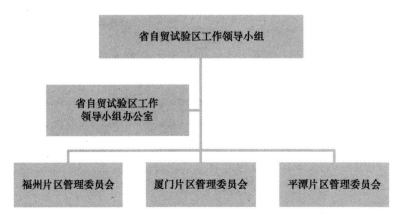

图 2－16　福建自贸试验区组织结构图

（四）中国（广东）自由贸易试验区管委会

《中国（广东）自贸试验区总体方案》提出的转变政府职能、改革行政管理体制改革试验内容与其他三个自由贸易试验区的内容大致相同。所不同的是，广东省总体方案提出要探索建立法定机构，将专业性、技术性强以及公民参与度高的公共事务交由法定机构来承担，实行市场化、社会化运作，同时设立行政咨询委员会，为自贸试验区发展建言献策，建立高效、统一和分级负责的管理体制。

广东省人民政府在 2015 年 2 月政府常务会议通过的《中国（广东）自由贸易试验区管理试行办法》中对自贸试验区管理体制的规定是，按照统一而独立、精干而又高效的原则，设立省自贸试验区和自贸试验区各片区管理机构，省政府设立自贸试验区工作领导协调机构，负责统筹研究和决定自贸试验区发展重大问题、指导改革任务以及协调与内地相关部委、港澳以及相关自贸试验区片区的管理事务，省政府设立中国（广东）自贸试验区工作办公室，负责贯彻执行国家相关政策、研究制定并指导实施相关投资金融等制度、具体协调与相关地方和部门的事务、推动各片区建立监管体系、检查评估各片区政策实施情况、信息公开、自贸试验区工作、领导协调机构日常事务以及政府赋予的其他职权。设立各片区的管理机构，各片区管理机构的职权由各片区所在市人民政府负责规定。省政府根据统一原则对各片区下放经济管理权限。《中国（广东）自贸试验区条例》中对自贸试验区管理体制的规定与广东省政府规章基本是一致的，需要特别指出的是，各片区的管理机构职责分别由各片区制定条例来进行规定，自贸试验区管理机构行使各片区所在市一级政府及其职能部门的经济管理方面的权限，建立权责清单，成立行政咨询委员会。

中国（广东）自由贸易试验区，共有珠海横琴片区、深圳前海蛇口片区以及广州南沙新区片区三个组成部分。前海蛇口片区实施方案中提出，要建立符合国际惯例、具有示范效应的自贸试验区运行规则以及相关制度体系，制定自贸试验区前海蛇口片区条例、相关开发区管理条例或者办法，完善相关法规体系和框架，在执法、仲裁和调解、知识产权保护、国际法律服务、一体化廉政监督领域探索新的体制机制；前海蛇口片区管委会在 2014 年 4 月底挂牌，在深圳市前海深港现代服务业合作区管理局，加挂广东自贸试验区前海蛇口片区管理委员会的牌子，在 2015 年 6 月开始筹备，在 7 月底已经筹建完成并正式开始运作，同时按照市场化政府的要求对管委会职能进行定位，利用法定机构、企业机构和社会机构的多元化力量共同对自贸试验区相关事务进行管理。① 广州南沙片区也已开始运行，并对相关领域的行政事务进行处理，行使经济管理等方面的行政管理权限。其实，三个自贸试验区片区的行政职权，从总体方案、地方性法规以及地方政府规章来看，都没有大的差别，特色是法定机构管理体制。珠海市人民政府常务会议制定的《促进珠海横琴片区建设管理办法》中规定，在横琴新区管委会基础上加挂一块横琴片区管委会的牌子，经过微调后，② 实行一套机构、两块牌子，负责统筹、组织实施横琴片区改革创新试点任务。

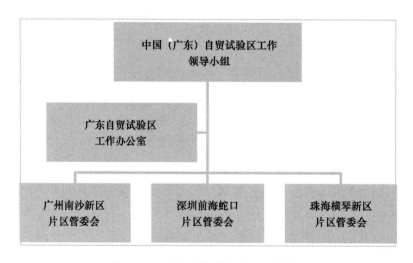

图 2 - 17　广东自贸试验区组织结构图

---

① 之所以这样对自贸区前海蛇口片区定位，是因为，前海管理局和自贸区管委会基本上是一块牌子两套人马，当然自贸成立之后，进行了部分调整，而前海管理局是实行企业化管理和市场化运作的法定机构。

② 将原来的 11 个工作机构调整为 12 个正处级工作机构，分别为办公室、党群工作部、政策法规室、商务局、改革改革局、澳门事务局、金融服务局、财政局、建设环保局、社会事务局、建设环保局以及综合执法局，行政编制为 97 名。

第 三 章

相关基本范畴分析——职权

中国自由贸易试验区管理委员会职权，核心词是职权。对职权的相关基本范畴进行梳理和研究分析，也是为其他相关问题的研究奠定理论基础。研究职权概念和基本特征①，是研究中国自由贸易试验区管理委员会职权的设定、运行、变更、撤销等问题的逻辑前提。英国历史学家阿克顿有一句名言：权力导致腐败，绝对的权力导致绝对的腐败。多少年来，这句话已经被人们所接受，理所当然地认为，这是一个不证自明的经典命题，并作为分析权力所导致的各种问题的逻辑前提。然而，这种判断有些武断，权力的本质是什么，权力为什么会导致腐败，这才是最具本源性的问题，如果不把这些问题搞清楚，就不能为人所真正接受，充其量只是一个经验命题，是可以证伪的，不是一个逻辑命题而不证自明的；所以只有从权力的概念和基本特征这一本源性的问题出发，而不只是以一个个经验和案例着手，才能弄清楚权力倾向于腐败的理论基础。②

第一节　职权的概念与特征

学术研究和交流的前提是同一概念或者范畴，否则无法交流。研究自贸试验区管委会的职权问题，需要对职权这一概念的内涵进行界定，然后分析其特征。职权特征的分析，主要有组织载体、社会分工、法律

---

① 当然，职权与其他概念的区别、职权法定原则都是与职权的概念密切相关的，都是由职权的概念和职权的基本特征中引申出来的。

② 魏宏：《权力论——权力制约与监督法律制度研究》，上海三联书店 2011 年版，第3—6页。

资格、利益关系、谦抑性等维度。

一 职权的概念

龚祥瑞教授认为，职权就是由最高权力所体现、所委任或者由法律强制所支持的权力，是有限、可委任和可划分的；行政权就是一种职权，从行政决策的作出，到决策的执行，一个个单独的行政行为都属于职权的范畴。① 有学者认为，职权就是特定的公共行政组织体代表国家或者公权力组织进行活动的权力。有一种情况需要特别注意，就是国家委任私人从事公权力活动的资格和能力，有些情况下表现为特许，这种委任的权力包括保留给国家或者公共组织的公权力，被委任的私人可以在受委任的权限范围内，以自己的名义，从事相应的公权力活动，受行政程序法、行政责任法或者行政救济法的约束。②

职权是一种权力。"权"和"力"，有学者认为概念是一样的，是指通过说服或者威胁支配他人的一种能力，因此，权力又被称为权能，我们说某某领导"有权"，指的也是通过许诺这种非强制性的力量以及威胁等强制性力量作为保障来支配资源影响他人行为的能力。如果严谨一些，就会发现这样的一种理解值得商榷。有人认真从词源及其发展历史角度对权力一词进行了仔细探究，认为"权"和"力"是截然不同的两个概念，"权"是一种主体性资格、一种正当性条件、一种名分，这种意义上的"权"是被赋予的，不是自身所固有的；权力之"力"，对其自身而言，是一种力量，对掌权者来说是一种能力，表现为控制力、支配力和强制力；权力表现为一种人与人之间支配服从关系，是一种主体性资格，是被赋予的代表公共利益的正当性条件，同时是一种以组织性力量及其辅助设施作为载体，表现为支配控制和强制的力量，对于掌权人来说是一种代表公共利益对公共资源、公共事务进行掌握、支配进而影响他人行为的权利能力和行为能力。③ 权力和职位联系起来就是职权，表现为一

---

① 龚祥瑞：《比较宪法与行政法》，法律出版社 2012 年第 3 版，第 441—442 页。

② ［日］米丸恒治：《私人行政——法的统制的比较研究》，洪英、王丹红、凌维慈译，中国人民大学出版社 2010 年版，第 64—65 页。

③ 魏宏：《权力论——权力制约与监督法律制度研究》，上海三联书店 2011 年版，"导论"部分第 3—29 页。

种人与人之间的支配和服从关系，一方面是代表公共利益的被赋予的主体性资格，另一方面是以组织系统及其辅助设施作为载体的控制力、支配力和强制力。换句话说，是掌权者掌握公共资源、支配公共事务以及影响他人行为的权利能力和行为能力。①

二　职权的特征

职权是以特定组织及其辅助设施作为载体的，是社会分工或者分权的产物，是一种权利能力，也是一种行为能力，具有不对等性和扩张性。

（一）职权以特定组织及其辅助设施为载体

公共权力，包括国家权力以及其他公权力社会组织所拥有的公共权力，是抽象的，没有体现出具体的组织系统作为载体，没有具体到特定的国家机构或者特定的职位。如果仅仅是抽象的公共权力，这种职权的存在是没有意义的。人类在生存竞争的过程中产生以血缘为基础的原始群体，发展到后来的氏族社会组织，进而演变成其他公权力社会组织②和国家组织。这些公权力组织的存在都有一定的目标。要实现这样的目标，就需要建立一定的机构，规定机构及其组成人员的权力和义务，负责管理和领导特定的对象，进而形成一定的支配、控制、服从与命令关系；权力与组织是密不可分的，权力是社会组织的黏合剂，组织是权力的载体和标志。③ 抽象的公共权力与特定的主体相结合，国家机器社会组织才能够正常地运转起来，实现其存在的目的和价值。

（二）职权是社会分工或者分权的产物

分工不只是经济领域才有的现象，诸如科学、艺术等领域也有分工的影响，可能经济学家首先发现了劳动分工，但是却没有能力提出质疑。

---

① 从对职权的定义来看，职权的设定和行使需要相应的制约和监督。

② 这里的其他公权力社会组织在人类历史的早期，在人类社会的某一个阶段，商业经济活动还被看成一个低等的下层的地位时，可能主要表现为家庭，村落在某种意义上也是一种家庭或者家族，起着后来经济组织的作用，因为经济活动大致不会超过家庭或者家族的范围。随着经济活动的活跃和扩展，一部分人离开家庭，到其他地方跟其他人进行交易，进行竞争，为了使这种关系固定下来，这些背井离乡的人建立了城邦。社会环境开始变化，经济活动商业活动越来越兴盛，各种经济组织，如雇主和雇工所组成的联合体越来越多，它们的性质开始发生了变迁，它们开始承担起一个公共职能，成为管理机构的一部分，对国家承担相应的责任和义务。

③ 李元书、李宏宇：《试论权力的实质、渊源和特性》，《学习与探索》2001 年第 6 期。

两百多年前的科学家包括生物学家、人种学家和地理学家的研究就发现，劳动分工的规律不仅适用于社会，还适用于有机体，甚至一个有机体所在的生物等级越高，分工越高级。这一研究发现，不仅将劳动分工影响范围大大扩展，还从科学的意义上证明劳动分工不仅是经济学社会学意义上的普遍现象，还是社会经济活动产生之前的生物学意义上的普遍现象，可以说自从地球出现生命，分工就出现了。①

有人说，社会分工或者劳动分工是造成社会处于一种失范状态的重要原因。然而这样的结论是偏颇的。劳动分工绝对不会造成一个社会的分解和崩溃，相反，它的各个部门之间的功能可以相互联系在一起，达到一种平衡状态。这种平衡既是一种外在的平衡，也是一种内在自我调节的平衡状态。这种内在或者外在的平衡状态不是自我实现的。如果需要达到这种平衡则需要借助一种规范②。而规范的落实只能借助群体的权威来实现。只有群体的权威才能在人与人之间建立一种命令和服从关系，只有群体才会积极主动地介入规范得以实施的每一个过程。群体是被指定的仲裁人，解决人与人之间的冲突或者纠纷，划分清楚各自的权利边界，维护良好的社会秩序，为群体成员提供他们安心生活、生产所需要的安定的、安全的社会秩序。也就是说，如果要化解社会失范的状态，就需要借助于规范，利用群体的权威③把规范落实到每一个人，落实到行为的每一个过程。④

国家事务广泛复杂，职权的产生除了源自社会分工，还源自国家分权。如何既保证政府权力行使受到限制，同时还保证政府在社会生活中发挥其应有的作用，这是一个难题。面对这样一个难题，有很多学说试

---

① ［法］埃米尔·涂尔干：《社会分工论》，渠东译，生活·读书·新知三联书店 2000 年版，第 2—4 页。

② 这种规范，不仅仅是指道德意义上的规范，更是指在义务层面上的规范。

③ 特别是在经济生活领域，任何政治社会或者国家，显然都是担当不起这个重任的。因为经济生活不仅是独特的，而且可能说不定任何时刻都会造成经济秩序失范，只有在与职业活动关系密切的群体对其作出有效规范的情形下，职业活动的功能、需要或者每一次的变化状态才会被认识和规范。

④ ［法］埃米尔·涂尔干：《社会分工论》，渠东译，生活·读书·新知三联书店 2000 年版，第 16—17 页。

图解决这一问题，但是分权学说一直是他们中最重要、影响最深远的。[①]
国家机构之间需要分工，有立法、行政、司法之分，而且在特定的国家
机构或者社会组织内部还有相应的分工来划分和明确内部相应的职权，
高效地处理国家社会事务，同时平衡组织之间的相互关系，保证民主、
公平、正义的社会环境。宪政和分权是西方政治和法律学说的重要议题
之一，主要是关于国家权力的构成问题，包括为了研究如何防止权力滥
用而产生的分权学说，以及权力分立以后如何协调以有效实现国家职能
的问题；17、18 世纪洛克以及孟德斯鸠提出了近代意义上的分权学说，
标志着分权学说历史上的重大发展，以后的英美法等国的宪政体制或多
或少都受到这些代表性学者的分权制衡学说的影响，但各国的政制安排
和权力配置等政治制度实践拥有各自的特点。[②]

（三）职权是一种权利能力

民法上将民事法律关系中民事主体的民事能力或者民事主体资格分
为民事权利能力、民事行为能力和民事责任能力。民事权利能力[③]，也可
称为民事义务能力，或者民事权利义务能力，是指民事主体参与民事法
律关系并享受民事权利或者承担民事义务的主体资格。不同于民事权利，
民事权利能力是一种主体资格，民事权利是民事权利能力实现后的结果；
民事权利能力包括承担义务或享受权利的能力，是法定的，与民事主体
不可分割，具有一定的人身依附性，民事权利与民事义务是相反的一对

---

① ［英］M. J. C. 维尔：《宪政与分权》，苏力译，生活·读书·新知三联书店 1997 年版，
第 1—2 页。

② 同上书，第 404—405 页。在这部著作之前，也有很多学者对本国的宪政与分权学说进
行了著书立说，但是缺少全面系统的一般研究，本书系统全面地总结和研究了截至该书之前西方
国家的分权实践和经验，是一部重要分权学说历史方面的著作。

③ 有人认为民事权利能力和人格是两个概念，也有人认为这两个概念其实并没有不同。江
平教授持前一观点，认为人格是人作为权利主体的资格，是成为主体的条件，是享有民事权利的
前提；而民事权利能力是享受权利、承担义务的资格，是享受权利的资格，是权利的范围和内
涵。余延满教授认为，现代民法上两者是一致的，民事权利能力的概念可以追溯到罗马法时代的
人格，两者的确有不同，但是人格概念基本内容已经在前者的概念之中基本有了体现，民事权利
能力是萨维尼首先提出来的，并与民事行为能力作了区分，以后大陆学者包括以后的奥地利、德
国和苏俄民法典都沿用这一划分，特别是民事权利能力的概念，认为民事权利能力是判断是否具
有独立法律人格的标准，两个概念之间互为充分必要条件。马俊驹、余延满：《民法原论》，法
律出版社 2010 年版，第 53—54 页。

概念，是民事主体根据个人意愿参与民事活动时获得的，可以依法转让或者放弃。① 这些民事能力是民事主体所享有的，民事主体包括自然人、法人、合伙、国家，而与行政法上行政主体资格密切相关的包括法人和国家，当然也有人认为国家也是一种法人。1896 年德国的民法典，将法人制度作为专章专节进行规定，自此世界上第一个完整的法人制度得以建立，这个体系成为以瑞士、日本、意大利、苏联为代表的前东欧国家、中国和巴西等国所效仿的范例，当今社会，甚至有人说，是一个企业法人或者公司法人的时代。② 法人的权利能力是一种主体资格或者独立人格的一种标志，并不受自身性质或者法律规定的限制，不是一种特殊的权利能力，也不受其目的范围的限制，否则法人组织超出其目的范围的行为所产生的责任就不应该由其来承担；法人的权利能力和自然人的权利能力是平等的，不同法人间也是如此。公共组织的职权，也是一种人格，一种主体性资格，一种法律意义上的权利能力，是参与相应的法律关系享受相应的权利、承担相应的义务的资格，具有法定性、人身依附性，不可随意转让或者放弃，具有抽象性。不同公权力组织间的权利能力是相同的，只是职权内容或者大小不同，不受自身性质、法律规定或者目的范围的限制，同自然人的权利能力是平等的。

（四）职权是一种行为能力

关于行为能力的概念，理论上认识不一。广义说认为，行为能力包括合法行为能力和违法行为能力；狭义说认为，行为能力就是合法行为能力；最狭义说认为，行为能力是从事法律行为的能力。德国、日本持最狭义说，苏联持广义说，尽管我国也有人认为我国应该采用最狭义说，但是受苏联影响，我国学界大多还是采用广义说。③ 其实，能力只存在有或者无的问题，不存在合法或者非法的问题。合法与否只有在行为之后依据法律才能够进行事后判断，事前是无法进行判断的。因此我国应当采用最狭义说，即行为能力是法律关系主体能够独立从事法律行为的地位或者资格。自然人的权利能力是法定的，不可随意限制或者剥夺，不

---

① 马俊驹、余延满：《民法原论》，法律出版社 2010 年版，第 52—53 页。
② 同上书，第 56 页。
③ 同上书，第 87—88 页。

能任意转让或者放弃，因各自的年龄或者精神状态而异。法人的行为能力，是法人能够以自己的名义从事民事活动，有效实施法律行为，获得相应权利承担相应义务的资格。我国的民法通则规定，法人是具有民事权利能力和民事行为能力的组织。[①] 法人的权利能力和行为能力同时产生，产生时就具有这两种能力，同时消灭；法人的法律行为能力是由其机关或者法定代表来实现的。公权力组织的职权也是一种行为能力，权利能力和行为能力同时产生，同时消灭，其法律行为能力也是由其法定机关或者法定代表人来实现的。但是因为公权力组织的设立是基于一定的目的，所以应受其目的范围的限制，随着经济社会的发展有所放宽，超越其目的范围的法律行为，不因此而绝对无效。[②]

（五）职权具有扩张性

权力，在本质上，具有意志扩张性。英国的阿克顿勋爵曾经说过，权力导致腐败，绝对的权力导致绝对的腐败；法国的孟德斯鸠认为，每一个拥有权力的人都容易滥用权力，直到他达到权力的边界为止；当然也有学者认为权力是一种善，仇恨、罪恶或者猜疑等现象都是由权力本身的虚弱所导致的。[③] 各种观点，从不同角度，说明了权力具有扩张性。权力容易导致腐败，腐败是以权谋私，因为腐败行为社会危害性大，为普罗大众所不齿，所以人们可能会更加关注以权谋私的严重违法犯罪的腐败行为，而忽略了那些滥用权力没有为自己谋私利的行为。例如，为了平息社会怨气，限期破案，促使公安机关刑讯逼供，进而产生一些冤假错案；或者为了招商引资，政府乱承诺、乱担保，以至于发生企业之间的民事纠纷时，用公共财产来为私人企业承担连带责任。所以当讨论权力制约与监督的时候，不仅应该关注权力腐败行为，还应该关注所有

---

① 2017 年 3 月 15 日，第十二届全国人民代表大会五次会议通过的《中华人民共和国民法总则》第五十七条规定，法人是具有民事权利能力和民事行为能力，依法独立享有民事权利和承担民事义务的组织。

② 最高人民法院《关于适用〈中华人民共和国合同法〉若干问题的解释（一）》第十条规定，当事人超越经营范围订立的合同，人民法院并不因此而认定合同无效，但是需要国家特许经营、限制经营以及法律和行政法规禁止经营的除外。

③ George Seldes, *The Great Thoughts*, Ballantine Books, 1985, p. 3，转引自魏宏《权力论——权力制约与监督法律制度研究》，上海三联书店 2011 年版，第 30 页。

的权力滥用行为。① 权力被滥用，除却那些不良的主观动机之外，还有一些良好或者无可厚非的主观动机，例如，为了实现自我对权力的追求和欲望，控制那种支配他人、支配资源的权力，追求良好的社会地位，实现自我的社会价值，为国家为社会做出丰功伟绩，都是有可能的。

（六）职权具有不对等性

这里的不对等性，不同于"不平等性"。职权，作为一种权利能力，对所有人均是平等的。所谓不对等性，是说公权力组织参与相应的法律关系、独立有效实施法律行为、承担义务享受权利的种类、范围、大小是不同的，在公权力组织与相对人之间，以及公权力组织之间，双方所具有的权利（权力）是不对等的。在公权力组织与相对人之间，公权力组织拥有控制、强制或者支配相对人的权力，可能也会有听取相对人意见和建议的程序，但是最终的决定权，单方面属于公权力组织一方。在公权力组织之间，这种不对等性表现得相对明显一些。根据权力或者事务的性质，职权，在各个部门之间，划分为财政权、社会治安维持权等领域事项的决定权，不同层级政府之间，根据功能、目标、权力重要性、互相隶属关系，所享有的权利的大小从上到下依次递减，甚至在部分领域，如税收等，还存在国家和地方之间的分权或者实质性分权。李密②写给晋武帝推辞官职的奏章《陈情表》③ 对于职权的这种不对等性表现得淋漓尽致，"前太守臣逵，察臣孝廉，后刺史臣荣，举臣秀才。臣以供养无主，辞不赴命。诏书特下，拜臣郎中，寻蒙国恩，除臣洗马。猥以微贱，当侍东宫，非臣陨首所能相报。臣具以表闻，辞不就职。诏书切峻，责臣怠慢；郡县逼迫，催臣上道；州司临门，急于星火。臣欲奉诏奔驰，则以刘病日笃；欲苟顺私情，则告诉不许。臣之进退，实为狼狈。……愿陛下矜愍愚诚，听臣微志。庶刘侥幸，卒保余年，臣生当衔环，死当

---

① 魏宏：《权力论——权力制约与监督法律制度研究》，上海三联书店 2011 年版，第 37—39 页。

② 李密，字令伯，现在的四川彭山人，晋国灭蜀之前，曾任蜀国尚书郎，晋国灭蜀以后，晋武帝召他任职，他因为祖母年老多病无人奉养推辞了官职，其祖母去世以后，才出任尚书郎、太守等职位，后来因为谗言被罢官，在家中死去。

③ 《陈情表》是李密写给晋武帝推辞官职的奏章，描述自己在应诏和奉亲之间的尴尬以及自己无法奉诏的原因。被赞为"感情浓郁深厚，文笔简洁流畅，沛然从肺腑中流出，殊不见斧凿痕"。参见《古文观止》，钟基、李先银、王身钢译注，中华书局 2015 年版，第 463 页。

结草。臣不胜犬马怖惧之情，谨拜表以闻"①。

第二节 职权的结构

借鉴民法学、刑法学中关于民事法律关系和刑事法律关系构成要素的分析②，我认为，职权的结构可以分为主体、内容和客体三要素。

一 主体

民事法律关系主体，也可称为民事主体，是指法律所规定或承认的能够以自己名义参加民事法律活动、承担民事义务和享受民事权利的人。民事法律关系的主体，包括自然人和法人，自然人和法人之外的组织也能够成为民事法律关系的主体，特定的情况下，国家可以成为民事法律关系的主体；民事法律关系主体又可以分为权利主体和义务主体；权利主体或者义务主体中的任何一方都可能是单一的，也可能是多方的，例如物权法法律关系中，除了所有权人之外，其他人都是义务主体，在共有关系中，权利一方，是两个以上的权利主体，共有人之外的主体都是义务主体。③ 刑法中分析问题是以犯罪构成理论为根据，包括犯罪主体、犯罪客体、主观方面和客观方面。研究犯罪主体的意义在于区分罪与非罪，区分此罪与彼罪，以及区分承担刑事责任的种类与大小。④ 公法上，判断法律关系的主体，也有些类似，也主要是包括自然人和法人、其他公权力组织，特定情况下，国家也可称为公法权利的主体。其实，国家

---

① 《古文观止》，钟基、李先银、王身钢译注，中华书局2015年版，第464—467页。

② 学习刑法，只要抓住犯罪构成理论，刑法学所面临的问题就会迎刃而解。学习民法，也有着这样一个基本的方法，不过不是民事责任构成理论，因为有些案件纠纷并不涉及民事责任的问题，这个基本的方法或者规则就是民事法律关系。民法总则规定的就是民法基本的抽象规则，这些抽象规则是以民法法律关系的主体、内容、客体三要素而展开的。民法分则把民事法律关系分为人身权、物权、债权、知识产权等具体规则。抽象规则和具体规则，以民事法律关系为中心，就是整个民法。这样看来，尽管民法博大精深，但是从民事法律关系的三要素进行分析，就可以简化为易于理解的规则和理论。杨立新：《民法案例实训讲义》，中国人民大学出版社2011年版，第4—6页。

③ 杨立新编著：《民法案例分析教程》，中国人民大学出版社2014年第3版，第10页。

④ 马克昌主编：《刑法》，高等教育出版社2007年版，第76—78页。

也是一种法人，只是在现有的公法理论上没有那么多人承认，这也是我们国家公法理论需要继续发展的地方。目前已经有很多公法学者关注到这个问题，也做了很多的研究，出版了相当有影响力的著作①。但是，享有职权的只能是公权力组织。职权享有主体也可分为权力主体和责任主体。这两种主体各自既可能是单一的，也可能是多方面的。划分职权行使主体，意义在于区分是否违法、违反此法还是彼法以及承担的公法责任种类和大小。

二　内容

所谓法律关系的内容，也就是法律关系主体从事法律行为所享受的权利或者义务。研究民事权利产生、变更或者消灭的一个重要的方法，就是民事法律行为。民法的重要部分就是规定民事法律行为。研究民事法律行为，肯定要研究代理，因为限制民事行为能力人或者无民事行为能力人，或者有完全的民事行为能力但是不愿亲自从事民事法律行为的人，可以选择代理。民法的另一个重要内容就是规定民事义务，当然也有民事责任，但是民事责任也是围绕民事义务而展开的。职权的内容，是公权力组织独立有效参与法律活动所享受的权利以及承担的义务。这种公法上的权利或者义务的产生、变更或者消灭的一个基本的方法，来源于行政法律行为。行政法的重要内容就是规定行政法律行为的具体或者抽象规则。研究行政法律行为，也就必须研究代理，分为法定代理和意定代理。对于公权力组织权限范围内的事务，自当亲自处理，然而构成公权力组织之自然人出缺，为了补救困难，将职务之全部或者一部分委由其他公权组织代理。法律预见到自然人不能处理职务而指定代理人的情形，是法定代理，法律未预见到而由公权力组织基于事实需要将职

---

① 如应松年：薛刚凌：《行政组织法研究》，法律出版社 2002 年版；葛云松：《法人与行政主体理论的再探讨——以公法人概念为重点》，《中国法学》2007 年第 3 期；沈岿：《公共行政组织构建的合法化进路》，《法学研究》2005 年第 4 期；余凌云：《行政主体理论之变革》，《法学杂志》2010 年第 8 期；张树义：《论行政主体》，《政法论坛》2000 年第 4 期；薛刚凌：《我国行政主体理论之检讨——兼论全面研究行政组织法的必要性》，《政法论坛》1998 年第 6 期；李昕：《中外行政主体理论之比较分析》，《行政法学研究》1999 年第 1 期；薛刚凌：《行政主体之再思考》，《中国法学》2001 年第 2 期。

务的一部分或者全部授权于某一辅助机关代为处理，是授权代理。委任和代理不同。所谓委任，是上级公权力组织将其职权的一部分，全权移转于下级公权力组织，下级公权力组织处理该事务与处理自身事务相同，并非代理人。① 委任和代理，统称为职权或者权限之代行。

三　客体

客体，在哲学上，是指主体主观认识和客观实践的对象，是主体以外的客观事物。法律关系的客体，是指法律关系主体之间权利义务共同指向的对象。对于什么是民事法律关系的客体，历来有不同的理论学说，主要有"物"说，即与权利义务相联系的物；有"行为"说，即民事法律关系主体应当受约束的作为或者不作为的行为；有"物、行为和智力成果"说；有"物、行为、智力成果、人身利益和有价证券"说；有"多样性"说，即民事法律关系的客体是多样的；也有"民事利益"说，认为民事法律关系的客体应当用抽象概括的方式界定，是民事利益，也即是民事主体之间因为生存或者发展需要而产生的，对特定对象需求的人身利益关系和财产利益关系，表现为物、行为、智力成果等，概括起来就是民事利益。② 在刑法上，犯罪客体，指的是主体的犯罪行为所侵犯的事物，通说认为，犯罪客体是为刑法所保护的，被犯罪行为所侵犯的社会关系；与犯罪客体不同，所谓犯罪对象是指刑法分则所规定的具体犯罪行为所直接针对的人或者物③。两者的联系在于，犯罪客体是一种社会关系，作为犯罪对象的人是社会关系中的人，作为犯罪对象的物是社会关系的承担者。两者的区别还是很大的，犯罪对象通过人的感觉器官能够感觉到，如枪支弹药，犯罪客体是通过人的主观意识才能够意识到的事物，如生命权、财产权；犯罪对象不是所有犯罪构成的必要条件，但是所有的犯罪构成都必须有犯罪客体；犯罪行为发生时有的犯罪对象会受到损害，有的只是位置发生移动，有的并没有受到任何损害，但是

---

① 林纪东：《行政法》，三民书局1994年再修订版，第154—156页。

② 杨立新编著：《民法案例分析教程》，中国人民大学出版社2014年版，第20—25页。

③ 在这种意义上，我国刑法学中的犯罪对象，相当于日本刑法学上的犯罪客体。马克昌主编：《刑法》，高等教育出版社2007年版，第51页。

此时即便犯罪对象没有受到损害的情况下，犯罪客体已经受到了损害；犯罪对象不决定犯罪的性质，因为不同的犯罪对象可能反映相同的社会关系，相同的犯罪对象可能反映不同的社会关系；因此，刑法分则是根据犯罪客体而不是犯罪对象来进行分类的。① 我认为刑法学说关于犯罪对象和犯罪客体的区分是很有道理的，值得借鉴。公法上也应当区分公法法律关系客体和对象，只是现在公法上将公法关系客体当成对象。宪法或者行政法学意义上，法律关系的客体应当是为公法所保护的，为公法违法行为所侵犯的社会关系；公法行为对象是指根据具体的公法规则公法行为所直接针对的人或者物，职权行为对象是人的感觉器官所能够具体感觉到的人或物，职权行为对象不是所有的公法违法行为的构成要件，有的职权违法行为中，行为对象受到了损害，有的只是发生了位移，有的则没有受到损害，行为对象并不决定公法行为的性质。

第三节　职权的分类

分类，是人类主观思维认识客观世界的一种逻辑思维方法，存在于各类科学研究中，与划分、归类密不可分。根据事务性质、管辖区域、管辖客体以及权力运行过程等标准，可以对职权做不同之分类。

一　划分、分类与归类

作为掌握事物共性和区分事物特殊性的逻辑学分析方法，分类，对于法学研究和法律实践具有重要意义。理解分类必须从研究划分开始，因为分类是人类的主观思维世界理解和把握客观物质世界的方法，是划分的特殊表现形式。划分，由三要素组成：母项、子项和划分标准。所谓母项，就是被划分的概念；所谓子项，就是从母项中划分出来的子概念；所谓划分标准，也就是划分依据，是被划分事物所具有的属性或者特征。相对于一般划分来说，分类，是对某类对象属性知识的系统化，固定在各种科学研究中，对科学发展或者研究具有重要的意义，稳定性较强。相对于分类的概念是归类，归类，是根据被划分概念所指称的对

① 马克昌主编：《刑法》，高等教育出版社 2007 年版，第46—54 页。

象所具有的属性将其归于某个属概念的思维过程，是分类思维的必然结果。有分类就有归类。分类，实际上，就是演绎推理的思维过程，正确完整与否反过来可以证明归类的正确性、完整性。两者之间互相印证。[①]但是，分类，作为一种逻辑学分析方法，并不是完美的。任何法学分类方法都有一定的局限性，这也是人类认识能力的局限性所造成的，当然也受到分类标准的一致性、分类行为的目的性以及分类对象的不稳定性的影响；要克服这种局限性就应当不断加深对客观事物的认识，将新认识的与既有的分类知识进行比较分析，然后不断调整，继续分类。[②]

二　职权分类

职权，按照事务种类、管辖区域、管辖客体以及权力运行过程，具体可有以下四种分类：

（一）按事务性质之分类

此种分类，标准是职权作用事务的种类或者属性。如，地方组织法规定，县级以上地方人民政府执行国民经济以及社会发展规划，管理本区域内的经济、教育、科学、文化、体育、卫生、环境和自然资源保护、民政、司法行政、计划生育、城乡建设、财政等行政工作。根据地方人民政府管辖的事务的种类性质，所设置的发改委、教育局、体育局、卫生局、环境保护局、民政局、公安局、司法局、计生委、国土资源局、城乡建设规划局等职能部门所行使的职权分类，即是如此。

（二）按管辖区域之分类

此种分类，是以职权所及之范围作为分类标准。公权力组织之间，特别是不同层级的公权力组织，其权力所及之范围是不同的，所以才会有乡政府、县政府、市政府、省级政府、国务院，组成省、自治区直辖市、自治州以及设区的市人民政府，才会有省长、副省长、自治区主席、副主席、市长、副市长、正副州长、秘书长、各厅局长以及委员会主任组成。单一的人民政府组成部门，从国务院到县级人民政府也会存在管辖区域由大到小的区别。

---

① 王长发：《法学分类方法的局限性及其克服》，《黑龙江社会科学》2007 年第 4 期。
② 同上。

（三）依管辖客体之分类

这种分类方法，是按照职权行使所及之人的标准进行的。如军队的不同层级的长官，即是按照管辖权所及之官兵之不同进行划分的结果。这里按照客体所在的区域范围，以及管理事务的性质，又可以做进一步的划分，例如，按照客体规模与范围分为营长、团长、师长、方面军司令、军委副主席、军委主席等，原来的军队分为七大军区，按照 2015 年军队改革方案，我国的军区制度将成为历史，全国划分若干战区。我国的军事力量主要是海军、空军、陆军，以及在中央军委领导之下设置的军委办公厅、军委联合参谋部、军委后勤保障部、军委政治工作部、军委训练管理部、军委纪律检查委员会等部门，都是根据客体所涉事务之性质做的划分。①

（四）依权力运行过程之分类

按照权力运行过程标准，可以将公权力组织的职权，划分为决策权、执行权和监督权。所谓决策权，就是，公权力组织，对于其自身权力所及之事务或者人，根据自身管辖权力的性质和大小，依法作出相应的决定或者采取相应的措施的权力；执行权，是指特定的执行机构或者机关将决策机关或者机构作出具体决策，依托一定的物质人力保障，将之付诸实施，落实到具体的人或者物之上的权力；监督权，是指专门的机构，对与其有监督与被监督关系的人或者机构，在作出决策以及付诸实施或者执行决策的全过程，进行监察督促，特定情况下采取必要的调查措施，启动必要的责任追究程序的权力。三者之间存在着先后顺序，先有决策，后有执行，监督并不总是事后的，还有事前审查性质的监督和过程中的监督。

第四节　职权与相关概念辨析

为了进一步研究职权相关问题，除了研究职权的概念与特征、内容、分类、职权法定原则等内在特征之外，还需厘清职权与其他范畴之间的

---

① 《中央军委关于深化国防和军队改革的意见》，2016 年 1 月 1 日公布，2016 年 1 月 18 日，新华网军事频道（http://news.xinhuanet.com/mil/2016-01/01/c_128588503.htm）。

区别，才能构成一个逻辑自洽的理论体系。

一　职权与权能

根据有些学者的观察，权能，是一种法律资格或者主体资格。有学者认为，行政法上的权能可以分为行政权能和行为权能。所谓行政权能，就是根据法律法规的设定或者授权以自己的名义作出行政决定，并且独立承担因此所产生的法律后果的法律资格；所谓行为权能，是指行为主体根据行政委托所享有的代委托人作出行政决定，由委托人监督并承担由此所产生的法律后果的法律资格。民法上的所有权，包含了占有权、使用权、处分权和收益权，行政权能类似民法上的所有权与权利能力，行为权能类似民法上的使用权与行为能力。[①]权能，是一种法律资格，是一种权利能力，是法律关系主体依法独立有效从事法律活动、参与法律关系并因此而享受权利、承担义务的法律资格。仔细分析，存在着逻辑上的不能相容问题。一方面，所有权的权能可以分为占有、使用和收益、处分，把行政法上的权能等同于某种行政权（权利）；另一方面把权能等同于权利能力和行为能力。首先，权利和权利能力是不同的，行为能力是和权利能力相并列的主体资格，行为能力也不是权利。所以笔者认为，还是要追本溯源，赞成参照民法学，将权能理解为权力（权利）所有人实现其权力（权利）的各种可能性，本身并不是一种权力（权利）。根据实现的状态，可以分为消极权能和积极权能。所谓积极权能是，权力（权利）所有人为了实现其权力（权利），对其所有物可以实施或者施加的各种行为，包括占有、使用、收益、处分；消极权能是，在权力（权利）实现过程中，受到干扰时，排除干扰的一种能力。

二　职权与职能

所谓职能，是指公权力组织在管理国家政治、经济事务和社会公共事务时所具有的功能。有些类似权能，也有些类似职责。具体到政府职能来说，根据划分标准的差异，具体分类也会有所不同。根据作用的领

---

① 胡建淼：《行政法学》，法律出版社 2015 年版，第 521—522 页。

域，可以分为政治、经济、文化和社会保障职能。所谓政治职能，是指国防、外交、民主政治制度建设等职能；所谓经济职能，是指宏观调控、市场监管、提供公务产品或者公共服务的职能，所谓文化职能，是指发展科学技术、艺术事业、体育事业等职能；所谓社会保障职能，是指调节收入不合理的分配、提供社会治安维持、发展医疗卫生事业的职能。这些职能，反映公共行政的基本性质和方向，是设置和调整政府机构的重要依据，职能实施状况是衡量政府效率高低的重要标准。党的十八届三中全会通过的《中共中央关于深化改革若干重大问题的决定》中关于政府职能的表述是科学的宏观调控和有效的政府治理，具体来说，就是负责宏观调控，地方政府重点加强公共服务、市场监管、环境保护和社会管理。政府职能，随着经济社会的发展，是不断变化的，以前还有经济调节，随着我国市场经济体制的确立和完善，政府不再干预市场经济活动，就不提经济调节，但是对于市场违法违规经济活动，不是放任不管。关于宏观调控，现在强调中央政府的宏观调控职能，但对于地方政府是否具有宏观调控的职能，以及如果具有，分到哪一级地方政府，都还是需要具体研究的。

三 职权与职责

任何公民、法人或者其他组织，在具体的法律关系当中，都是处于特定的权利义务关系之中的。任何法律关系主体都是权利义务的结合体。一般来说，没有无权利的义务，也没有无义务的权利，两者既是对立的，又是统一的。相比来说，行政法上的法律关系也是如此。权利在行政法律关系中的表现形式是行政职权，义务在行政法律关系中的表现是行政职责。行政职责是法定的，除了相应的法律表现形式，其他规范性文件不得设定增加公民、法人或者其他组织的义务。关于增加公民负担或者义务的立法权划分，不论在《立法法》[①] 还是在《行政处罚法》《行政许可法》《行政强制法》中都是有着明确规定的。不同层级的法律表现

① 《立法法》第八十条规定，没有法律或者国务院的行政法规、决定、命令作为依据，部门规章不得为公民、法人或者其他组织减损权利、增加义务负担，不得增加本部门的权力或者减少本部门的法定职责。

形式具有不同的立法权限，特别重要的事项还需要遵循法律保留原则。行政职责，是一种义务，不是一种权利（权力），但与行政职权密切相关、互相对应；因为其义务性、法定性，所以也就具有强制性，是以国家强制力作为后盾的。① 职责的内容是具有多样性的，因为公权力组织的地位、目标任务等而有所不同。职责的核心内容是合法行政以及合理行政。职责与职权的关系，类似权利与义务的关系。没有无职权的职责，也不存在无职责的职权，职责的内容随着职权内容变化而变化，反之亦然。

四 职权与权限

研究职权，不能够不研究权限，因为权限是职权行使所应遵守的边界；任何职权都是有边界、有限制的，不存在没有边界的或者没有限制的职权。行政法学界有一种理论——控权论，控制职权的结果就是权限的理论基础；不得滥用职权，超越职权的种类与范围或者幅度也是职责的内容之一；权限存在的作用就是控制职权的行使不得超越这一边界，否则就要承担因此而产生的不利法律后果。② 如果主管、管辖、决定是职权的基本构造，那么权限就是由主管和管辖共同构成的，不包括决定，因为公权力组织作出决定是法律适用的问题，不是权限问题。所谓主管，是指公权力组织根据宪法或者法律所具有的对某类事项的管理范围，解决不同种类公权力组织如行政、决策（立法）、监督、司法等之间的关系问题；所谓管辖，解决的是公权力组织对某一公共事务的专有管理范围，涉及的是同种公权力组织上下左右的关系问题。权限，根据行政隶属关系，可以分为纵向权限和横向权限；根据权限所限制的权力紧急状态，可以分为平常权限和应急权限。有权限，必有理解之不同，必有争议，包括横向纵向权限争议和消极积极权限争议③。解决权限争议途径很多，

---

① 胡建淼:《行政法学》，法律出版社 2015 年第 4 版，第 529—530 页。
② 同上书，第 530 页。
③ 划分标准是，争议主体对争议权限所涉及的职权的主张，都主张拥有权力是积极权限争议，都主张争议权力不归属于自己乃是消极权限争议。

归纳起来，包括立法、行政、司法等解决途径。①

第五节　职权法定原则

职权法定原则，是行政组织法上的重要原则，是约束公权力组织的公共职权或者权力的设定主体、设定内容与设定程序以及职权"规定"的基本准则。法定职权之职权在前面已经研究过，这里只是讨论职权法定之"法"的表现形式、职权设定主体、内容、程序以及职权之"规定"。

一　"法"之表现形式

职权法定之"法"之表现形式，根据我国现有的立法模式，没有定论。我国现在没有统一的行政程序法，对于各种行政程序都是采用单独立法的模式，虽然有宪法、宪法性文件或者行政组织法的内容，但是还不足以约束职权的具体作用。如1996年10月1日开始施行的《中华人民共和国行政处罚法》，对法律、行政法规、国务院部委规章、省级人民政府以及较大市人民政府规章之间对行政处罚的设定和规定，作了具体规定。2003年的《行政许可法》，对法律、行政法规、国务院决定、地方性法规、省级人民政府规章的许可设定权和规定权，作了详细划分。2012年1月1日开始施行的《行政强制法》，对法律、行政法规、地方性法规对行政强制措施的设定与规定，对法律对行政强制执行设定权的分配，进行了规范。总结来看，职权法定之"法"的表现形式，是根据职权的种类和重要性程度，以及时代背景、立法技术等的不同而有所差异的。虽然我国没有统一的行政程序法，但是我国有统一的立法法。职权，由

---

① 胡建淼：《行政法学》，法律出版社2015年版，第531—536页。我国暂时还没有一部专门解决行政机关之间权限争议的法律或者法规，实践中的做法是一方面，虽然有可能将来变成立法，但并不是立法，不规范，不过因此而成为解决权限争议民主而合理的宪法惯例，也是一件推进公权力法治规范下运行的标志性事件，这样亦未尝不可，强迫症式地把所有待解决的问题变成体系化的法律，可能会带来更严重的问题，甚至是更严重的"精神疾病"。

具体的法律表现形式进行规定的同时，是应当受到立法法的统一约束的。①

二　职权设定主体

职权的设定与职权的规定是不一样的，主体、内容和程序有时候并不是统一的。这里主要讨论职权的设定。如果明白职权法定的"法"的具体表现形式，那么职权设定主体的问题也就迎刃而解。但我国对于职权法定的"法"在单行法中并没有清楚的界分。根据我国的立法法，在法的意义上，如果是法律，那么职权的设定主体就是全国人大常委会和全国人民代表大会；如果是行政法规，那么职权的设定主体就是国务院；如果是国务院部门规章，那么就是国务院职能部门；如果是地方性法规，根据修改后的立法法，就是有权制定地方性法规的主体，包括省、自治区、直辖市人民代表大会及其常委会，设区的市人民代表大会及其常委会，其中还有东莞、中山、嘉峪关和三沙市等几个不设区的市；如果是地方性政府规章，则包括省、自治区、直辖市、设区的市、自治州的人民政府。但是这里不涉及军事法规、军事规章制定主体以及两高司法解释制定主体。

三　职权设定内容

职权设定内容，简单来说就是公共职权。例如，行政许可法规定，直接涉及国家安全、公共安全、生态环境保护以及关系生命财产安全的事项、有限自然资源开发公共资源分配以及特定行业准入的事项等可以设定行政许可。行政强制法，规定的是限制人身自由、查封、扣押、冻结存汇款等行政强制措施以及加处罚款或者滞纳金、划拨存汇款等行政强制执行方式的设定权的分配。行政处罚法各种法律表现形式设定的是警告、罚款、没收违法所得非法财物等行政处罚种类的设定权划分。概括起来，职权设定的内容，就是公民、法人或者其他组织的人身或者具有人身属性的权利、财产权或者其他权利的限制、剥夺或者增加与扩大，

---

① 在这样的一个意义上，我国的立法法一定程度上起到了统一的行政程序法的作用，也在某些方面弥补了我国没有行政程序法的缺憾。

以及其他公共事务的决定权或者公共资源的分配权的设定权。

四 职权设定程序

职权设定的程序，在很大程度上，也是一种立法程序。一般来说，法律的制定程序最严，然后是行政法规的制定程序、地方性法规的制定程序、部门规章和地方政府规章的制定程序。职权设定的事项可以分为重大决策事项和非重大决策事项。重大决策事项的决定程序不同于一般的决策决定程序，前者一般来说要更为复杂严密。对于重大行政决策事项来说，因为涉及重大公共利益，还有公民、法人或者其他组织具有人身属性的权利、财产权或者其他重大权利的限制或者剥夺，可能还需要引入专家论证，进行听证或者风险评估，论证项目或者决策作出的必要性与可行性。我们国家现在部分城市或者省份已经制定了对重大行政决策进行约束的地方政府规章或者地方性法规，甚至也有部分地方制定了统一的行政程序规章或者地方性法规，对于何为重大行政决策，重大决策的专家论证、风险评估、集体讨论①、责任追究等事项进行了规定。国务院层面，在此基础上制定了重大行政决策程序条例——我国的重大行政决策领域也将是一部标志性的法规。这将是一件标志性的行政法治事件。

五 职权之"规定"

有些法律，对于"规定"和"设定"这两个概念是混用的，即，有时规定就是设定的意思，有时规定是广义的，是包含了设定的更上位的概念，有的时候是狭义的概念。如《行政处罚法》第八条规定行政处罚的种类，最后一款是"法律、行政法规规定的其他行政处罚"，这里的"规定"应该是设定的意思；该法第十条规定，法律对违法行为已经"规定"行政处罚规定，行政法规需要作出具体"规定"的，必须在法律"规定"的处罚行为、种类和幅度范围内"规定"。这里第一和第三个

---

① 我国宪法或者地方组织法中规定，对于政府工作中的重大问题，应当通过政府常务会议或者全体会议讨论决定。但是我国实行首长负责制，所谓的集体讨论决定，是讨论基础上的决定，政府首长具有最后的决定权。集体讨论决定和集体决定还是不一样的，与简单多数或者绝对多数投票决定的民主程序更有不同。

"规定"就是混合的概念，第二和第四个"规定"就是狭义的概念。《行政许可法》第十六条规定，下位法可以在上位法设定的行政许可事项范围内，对实施行政许可作出具体"规定"，法规和规章对实施上位法设定的行政许可作出的具体的"规定"，不得增设他种条件，对于许可条件做出的"规定"，不得违反上位法。这里的"规定"是狭义的概念。我认为，在一般意义上使用"规定"这个概念，既包括设定也包括狭义的"具体规定"，在特定情境下使用这个概念，就应该进行区分和解释，保持概念使用的一致性；设定，是行政行为种类的决定权，创设了一个新的种类；狭义的"规定"，是在行政行为种类、范围和幅度之下所作出的决定，没有创设一个新的种类，广义的"规定"则兼而有之。[1]

第六节　"私人行政"职权与私人行政

私人行政，相对公共行政来说，是一个新生事物，是对公共行政的补充。承认私人行政以及私人行政职权，对中国行政法治实践来说，具有重要意义。但是接下来也会带来一系列问题，主要是私人的外延或者表现形式以及私人行政职权的法律效力问题。

一　私人行政与私人行政职权的概念与特征

所谓私人行政是指私人根据法律的授权，承担行政任务，以自己的名义作出行政决定，承受由此所带来的相应的法律后果的活动的总称。私人是参与行政作用的重要力量。私人行政是利用私人的各种能力承担各种公共事务的行政现象。私人行政并不是一个统一的概念，而是多种复杂现象的总称。在德国，有学说认为，私人行政包括私人独立行使行政职权的多种形态，也有论者认为，仅包括私人独立贯彻行使行政职权此一种形态。[2] 私人行政职权，是私人根据法律授权所享有并以自己名义

---

[1]　如果可能的话，建议以后可以考虑使用"决定"来代替广义的"规定"这个概念，"规定"只在狭义的层面与"设定"并列使用，这样就不会造成用词上的混乱。当然，还需要对这三组概念进行进一步的研究。

[2]　［日］米丸恒治：《私人行政——法的统制的比较研究》，洪英、王丹红、凌维慈译，中国人民大学出版社 2010 年版，第 20—21 页。

行使的，能够因此承担相应法律后果的公共权力。这里的私人既包括私法意义上的自然人，也包括所有能够承担行政任务的私法的组织、法人或者非法人其他组织。私人同行政机关、法律法规授权组织一样可以成为行政主体，行使行政职权，承担由此带来的不利法律后果，成为行政复议被申请人和行政诉讼被告。但又不同于法律、法规授权意义上的公共行政。这里的法律授权是广义的，包括法律、行政法规、地方性法规、部门规章和地方政府规章。这里的私人，不是普通民法意义上的私人，而是根据授权而拥有行政职权的私人。私人行政主体，可以独立有效地从事法律活动、参与法律关系，相应地也就可以而且应当承担因此而产生的法律后果。

二　承认私人行政与私人行政职权的必要性与重要性

公共行政经历了古典自由主义时期秩序行政向现代自由主义的给付行政的发展与变迁。从 20 世纪 70 年代开始，英、美、德、法、澳兴起了将市场机制和竞争机制引入政府管理公共事务中来，行政权力下放、公共行政民营化、服务外包、行政任务私营化、公私合作等新的发展浪潮，政府不再是行政任务或者公共服务的垄断者，开始由私人代表中央或者地方政府根据契约等形式提供公共服务。① 我国在新中国成立后改革开放前实行计划经济，改革开放以后也出现了这样的发展变化，但是由此带来了私人能否成为承担行政任务的主体以及承担的程度问题。我国行政法学界提出法律法规授权组织概念，部分解决了这个问题，现在这一概念已经稳定，但是解释力有限，难以解释行政体制与机构改革过程的组织法问题，以及众多没有法律、法规授权而承担行政任务的组织法现象，所以有必要承担私人行政主体地位，承认私人行政，承认私人行政职权。

承认私人行政，承认私人可以代表国家从事公共行政事务，以自己名义行使行政职权并独立承担因此而产生的法律后果，具有重要意义。首先，有利于公共行政协调发展。政府是掌舵者而非划桨者。全能政府容易造成机构臃肿、人浮于事等问题。对于某些任务量重或者技术性强

---

① 李年清：《私人行政司法审查受案标准的美国经验——简论我国私人行政责任机制的建构》，《法制与社会发展》2015 年第 3 期。

的公共事务交给私人来承担，可以促进国家或者政府职能转变，推动国家行政和公共行政协调发展，同时还有利于提高效率，减少因为维持低效率组织运行的人员编制、财政负担等高成本；其次，有利于限制行政职权侵犯公民权利。政府权力容易滥用，直到遇到权力的边界为止。这是权力也是权力行使者的本性。为了保护公民权利，限制政府权力，在两者之间设置一道屏障，可收一举两得之效果；最后，有利于充分救济公民权利，当下我国的行政诉讼法只是将行政机关和法律、法规授权组织纳入受案范围中来，这对于保护公民权利是不够的，私人行政主体纳入行政诉讼受案范围以后，就拓宽和增强了对公民权利的司法救济范围。①

三　"私人"之范围

这里的私人，是根据《立法法》意义上的法律表现形式的授权，以自己的名义独立、有效从事法律活动，参与法律关系，承担由此产生的法律后果的自然人或者组织。私人，既包括自然人，也包括社会组织。自然人要具有相关的技术能力、科研能力、判断能力和执行能力。法人的成立标准是比较高的，② 要有自己的独立账户，有自己的办公场所，有自己的组织机构和法定代表人。但也不是所有的法人都可以成为私人行政主体，还要看法律所规定的行政任务是不是适合该法人来承担，其他组织也是如此。这里并没有营利组织和公益组织之分，只要适合承担行政任务，参与法律活动，承担因此而产生的有利或者不利法律后果即可。对于一些需要具备一定的技术或者科研能力，需要特定的设施、设备进行检验、检疫或者其他科学技术要求的，私人行政主体还应具备相应的条件，否则不能成其为行政主体。这里的私人行政主体是不包括法律法规授权主体的，本来法律法规授权主体有些类似，但是因为其解释力有限，才会有私人行政主体的出现。私人行政主体是对法律法规授权主体

---

① 曾洁雯：《构建私人行政主体法律地位的必要性与可行性》，《求索》2011年第7期。

② 我国2017年民法总则第五十八条规定，法人应当依法成立；法人应当有自己的名称、组织机构、住所、财产或者经费；法人成立的具体条件和程序，依照法律、行政法规的规定；设立法人，法律、行政法规规定须经有关机关批准的，依照其规定。

解释力的补充。

四　私人行政的法律效力

私人从事行政法律活动，参与行政法律关系，承担行政任务的法律效力，同行政委托，是不一样的。行政委托是由行政主体委托相应的具有公共管理职能的社会组织或者其他行政机关或者公权力组织做出行政决定，行政主体作为委托人负责监督被委托组织的法律活动，但是最终的法律后果由委托主体来承担。私人行政主体，享有行政职权，能够以自己的名义独立、有效做出行政决定，参与行政法律关系，享受因此所产生的法律上的权力（权利），承担因此而产生的义务。私人行政主体所作出的决定，应当被推定为合法、有效的行政决定，相对人应该遵守和执行，如果不服，可以事后寻求相关的行政救济或者司法救济，但是在此之前此决定是有效的，相对人应当受此约束。当私人行政行为不合理或者不合法，相对人对该行政行为不服申请行政复议时，私人行政主体可以因此而成为行政被申请人；当相对人不服行政复议结果而向人民法院进行行政诉讼或者直接进行行政诉讼时，私人行政主体可以作为行政诉讼被告，并因此而承担相应的法律责任。面对私人行政可能引发的法律责任缺失问题，美国的回应是私人行政应当接受司法审查，但是也应有严格的受案标准，主要是公共职能标准、行政强制标准、紧密关联标准等，这些标准被谨慎地适用于私人行政主体。[①]

[①] 李年清：《私人行政司法审查受案标准的美国经验——简论我国私人行政责任机制的建构》，《法制与社会发展》2015 年第 3 期。

第 四 章

国内外自贸园区及其管理
机构职权发展历史

自由贸易园区，从古希腊时期至今，已有近千年，现在正处于爆发式发展和增长的时期；其管理机构也各有特色，政府的角色和市场的角色经历了此消彼长的对应性变化，职权范围有所扩张，更加专业化、综合化。中国自贸试验区的发展比较晚，但是后发的优势比较明显。

第一节　世界自由贸易园区及其管理
机构职权的发展历史

对于世界上自贸园区的起源，有着若干不同的考证和结论，各自都能够自圆其说。一般认为，世界自贸园区及其管理机构职权的发展经历了萌芽、兴起、蓬勃发展以及深化时期，并呈功能多元、数量扩大、政策精细以及运行规范的发展趋势。

一　世界自贸园区及其管理机构职权的起源

世界上建立自由贸易园区的思想，起源于古罗马时代的希腊提洛岛。① 之后随着工商业的发展，一些地中海地区的国家相继开放港口，设立自由贸易园区。自由港和自由贸易园区是相伴变迁和发展的特殊经济发展区域。有人争论自由贸易园区和自由港的历史，到底是哪个产生的

---

① 上海财经大学自由贸易区研究院、上海发展研究院编：《全球自贸区发展研究及借鉴》，格致出版社、上海人民出版社 2015 年版，第 4 页。

时间在前，以及两者的关系。争论这样的问题，有些许哲学意味，但即便争论出个结论也未必有太大大意义。不过可以相对肯定地说，自由贸易园区的历史可以追溯至13—14世纪，古代的腓尼基人为了开展对外贸易，在其南部海港加的斯，为来往商户提供保障。也有学者认为，自由贸易园区起源于法国南部城市马赛，1228年，法国在马赛开辟特殊区域作为对外自由贸易园区。但是世界上第一个以自由港命名的港口产生于1547年的意大利热亚那。随着自由贸易城市和港口的出现，标志着自由贸易园区的正式产生。① 热亚那自由贸易园区产生之前的马赛自由贸易区以及汉萨同盟等只是自贸园区的雏形而已。

也有不同观点或者考证。有人认为，世界自贸园区最早可以追溯至公元前1101年至公元241年的古腓尼基亚时期。现在的很多文献几乎无一例外地认为，意大利的热亚那是世界自贸园区的起源，是世界上第一个以自由港命名的自由贸易区。热亚那港口是世界自贸园区的雏形，而古代腓尼基亚时期为了扩大贸易往来、保障商人自由通行而开辟的泰尔海港及其北非殖民地的迦太基港口同样也是自贸园区的雏形，后来为希腊其他城邦所效仿，法国以及德国也开始实行较为宽松的对外贸易政策，营造良好的对外贸易环境。这个是世界自贸园区的萌芽时期，但是如果要算自贸园区起源，则应当追溯至公元前1101年以后1200年的全盛历史时期。

二 世界自贸园区及其管理机构职权的发展阶段

随着各国不同时期政治体制、科学技术以及交通运输等条件的变化，自由贸易园区的发展，也经历了四个不同时期。不同时期的自贸试验区管理机构的性质不同，职权范围与内容也不甚一致。

(一) 古典或者传统自由贸易园时期

自古代腓尼基亚全盛时期以来的自贸园区，开始为希腊其他城邦以

① 李泊溪、周飞跃、孙兵：《中国自由贸易园区的构建》，机械工业出版社2013年版，第13页；上海财经大学自由贸易区研究院、上海发展研究院编：《全球自贸区发展研究及借鉴》，格致出版社、上海人民出版社2015年版，第5页；钱震杰、胡岩：《比较视角下自由贸易区的运行机制与法律规范》，清华大学出版社2015年版，第10页。

及法、德等国所效仿。1228 年，法国马赛设立特殊开放区域，允许货物可以在不征税的情况下进入。1367 年，德国北部的几个城市组成了一个自贸园区联盟——汉萨联盟，加入汉萨联盟的城市有 70 多个，最盛的时候有 160 多个城市参加。[①] 17 世纪以后，随着资本主义对外扩张步伐的加快，欧洲一些资本主义国家开始将自己国家的港口，例如德国的汉堡、不莱梅等，宣布为自由港，并在殖民地的拓展过程中，在一些殖民地如吉布提、新加坡以及中国香港等设立了自由港以及自贸园区，世界上的自由贸易园区的格局开始形成。[②] 这个时期自由贸易园区并不多，而且主要集中在欧洲或者地中海地区，后来，自由贸易园区扩展至东南亚和美州地区，美国对外自由贸易园区的建立则是在 20 世纪 20 年代，发展比较晚，但是已经初步具备了自由贸易园区的特征，就是不征收关税。

（二）发展过渡时期

第二个时期是"一战"以后至 20 世纪 50 年代前后，自贸园区主要分布在欧洲、亚洲和美洲地区。管理机构的职权范围从单一的转口或者对外贸易发展至加工制造等领域。在 20 世纪上半叶，一些国家或者地区在海关监管区内划定一定的区域，允许特定的外国商品免税进入该区域，叫作自由区。在第二次世界大战以前，虽然世界上的自贸园区的发展也经历了几百年的历史，但是基本上都是表现为自由港以及自由区两种形式，相对比较单一，而且在"一战"后到"二战"前后的这一段时间所建立和发展起来的自贸园区主要集中在美洲，所以这个时期的自贸园区功能比较单一，自贸园区的表现形式也就没有特别丰富，而且数量也相对比较少，分布不太均衡，主要集中在发达国家，发展中国家的自贸园区的发展机遇尚未来临。而"二战"的爆发，世界上不只是发展中国家，战争波及的国家或者地区的自贸园区的发展，都受到了严重的影响，甚至是停滞，世界贸易自由化的进程受到了阻碍，国际上自由贸易园区的发展也陷入困境。

（三）蓬勃发展时期

第三个时期是"二战"结束后至 20 世纪 70 年代左右，自贸园区呈

[①]　李友华：《境外自由贸易区与中国保税区比较研究》，吉林大学出版社 2006 年版，第 18 页。

[②]　同上书，第 2—3 页。

现蓬勃发展爆炸式增长的态势，特别是在美国和亚洲地区，作为对外贸易、赚取外汇、吸引外资、引进技术、实施新经济政策以振兴本国经济的重要手段，表现得更加明显。有成功的案例，如毛里求斯，一条很重要的原因就是政府对企业干预很少；当然也有失败的案例如塞内加尔，失败的教训就包括政府对市场管理过于死板僵硬。① 这一时期出现了由自由港或者自由区发展而来的出口加工区，也就是在港口或者港口的附近地区，划定一定的区域，允许外商投资设厂，从事出口替代工业。第一个出口加工区是爱尔兰在西南部于 1959 年设立的香农自由贸易园区。整个自贸园区蓬勃发展的黄金时期，集中在亚洲的韩国、新加坡、菲律宾等国家或者地区，这一时期世界上的出口加工区绝大多数都分布在发展经济体中。②

（四）深化时期

现在世界上 100 多个国家中已经建立了 3000 个自由贸易园区。自由贸易园区管理机构在此之前主要是政府主导的管理体制，在此一时期特别是 20 世纪 80 年代以后，企业模式的管理体制越来越受欢迎，成为各国纷纷学习和相继采用的管理模式，职权的范围也从单一发展扩展至多元。如美国的对外自由贸易园区的管理机构，根据美国的《对外自由贸易区法》设立对外贸易委员会，负责各对外自由贸易园区的设立、维护和管理，由候补委员会来处理，候补委员会由财政部部长和商务部部长助理组成；对外贸易委员会的职权主要有制定对外贸易相关制度、授权设立对外贸易区及其分区批准项目修改申请、批准相关生产活动等。③ 这一时期自由贸易园区发展的特征是，商业性与工业性自由贸易园区的发展相互融合，同时自贸园区的发展呈现出向全世界扩展的趋势。自 80 年代初以来，随着新一轮科技革命的影响，传统的工业性以及商业性自贸园区也在转型，逐步转向知识密集型，相应地，就产生了

---

① 李泊溪、周飞跃、孙兵：《中国自由贸易园区的构建》，机械工业出版社 2013 年版，第 23—24 页。

② 李友华：《境外自由贸易区与中国保税区比较研究》，吉林大学出版社 2006 年版，第 3 页。

③ 上海财经大学自由贸易区研究院、上海发展研究院编：《全球自贸区发展研究及借鉴》，格致出版社、上海人民出版社 2015 年版，第 62—63、152 页。

一些科技工业园区，而这一时期的经济特区的发展也更加全面和综合，兼具转口、加工等功能。

三　世界自贸园区及其管理机构职权发展趋势

从世界自贸园区及其管理机构职权的发展历史可以看出，自贸园区功能逐步多元化，自贸园区的数量逐步扩大，与自贸园区职权相关的政策更加精细，自贸园区及其职权的运行更加规范。

（一）功能多元化

自贸园区的基本功能原先比较单一，主要集中在进出口贸易以及转口贸易方面，还处在一个初级水平。在第二次世界大战之后，世界上的自贸园区逐步从单一功能向多元功能扩展，延伸发展至出口加工、旅游、物流、金融等综合方面。[①] 在 2000 年之前，自由港形式的自由贸易区就出现了，但是随着科技革命的推进、经济全球化的发展，自由贸易园区的概念已经发生了很大的变化，逐步呈现出综合化以及系统化的趋势。为了适应经济全球化发展的趋势，自贸园区的功能由原先的货物贸易为主向货物与服务贸易并重以及更加注重服务贸易的阶段发展，原先主要是重视自贸园区的贸易功能，逐步向贸易功能以及投资功能并重的方向发展，并呈现出更加重视投资自由更加便利的倾向。[②]

（二）数量扩大化

起初世界上的自贸园区比较集中，主要分布在欧洲发达国家，数量比较少，随着资本主义的扩张，[③] 以及殖民地的扩展，在这些发达国家所开拓的殖民地或者半殖民地，也建立了一定数量的自贸园区，数量开始增加，在"一战"后到"二战"前，自贸园区的功能开始扩展，在自由

---

① 李泊溪、周飞跃、孙兵：《中国自由贸易园区的构建》，机械工业出版社 2013 年版，第 19 页。

② 上海财经大学自由贸易区研究院、上海发展研究院编：《全球自贸区发展研究及借鉴》，格致出版社、上海人民出版社 2015 年版，第 34—37 页。

③ 资本主义是一种不断扩展的世界经济，政治上分成诸多互相竞争的民族国家，经济层面与政治层面都经历了一个极化为中心和边缘的过程，虽然遭受到各种反对力量的制止，但是终被资本主义扩张的车轮碾压得粉碎。曲升、姜艳艳：《资本主义扩张的历史定位——兼论全球化的未来走向》，《世纪桥》2007 年第 9 期。

港或者自由区内或者附近划定一定的特殊区域，实行特殊的政策，"二战"后出现了大量的出口加工区，主要集中在发展中国家，特别是在亚洲国家。因为战争的原因，自贸园区发展的进程被中断了，但是战争结束以后，特别是"二战"结束以后，在发展中国家，自贸园区爆炸式增长。20 世纪 80 年代以后，随着功能的扩展，以及科技革命的影响，出现了越来越多的科技工业园区，以发展高科技工业。从整个历史以及未来的发展趋势来看，自贸园区的数量不断扩大。

（三）政策精细化

随着自由贸易的扩大，自由贸易园区的政策也在外溢，既包括一国范围内的自贸园区外溢，也包括将自贸园区的政策向多个国家集团外溢，组成一个自由贸易区域集团，例如北美自由贸易区①就是一个较为典型的自由贸易园区。因为政策不断外溢，政策越来越成熟，门类越来越多，规则也就越来越精细化。经济联系得更加紧密、自贸园区的产业更新换代以及区域经济一体化的进一步发展，也促进了自贸园区政策发展的精细化过程。自由贸易园区，通过发达国家的技术、资本与发展中国家的市场、劳动力、土地以及其他税收等相关政策的相互结合，实现双方的互利共赢，除此之外，虽然自贸园区的功能的发展更加综合，但另外，出口加工、物流等方面政策也随着自贸园区的发展更加精细化。随着科学技术地位越来越重要，而且升级换代比较快，所以不论是发达国家还是发展中国家都纷纷设立科技园区，发展高新技术产业，占据产业链的顶端。也有国家跨国界设立自贸园区，对政策的精细化提出了更高的要求。②

（四）设立与运行规范化

自贸园区发展比较成熟的国家一般都是法治环境比较良好的国家。

---

① 北美自由贸易区建立至今已经有二十年的发展历程，成立前期成员国已经开始了市场开放进程，在贸易壁垒移除以及服务贸易自由化方面，对其他自贸区的发展带来极大影响，北美自由贸易区未来的发展很可能会受到 TPP 的极大影响，成员国的监管合作会加强，区域一体化会继续深化。林欣：《北美自由贸易区二十年发展的回顾与展望》，《理论月刊》2015 年第 9 期。

② 参见李友华《境外自由贸易区与中国保税区比较研究》，吉林大学出版社 2006 年版，第8—10 页。

在发达国家，法治的传统比较深厚，[①] 一般都是先立法对自贸园区的相关问题进行规定，然后才由法律规定的主体申请设立自贸园区，对设施进行维护，对自贸园区事务进行管理。在自贸园区发展比较成熟和规范的发展中国家或者地区，虽然刚开始是先设立自贸园区，并对自贸园区进行运行和维护，相关的法制建设与保障并没有跟上，然而随着时间的推移、经验的积累，以及对发达国家自贸园区发展经验的借鉴，为了满足自贸园区立法需求，也开始在中央层面有统一立法。同时其还对自贸园区的立法进行细化，由总统或者中央行政机关制定实施细则，对自贸园区的设立，管理机构及其职权，自贸园区的运营，自贸园区的变更、消灭、权限争议解决以及法律责任等问题进行规定。

第二节　中国自贸园区、各类开发区及其管理机构职权发展历史

中国在改革开放以后，为了提高综合国力、增强国际贸易竞争力，借鉴发达国家或者发展比较规范以及成熟国家的成功经验，先后设立了经济特区、保税区、保税物流园区、综合保税区、[②] 出口加工区、高新技术产业开发区等各种开发、开放区域，实行特殊的政策。自贸园区的设立也是中国开发、开放进程中的进一步探索。各种开发开放区域的管理机构及其职权模式也在不断的摸索以及发展过程之中。

一　中国各类开发区及其管理机构职权的发展历史
中国自从 1980 年决定设立包括深圳、珠海、厦门以及汕头四个经济

---

① 法治是一个艰辛的、漫长的历程，从整个人类法律文明史角度来看，每个国家的法治发展道路都不平坦，即使是西方发达国家，其法治的形成、发展、成熟和完善也都经历了数百年乃至上千年的历史，甚至直到今天，还有许多法治问题需要继续探索和实践。何勤华：《知易行难：欧美法治历程中的若干实践》，《经济社会史评论》2015 年第 2 期。

② 保税区虽然不是自由贸易园区，但是两者具有一定的共性，推动保税区向自由贸易园区转型，可以解决由于国家不同部门对保税区认识不一而导致的政策矛盾与冲突问题，在统一认识下促进我国的保税区以及其他经济开发区的运作与国际惯例接轨。散襄军：《保税区向具有综合竞争优势的自由贸易区转型探讨》，《管理世界》2002 年第 5 期。

特区以来，城市开发区经历了从无到有、由少到多，以及从起步、发展到成熟的变迁过程。

（一）萌芽时期

20 世纪 90 年代之前，是中国城市开发区的萌芽时期。开发区除了四个经济特区外，还包括 1984 年批准设立的 14 个沿海城市开发区。这时的开发区管理机构以及职权都还处于尝试与探索阶段。中共十一届三中全会以后，中国的重心开始向经济发展转变，中央在 1980 年决定在深圳、珠海等四个城市创办经济特区。[1] 当时的主要考虑就是"文化大革命"刚结束，百废待兴，中央设立经济特区，还在观察经济特区的作用与效果，不可能在短时间内大量批准经济特区的设立申请。当时大连热情就比较高，尽管不能够建设特区，但是在做方方面面的准备工作，开始选址、建设相关的基础设施，对相关的基础设施进行升级更新。后来中央对经济特区政策实施的效果给予了肯定，并提出在当时所拥有的四个经济特区的基础上，在沿海还可以再开放几个港口城市，名称可以不冠以特区，但是可以实行特区的某些特殊优惠政策。为了贯彻实施中央的设想，1984 年召开了沿海城市座谈会，刚开始决定参会的有 8 个城市，后来增加到 14 个沿海城市，其中一项非常重要的措施就是在这些沿海城市划定设立一定的区域，实施特殊的优惠政策，兴办经济技术开发区。在批准实行特殊的开发开放政策以后，相关的城市就开始着手相关的筹建工作，成立相应的开发建设公司负责对开发区进行开发建设。这时的城市开发区的功能比较单一，服务与管理水平也比较初级，但是后来开发区及其管理机构的探索与发展的良好效果离不开这些摸索。

（二）发展与异化时期

在首批开发区的示范下，中国的开发区的相关政策就更加开放，越来越多的地区提出申请并获得批准设立开发区，规模越来越大，服务与管理水平也越来越高，相关基础设施的质量与服务越来越完善，中国的

---

① 1980 年 8 月 26 日，第五届全国人大常委会第十五次会议，审议批准建立深圳、珠海、汕头、厦门四个经济特区。钟坚：《中国经济特区创办与发展 30 年历史的回顾与总结》，《创新》2010 年第 6 期。

开发区发展水平逐步提高。随着中国城市开发区的数量越来越多,[①] 政策越来越多元,区位优势、经济基础、法制环境以及其他优势的叠加,外资开始向投资、金融、税收、基础设施或者服务水平比较高、劳动力素质比较好的开发区集聚。造成这样的现象的原因是,城市开发区的发展越来越依赖于周边的城市所能够提供的管理与服务水平。这样就出现了两极分化,在管理、运行与维护水平比较高的地区,就形成了一个不论是在产业结构还是在经济总量等都比旧城的产业结构以及经济总量更为合理以及更为庞大的集聚地区,例如天津的滨海新城、上海的浦东新区以及江苏的苏州新区等,而大多没有经过合理论证一哄而上的开发区,其业绩表现则相对没有那么理想,有些还比较差,甚至是开而不发,将获准建设利用的土地闲置,造成比较严重的浪费。[②]

(三) 成熟时期

在改革开放的头二十年,经历疾风骤雨式的发展,中国的城市开发区已经进入一个相对比较稳定、和缓的时期,国家吸引外资的总量逐渐趋于稳定,开发区发展的两极分化比较严重,发展比较好的成了城市新区,例如上海的浦东新区、苏州新区等,有的甚至还发展成为新兴城市,例如深圳,而另一部分,要么维持中小规模,其他的则以失败而结束,到了必须清理规范的境地。[③] 2000 年左右开始有部分地方清理运行比较差、业绩表现不理想的开发区,采取撤销开发区、将土地复耕还田等措施。这也标志着中国的城市开发区的建设进入比较成熟的时期。[④] 在这一阶段,中国作为一个发展中国家,虽然早期具有较好的人口红利,但是

---

① 截至 2010 年,中国共有各类开发区 2000 家,国家级经济技术开发区 116 家,国家级高新技术产业开发区 68 家。郑国:《中国开发区发展与城市空间重构:意义与历程》,《现代城市研究》2011 年第 5 期。

② 郑静、薛德升等:《论城市开发区的发展:历史进程、理论背景以及生命周期》,《世界地理研究》2000 年第 2 期。

③ 同上。

④ 2003 年,国务院办公厅发文清理整顿各类开发区,加强建设用地管理,国务院发改委牵头制定具体标准规范开发区的清理工作。参见《国务院办公厅关于清理整顿各类开发区加强建设用地管理的通知》(国办发〔2003〕70 号)以及《国家发展和改革委员会、国土资源部、建设部、商务部关于清理整顿享有各类开发区的具体标准和政策界限的通知》(发改外资〔2003〕2343 号)。

随着中国的劳动力知识水平的提升，工资水平不可能维持不变，中国的土地价格在上涨，技术水平在提高，在法治发展程度越来越成熟的情况下，内外资所享受的政策更加公平，再加上区域一体化以及国际贸易自由化的进一步发展，中国的城市开发区的比较优势以及竞争优势就没有过去那样明显。相关的资本、技术等要素会慢慢转移以追求高额的利润，而传统上以制造业为主的开发区优势也会逐渐消散，取而代之的是受新科技革命影响而备受各国重视的高新技术产业。开发区，对于中国各个地方的经济发展在很大程度上起到了促进作用，但也存在着规划起点低、发展空间有限、产业层次不高以及管理体制不成熟等方面的问题。在开发区不断发展以及逐步成熟的过程中，在国内外竞争形势发生重大变化的情况下，中国对开发区相关的投资、税收、金融、外汇、土地等政策进行调整，对开发区的批准、建设、运行等进行指导和协调。开发区面临着调整与转型的任务，还面临着地区发展不平衡、城市资源优化重组、地方政府不良负债等问题。①

二 中国自贸试验区及其管理机构职权的发展历史

中国自贸试验区现处于初创时期，各项政策还在制定与完善之中，各种基础设施还在建设或者升级改造，自贸试验区管理机构刚刚筹建完成，投入运行管理的时间相对来说还很短。中国的自贸试验区的建设主要有三批，第一批是经过批准设立的中国（上海）自贸试验区，第二批是中国天津、福建、广东三个自贸试验区以及中国上海自贸试验区扩展区域。根据中央顶层设计，2016 年扩大自贸试验区的试点范围。② 2016年9月，中国设立浙江、辽宁、陕西、河南、湖北、四川、重庆第三批七个自贸试验区。

---

① 总的来看，经过多年发展，开发区已经到了发展的瓶颈阶段，开发区作为区域经济发展策略已逐渐呈强弩之末。张庆：《我国开发区面临的发展问题与合法性危机》，《兰州学刊》2011年第 5 期。

② 2016 年国务院的《政府工作报告》在 2016 年政府工作重点中进一步提高对外开放的水平部分提出要扩大自贸试验区试点范围。相信未来中国的自贸试验区的数量会越来越多，空间分布也会越来越合理。

（一）第一批自贸试验区（上海）

2013 年 8 月，国务院正式批准设立中国上海自贸园区。当年 9 月 29 日，中国（上海）自贸试验区挂牌成立。随后，中国上海自贸试验区管委会开始筹建，上海市政府制定地方政府规章，上海市人大常委会制定地方性法规，对上海自贸试验区的改革、创新各方面的制度依照国务院批准的自贸试验区建设总体方案进行规则设计。全国人大通过相关法律，对法律设立的行政审批事项的调整进行法律授权。国务院各部委等相关部门也通过制定部门规章或者其他形式，为上海自贸试验区的发展提供制度支持。经济发展全球化以及全球投资贸易比重的再调整，标志着我国的经济地位以及综合国力已经发生了比较明显的变化。我国已经成为全球最大的贸易体以及全球第二大经济体，中国在世界经济发展以及规则重构方面发挥着越来越重要的作用，所以，中国应当以新的开放观念审视自身，选择新的开放战略以及策略。[1] 之所以选择上海作为试行新的开放试点具有一定的必然性，上海市是我国最重要的国际化大都市，经过了长时间的发展与积累，经济规模大，产业集聚程度相比其他城市比较高，产业的门类相比之下也比较齐全，而上海又是最早跨过经济超高速增长的过程，进入经济发展的新常态，具有比较强烈的要求以开放倒逼改革。选择上海作为试点，具有较大的国际国内影响，通过试验试点所积累的经验具有较强的可复制性。[2] 2013 年 8 月，全国人大常委会通过决定，授权国务院在上海设立的自贸试验区范围内对于实行特别管理措施之外的外商投资暂时调整相关的行政审批，时间为三年，如果经过证明不可行，那么就恢复实行相关法律。2013 年 9 月，《国务院关于印发中国（上海）自由贸易试验区总体方案的通知》在投资贸易便利、监管高

---

[1]　虽然中国已经是世界第二大经济体，但是中国的综合国力还处于发展经济体的水平，要成为影响世界经济发展以及影响世界规则制定的重要力量，中国还需要具备强烈的对外开放的愿望，具备按照国际高标准、高水平投资贸易规则改革中国国内经济体制的决心，以及具备承受世界经济周期性危机的能力，具有国际视野的政府宏观调控能力以及微观的企业国际运营竞争能力。要实现这些目标，就必须选择特定的区域进行试点，然后积累经验，逐步复制与推广，形成以开放倒逼改革的长期的动态的机制。孙元欣主编：《中国自由贸易试验区发展研究报告（2015）》，格致出版社、上海人民出版社 2015 年版，第 6—8 页。

[2]　孙元欣主编：《中国自由贸易试验区发展研究报告（2015）》，格致出版社、上海人民出版社 2015 年版，第 8 页。

效便捷以及法治环境规范的总体目标的指引下，对市场准入的管理方式、服务、金融、投资贸易、监管以及法治环境建设方面进行了总体设计。① 为了推进中国上海自贸试验区的建设，以及全国人大的授权决定和国务院批准的总体方案，上海市政府对自贸试验区的管理机构、自贸试验区综合执法机构的行政处罚权等进行了细化。一年之后，上海市人大常委会通过《中国（上海）自由贸易试验区条例》，依据相关的法律、总体方案、行政法规对自贸试验区相关的管理体制、投资、贸易、金融、税收以及综合监管与法治环境建设等方面进行了规范。这一时期，上海市人民政府及其组成部门、国务院部委，从工商管理、交通运输、资本市场、文化市场管理等方面给予了制度上的支持。

（二）第二批自贸试验区（天津、福建、广东及扩区后的上海）

原先的自贸试验区面积比较小，而且只有上海，难以全面反映自贸试验区设立、建设、运营与维护过程中的问题，同时也没有系统地从根本上实现国家所设想的反思与解决中国改革开放四十年来所面临的问题与困境的任务。为了能够在更大范围内实行体制、机制的先行先试，探索构建我国新的经济体系，将东亚、亚洲以至其他国家纳入我国的经济体系中来，平衡、培育、带动区域经济发展的新的平台，以及为中美双边投资协定谈判等在更大范围内提供压力测试，新设天津、福建以及广东三个自贸试验区，同时对上海自贸试验区进行扩区。这三个新设的自贸试验区以及扩张以后的上海自贸试验区的各方面制度建设特别是管理机构的制度建设情况，与第一批自贸试验区的情形或者过程大致类似。

2014 年 12 月 26 日，商务部部长在全国人大第十二次会议上作出的《关于提请全国人大批准在中国福建、天津、广东以及上海自贸试验区扩展区域暂时调整实施相关法律设定的行政审批的说明》中提出，对国家规定实施特别管理措施之外的外商投资，暂时调整为备案管理。但是这样的调整与我国的外商企业法、中外合资、中外合作等方面的法律的规定不一致。为了解决法律依据问题，国务院决定提请全国人大修改法律

---

① 《国务院关于印发中国（上海）自由贸易试验区总体方案的通知》（国发〔2013〕38号）。

暂时调整实施相关的行政审批事项。① 2014 年 12 月，国务院召开常务会议，批准在天津、广东以及福建三个地区设立自由贸易试验区，以及对上海自由贸易试验区进行扩区。2015 年 3 月，广东、福建以及天津三个自贸试验区挂牌成立并运行，上海自贸园区扩区。2015 年 4 月 20 日，国务院颁布了三个新设的自贸试验区总体方案以及上海自贸试验区进一步深化改革开放方案。省级政府制定地方政府规章，对自贸试验区的各方面制度进行依据相应的授权，各自贸试验区所在地制定了地方性法规，为自贸试验区的管理体制、投资贸易监管等建设与发展提供法治保障，营造规范的法治环境。在这一时期，自贸试验区管委会经过筹备已经全部投入运行，自贸试验区所在地的市级、省级人民政府、人大常委会、检察院、法院以及国务院及其职能部门等相关机构，为了统筹推进四个自贸试验区的改革创新并进行协调，相继出台清理了相关的制度措施。例如 2015 年 2 月，国务院批准设立中国自贸试验区部际联席会议制度，② 由国务院副总理汪洋任联席会议总召集人，办公室设在商务部，由商务部分管负责人任办公室主任。联席会议的功能就是，加强国务院职能部门之间的协调配合，对自贸试验区的建设工作进行宏观指导，协调解决涉及多个部门的自贸试验区相关问题，组织评估推广自贸试验区的相关经验，并提出相应的复制以及推广的建议。

（三）第三批自贸试验区（浙江、河南、湖北、辽宁等七省市）

为了在更大范围内进行改革创新与实践探索，通过更多的改革试验积累经验，以及构建进一步全面对外开放的新格局，2016 年 8 月底，党中央和国务院决定在浙江、河南、湖北、辽宁、陕西、四川以及重庆各省市设立 7 个新的自由贸易试验区。参照现有的自贸试验区范围，新的自贸园区，主要依托发展基础比较好的国家级新区、园区设立，每个都包括三个片区，面积在 120 平方公里之内。2017 年 3 月底，国务院正式

---

① 2014 年 12 月 28 日第十二届全国人大常委会第十二次会议通过《全国人民代表大会常务委员会关于授权国务院在中国（广东）自由贸易试验区、中国（天津）自由贸易试验区、中国（福建）自由贸易试验区以及中国（上海）自由贸易试验区扩展区域暂时调整有关法律规定的行政审批的决定》。

② 《国务院关于同意建立国务院自由贸易试验区工作部际联席会议制度的批复》，国务院 2015 年 2 月 7 日发布。

批复设立浙江等 7 个自贸试验区，并且分别印发了自贸试验区建设总体
方案。这 7 个自贸试验区建设总体方案按照全面深化改革扩大开放的要
求，承担着服务国家相关战略的使命任务。上海等现有自贸试验区的成
功建设经验可以作为第三批自贸试验区进行筹备和建设的基础。围绕制
度创新，我国探索可复制、可推广的经验规则，聚焦简政放权改革，充
分发挥市场在资源配置中的决定性作用，营造法治化以及符合国际水平
标准的营商环境，提高中国在全球的资源配置能力，扩大内陆地区的开
放范围，提高内陆地区的开放能力。结合各省市的区位优势和特点的自
贸园区建设，在投资、贸易、金融、监管等领域打造开放新高地，推进
国资国企改革，实现投资便利化和贸易自由化，构建现代化的农业和物
流体系，与现有自贸试验区之间形成对比，互相补充。

三 中国自贸试验区及其管理机构职权的发展趋势

中国自贸试验区的起步比较晚。结合世界自贸园区及其管理机构的
发展历程以及发展趋势，结合中国经济所处的发展阶段以及发展目标，
结合中国各类开发区及其管理机构的历史背景以及发展前景，结合国家
对自贸试验区的发展目标之顶层设计，中国自贸试验区及其管理机构职
权的发展趋势仍然是清晰可见的。

（一）数量扩大化

"文化大革命"以后，百废待兴，为了发展经济，提升综合国力，我
国实行对外开放政策，以对外开放的压力倒逼中国国内方方面面的改革。
囿于当时的情势，开放的领域与地区被限定在一定的范围之内，尽管有
很多地区申请开放，但是一开始并没有得到批准。后来四个经济特区的
政策的实施效果得到认可以后，各类城市开发区的发展就如雨后春笋一
般，当然发展也有两极分化。世界自贸园区，也是经历了一个数量少而
集中到多而分散的发展过程。中国要构建自己的经济体系，平衡不同区
域的经济发展，提高政府的管理能力以及企业的竞争能力，为进一步对
外开放开展双边与多边自由贸易谈判开展压力测试，就必须扩大自贸试
验区的试点范围。2016 年的政府工作报告也提出，要扩大自贸试验区的
试点，当年就新设浙江等 7 个自贸试验区。未来，随着自贸试验区的建
设经验越来越丰富，法治环境越来越规范，中国自贸试验区批准设立的

数量也会越来越多。

（二）分布合理化

现在，中国大部分所有的自贸试验区都集中在东部沿海地区，即便是在东部沿海地区，也不是这些地区的所有区域都是在自贸试验区的四至范围之内。起初只有上海，上海原先的方案是将整个浦东新区作为自贸试验区进行上报申请批准，但是因为考虑到风险控制等问题，被批准的面积很小，难以进行先行先试。为了在更大范围内进行自贸试验区试验，为体制机制改革、地区之间的平衡发展以及对外自贸谈判进行压力测试，所以新设了三个自贸园区，并对上海自贸试验区进行扩区。四个自贸试验区的功能定位各不相同，上海是建设世界上开放程度最高的自贸试验区，福建是两岸交流与合作，天津是京津冀协同发展，广东是粤港澳深度合作。这样自贸试验区的分布就相对合理一些。2016 年的政府工作报告提出要扩大自贸试验区范围。2016 年批准的自贸试验区很多分布在中部地区、东北地区以及西部地区。未来批准设立的自贸试验区分布国家必然会考虑中国的自由贸易发展战略、“一带一路”倡议，应当在“一带一路”沿线设立自贸试验区，服务我国的自由贸易发展战略。理想的状态就是，每一个省份都可以申请设立自贸试验区，只要符合国家的发展战略以及所规定的标准或者条件即可。

（三）规则国际化

自贸试验区的设立，是中国在新的形势下进一步扩大开放的需要，之前自贸园区的雏形，具备自贸园区的某些特征。但是一方面这些开发、开放区域的功能比较单一，开放程度不是特别高。自贸试验区的功能是全方位综合性的，开放程度高，甚至提出将上海建设成为世界上开放程度最高的自由贸易园区。如果要实现这样的目标，就需要借鉴学习其他国家或者地区的经验，避免走这些国家或者地区所走过的弯路。时间紧迫，但也需要谨慎论证，否则可能就会得不偿失。世界上自贸园区发展比较成熟与规范的国家与地区，主要是美国、韩国、新加坡、阿联酋等。这些国家在管理体制、法制建设等方面都有着比较成熟的经验。这些成熟的经验对于中国来说不可能照搬照抄，借鉴中也需要考虑中国经济发展阶段，在一定的目标指引下，渐进而有序地推进中国的自贸试验区建设与高标准的国际投资贸易规则相接轨。

(四) 职权法治化

职权法定是行政法上的一项基本原则。行政职权的表现形式、职权的具体内容、职权运作条件与程序以及职权运作的效果，都应当由法律来规定。当然这里的法律是广义的法律，是立法法意义上的法律表现形式，相互之间还存在着相应的职权划分。中国在自贸试验区的设立与运行的过程中，还是比较重视法治保障的。在设立自贸试验区之前，一般是由全国人大授权国务院在自贸试验区所在区域对于所需要的相关法律设立的行政审批事项进行调整，然后由国务院批准由商务部以及地方政府共同制订自贸试验区建设总体方案。自贸试验区设立以后，就需要筹备自贸试验区的管委会。一般先有自贸试验区所在地的省级政府制定地方政府规章，对自贸试验区的法律地位、具体的职权内容与上级机关之间的关系以及与横向其他国家机关或者机构之间的职权关系进行规范，然后由自贸试验区所在地的省、直辖市人大常委会制定地方性法规，对自贸试验区的法律地位、职权内容以及横向与纵向职权关系进行规范。将来中国自贸试验区的数量越来越多，对中央层面统一的立法资源的需求将会越来越迫切，中国也将会有一部专门而统一的中央立法。

(五) 运作市场化

中国现在自贸试验区的运作是典型的行政主导模式。各个自贸试验区都设立有自贸试验区管委会。自贸试验区管委会的职权内容及其特征都类似于一级人民政府，上海和福建将自贸试验区管委会定义为省直辖市人民政府的派出机构。天津没有规定自贸试验区的法律地位或者性质，只是由天津市地方人大常委会制定的地方性法规对天津市自贸试验区管委会的职权内容进行了列举规定并规定了兜底条款，其他由市级人民政府赋予职权。广东也没有规定自贸试验区管委会的法律地位以及性质。当然也有一些行政主导模式的例外，有法定机构以及企业化市场化运作的管理模式。例如，虽然广东自贸试验区深圳前海蛇口片区的管理机构冠以管委会的名字，但是却是法定机构的运作模式。所谓法定机构模式，是由深圳市制定地方性法规对自贸试验区管理机构的职权进行规定，实行企业化市场化运作。但是法定机构却被定性为事业单位。法定机构的负责人也是由政府任命，五年一届，又有浓厚的行政色彩。综观世界上自贸园区发展比较成熟的地区，基本上都是实行企业化市场化运作的模式，例如美国是由公营公司或者私营公司申请设立自贸园区，并由其负责开发、运营与维护。市场化运作，从长远来看，也很有可能是中国自贸试验区未来发展趋势与管理运营模式的选择。

（六）开放系统化

原先中国各类开发、开放区域的功能比较单一。随着中国对外开放程度的进一步提高，以及相关方面成熟经验的积累，开放开始呈现出全面综合以及系统化的特征。受此影响，中国自贸试验区就是在这样的时间节点，在这样的背景下诞生的。在不同的功能定位以及目标指引下，就会有相应的领域向内外资开放。上海还提出建设世界上开放程度最高的自由贸易园区的目标。这些政策措施构成了一个有机统一的系统。世界上自贸园区开放也经历了功能由单一走向多元，开放由分散走向集中和系统化的过程。中国要建设高标准高水平的自贸试验区，需要与国际上的投资、贸易、金融、税收、监管等规则对接，改造中国相应的体制、机制。中国的四个自贸试验区总体方案、地方政府规章、地方性法规以及国务院及其组成部门所提供的制度上的支持，已经体现出系统化、综合化的特征。虽然并没有达到某些预期，但是这种趋势在未来发展中应当也会越来越明显。

第三节　小结

只有了解中国自贸试验区及与其相类似的各类开发、开放区域的发展历史，以及世界上自贸园区的发展历史进程，才能够对中国自贸试验区进行合理定位，自贸试验区管理机构及其职权的设定与运行也才会有一个参考系以及发展目标。如此，中国自贸试验区及其管理机构的建设不至于停滞不前甚至落后，也不至于操之过急。

据考证，世界上最早的自贸园区距离现在已经有 3000 年的历史，保守分析，也有将近 500 年的历史了。世界自贸园区发展，随着交通运输的进步、科学技术的发展以及经济区域一体化及全球化，大致经历了萌芽时期、兴起与过渡发展时期、成熟时期以及深化时期。大致来看功能越来越多元化，数量逐步扩大甚至是爆发式增长，自贸园区的政策越来越精细，自贸园区的设立与运行越来越规范。中国改革开放初期设立的四个经济特区、城市开发区的发展经历了从无到有、从少到多，萌芽、发展与异化以及成熟的时期。中国的自贸试验区发展相对比较晚，5 年的时间还不到，还处于初创时期，甚至各项基础设施还处于建设与升级改造之中，各项改革措施还在探索之中，还没有多少比较成熟的经验。为了应对国内外投资贸易领域的新的形势以及挑战，构建中国自己的经济体系，具备较强的政府宏观调控能力，以及使得企业具备较强的微观竞争能力，增加中国在国际投资贸易等领域规则制定中的影响力，就需要在一定的区域内进行试点，总结经验，并在较大范围乃至全国范围内复制推广，同时也为中国对外自由贸易双边或者多边谈判提供压力测试。但是因为第一批自贸园区的范围比较小，某些领域就很难进行先行先试，自贸试验区的效果离原来的设想还有一定的距离，所以就新设天津、福建、广东三个自贸试验区，并对上海自贸试验区进行扩区。后来围绕国家"一带一路"倡议新设浙江等 7 个自贸试验区。这样一来，自贸试验区在不同地区的发展就比较均衡，在经济体系构建、管理运行模式以及压力测试方面提供更多的样本。结合中国各类开发开放区域的发展历史、中国目前经济发展所处的阶段以及发展目标、中国对自贸试验区发展的顶层设计以及世界上自贸园区的发展历史及发展趋势，可以看出中国自贸试验区的未来，也将经历一个数量逐步扩大化、空间分布逐步合理化、投资贸易等规则逐步国际化、自贸试验区管理机构职权的设立运行更加法治化、自贸试验区的运营逐步企业化、市场化以及自贸试验区的开放更加综合化、系统化的发展历程。

第 五 章

中国自贸试验区管委会职权内容及其特殊性

自贸试验区管委会是特定公共事务处理权或者职权的组织载体，研究中国自贸试验区管委会职权首要的问题就是职权的具体内容，对其与一般管委会、管委会之外的派出机构，以及国际自由贸易园区管理机构职权之间的区别进行分析，进而才能够研究和分析后续的职权来源、运行、变更和撤销以及权限争议及其解决问题。

第一节　自贸园区管委会职权比较研究

世界上自由贸易园区发展成功的案例很多，从横向比较来看，美欧以及亚洲发达经济体的自由贸易园区管理机构的职权模式，特别是美国、韩国和新加坡的经验值得借鉴。世界上主要国家的自由贸易园区管理机构的职权范围可以分为两类，一类是自由贸易园区的设立、组织构成及其调整等组织法问题，另一类是自由贸易园区的运行维护等具体事务执行和管理职权。不同国家管理机构的性质不大一致，分别有政府主导型、政企合一型以及企业管理型，既有单一结构的管理模式，也有复合结构的管理体制。

一　韩国

在韩国，自由贸易园区的设立、自贸园区管理机构组织的构成及其调整是由总统令来规范的，总统还有部分税收财政政策、各项目计划以及设施项目建设等的最终审批权。其他中央部门如教育人力资源部、劳工部、保健福祉部等负责自由贸易园区内的相关教育、劳动者权益保护、医疗机构的设立等事宜。地方政府也有相应的管理权，主要是自由贸易园区设立调整的申请，与自由贸易园区管理机构共同管理相关基础设施，并根据总统令批准土地、财政优惠、翻译、协助产业通商部监督相关计划实施情况，以及授权给自由贸易园区的管理机构管理收费、环境保护、住房、旅游等事务。为了执行自由贸易园区的相关具体事务，韩国根据《经济自由区制定及运行特别法》，在财政经济部设立了自由贸易园区委员会，主要负责审议或者决议基本政策和制度、自贸园区的组织法调整、相关计划的执行，为外国人提供必要行政服务以及其他由总统令规定授权的事项；同时为了协助自由贸易园区委员会运行，还设立自由贸易园区企划团。①

表5-1　　　　　韩国自由经济区管理机构及其职权

管理机构	职权内容
韩国总统	自由贸易园区的设立、自贸园区管理机构组织的构成及其调整、部分税收财政政策、各项计划以及设施项目建设等的最终审批权
中央政府职能部门	自由贸易园区内的相关教育、劳动者权益保护、医疗机构的设立等事宜，总统职权的相应审批权
地方政府	自由贸易园区的设立调整的申请，与自由贸易园区管理机构共同管理相关基础设施，根据总统令批准土地、财政优惠、翻译、协助产业通商部监督相关计划实施情况以及授权给自由贸易园区的管理机构行使收费、环境保护、住房、旅游等事务
自由贸易园区委员会	审议或者决议基本政策和制度、自贸园区的组织法调整、相关计划的执行、为外国人提供必要行政服务、相关部门首长的自贸园区的调整意见，以及其他由总统令规定授权的事项
自由贸易园区企划团	协助自由贸易园区委员会运行

① 上海财经大学自由贸易区研究院、上海发展研究院编：《全球自贸区发展研究及借鉴》，格致出版社、上海人民出版社2015年版，第64—67页。

二　美国

美国采用对外贸易委员会、海关和边境保护局、受让人以及运营商的管理模式。美国对外贸易委员会的组成以及职权，在自由贸易园区的发展历史中已经分析过了，这里主要分析海关和边境保护局、受让人以及运营商的职权。美国海关和边境保护局是美国对外贸易委员会在地方的代表，负责货物进出对外自由贸易区的安全、收入保障、协调相关部门在自由贸易园区的其他代表提出相关建议并报告对外贸易委员会、实施财政部部长制定的法规条例、行使财政部部长的大部分职权，但是在决策制定领域以及其他方面不能代表财政部部长。美国的自由贸易园区很多，不可能都由美国对外自由贸易委员会亲力亲为管理各个自由贸易园区的具体事务，所以就有了自由贸易园区具体事务的管理运行机构，也就是受让人。受让人是根据法律的授权对对外自由贸易区的设立、维护和运营进行管理的机构。它是一个公共性质合作私人性质的公司，负责提供维护基本设施、收费、提供统一服务、信息公开、申请对外贸易区子区或者分区、批准并执行相关建筑的建立，在确定的利率下运营自由贸易园区，向海关关长提交设立新运营商申请，以及其他支持活动。这里的公共公司不同于一般的公司，指的是州或者其下属部门、州的公共事务管理机构及其组成部门，一个或者多个州的市政联营公共事务机构等。私人公司是为了对外自由贸易园区的设立、维护和运行所设立的普通公司，授权时公营公司享有优先权。[1] 运营商是与受让人也就是公营公司或者私营公司签订合同，按照合同约定以及法律规定的职责对对外自由贸易区进行管理的个人、合伙人或者企业。[2]

---

[1] 钱震杰、胡岩：《比较视角下自由贸易区的运行机制与法律规范》，清华大学出版社2015年版，第174页。

[2] 运营商的职责根据《美国联邦法规》的规定，主要是监督对外自贸园区的运行以及为申请人申请在区内生产、加工、制造以及展览提供批准或者证明。如果不履行这些职责，将会产生到相应的不利后果。参见上海财经大学自由贸易区研究院、上海发展研究院编《全球自贸区发展研究及借鉴》，格致出版社、上海人民出版社2015年版，第64页。

表 5 - 2 美国对外贸易区相关管理主体及其职权

管理主体	职权内容
美国对外贸易区委员会	负责各个对外贸易区的建立、维护和管理，负责对对外贸易区管理机构职权范围的产品、成分等相关问题的决策
海关和边境保护局	货物进出对外自由贸易区的安全、收入保障、协调相关部门在自由贸易园区的其他代表提出相关建议，并报告对外贸易委员会、实施财政部部长制定的法规条例、行使财政部部长的大部分职权
受让人	提供维护基本设施、收费、提供统一服务、信息公开、申请对外贸易区子区或者分区、批准并执行相关建筑的建立，在确定的利率下运营自由贸易园区，向海关关长提交设立新运营商申请，以及其他支持活动

三　新加坡

新加坡是世界上经济自由化程度很高的国家，自由化的程度仅次于中国香港。目前，新加坡自由贸易园区实行政府和主管机构①两部分分工负责相应事务的模式。政府负责招商和规划等事宜，由新加坡交通部负责协调相关部门之间的工作。而设立的新加坡自由贸易园区管理委员会则是咨询性质的机构，负责对各管理部门的管理工作提出相应的意见或者建议，② 主管机构负责具体的开发工作。所谓主管机构主要是指私法意义上的有限公司，虽然有新加坡政府的控股，具有政府的影响，但是有限公司已经具有独立运行的公司法特征，政府的作用也只是体现在市场化的机制作用过程中。这些主管机构主要是三个公司，分别是新加坡港务集团有限公司、樟宜机场集团和裕廊海港私人有限公司。③ 新加坡港务公司前身是新加坡港务局，实行的是政企合一的体制，对其旗下的 5 个

---

① 这里的主管机构是指有限公司，新加坡的 8 个自由贸易园区分别由 3 个有限公司负责管理。

② 李泊溪、周飞跃、孙兵：《中国自由贸易园区的构建》，机械工业出版社 2013 年版，第106—107 页。

③ 这三个有限公司，都是由原来的政府职能部门改制组建而来的，或者由相应的政府部门负责，政府为其控股股东，或者与相应的政府机构共同负责，共同参与自由贸易区的管理，与政府有着千丝万缕的联系，但是政府的干预是很少的，其经济自由化运行的程度很高。

自由贸易园区统一管理所有的事务，随着经济社会的发展，根据相应的立法对新加坡港务局进行改组成为有限公司，行使原来新加坡港务局的职权；新加坡樟宜机场集团管理两个自由贸易园区，分别是樟宜机场空运中心以及机场物流园区，这两个园区原先是由新加坡民航局负责管理，后来对民航局的职能进行了分化，航空工业和战略管理的职责交给了民航局，而机场具体事务的管理则划分给了樟宜机场集团这样一个企业化的机构，该机构负责除仓储以外的所有航空货运业务的管理，拥有专营权，其对货运设施并不拥有所有权，主要负责对这些设备拥有商的监督和服务，为其提供相应的批准或者审批，同时还扮演着房屋出租者以及土地出租人的角色，将土地或者建好的房屋租赁给相应的企业或者机构建设仓库或者办公楼，另将自己建成的所有的办公楼或者其他场所租赁给其他企业或者机构有偿使用；裕廊海港私人有限公司则相当于裕廊镇工业管理局的代理人，两者共同参与管理，工业管理局自负盈亏，拥有政府和企业双重角色，裕廊海港私人有限公司是一个私营机构，负责对裕廊海港自由贸易园区的管理工作。①

表 5-3　　　　　　　　　新加坡自贸园区管理主体及其职权

管理主体	职权内容
政府	招商和规划等事宜，由新加坡交通部负责协调相关部门之间的工作
新加坡自贸园区管理委员会	对各管理部门的管理工作提出相应意见或者建议
私法意义上的有限公司	政企合一的体制，对其旗下的 5 个自由贸易园区统一管理所有事务

四　小结

从世界自由贸易园区的发展历史来看，自由贸易园区的管理机构经

---

① 上海财经大学自由贸易区研究院、上海发展研究院编：《全球自贸区发展研究及借鉴》，格致出版社、上海人民出版社 2015 年版，第 67—69 页。

历了一个政府主导型管理模式向政企合一型和企业管理型转变的过程。①
而且在 21 世纪，企业化运作的管理机构越来越受到更多国家的青睐，管
理机构和职权越来越多样化、专业化、市场化以及综合化。从各个国家
管理机构之间的联系来说，相互间的管理模式无非上述三种，虽然综合
运用的比较多，但是相互间还是有明确的分工。自由贸易园区发展得比
较好的地方政府对企业或者市场、企业化管理机构的干预很少。即使有
着千丝万缕的关系，对于企业化管理机构，有些直接就是有限公司或者
集团的表现形式。尽管政府还是其直接控股股东，但是一方面完全脱离
相互间的关系是不太可能的，另一方面这种关系起作用的方式依然遵循
市场化运作机制。管理机构拥有较大的自主权和独立性。

从央地关系的角度来讲，自贸试验区管理机构在自由贸易园区、地
方政府和中央政府间存在着一定的分工，中央和地方政府以及自贸园区
都设立了相应的管理机构。② 系统来讲，国家立法机构主要负责为自贸园
区的设立、调整，以及在职权范围和权力运行过程中，对程序进行立法
授权或者规范。总统或者一国中央行政机关的首长，制定总统令等表现
形式，对自由贸易园区的设立、扩张或者调整拥有审批权和规范的职权，
同时还有发展计划的制订、相关财政税收政策的制定修改或者审批、自
贸园区管理机构组织构成等问题。中央政府各部门一般决定由相应的部
门作为协调部门，以其为主协调相关部门间的事务，决定自由贸易园区
的相关经济管理、教育、劳动等事务。地方政府主要负责自贸园区与其
职权的统筹和协调，授权自由贸易园区在环境、住房、旅游等领域进行

---

① 政企合一型一般是两块牌子、一套人马，人员互相兼任，企业基本上没有自主权；政企
分开型，一般是两块牌子两套人马，人员互不兼任，企业有很大的经营自主权。李泊溪、周飞
跃、孙兵：《中国自由贸易园区的构建》，机械工业出版社 2013 年版，第 114 页。

② 世界上自由贸易园区的管理体制大致可以分为宏观管理体制和微观管理体制。宏观管理
体制主要是由中央政府或者地方政府对自由贸易园区的事务进行综合管理，又可分为专管制和代
管制。专管制是指由中央政府或者地方政府设立独立机构来管理，代管制是指政府首长直接负责
或者委托其职能部门来管理。微观管理体制是指在自由贸易园区设立专门的组织机构，对自由贸
易园区的全方位事务进行管理和协调。这些管理机构一般都有法律的充分授权，依法管理，自由
贸易园区及其管理机构的设立、职权都有法律进行了规定，政府的管理高效而便捷。上海财经大
学自由贸易区研究院、上海发展研究院编《全球自贸区发展研究及借鉴》，格致出版社、上海人
民出版社 2015 年版，第 70—71 页。

管理，同时负责自由贸易园区管理机构职权范围之外的事务。

从政企分开的角度来看，发展比较好的自由贸易园区一般是指对政府及其职能部门与市场化的自由贸易园区管理机构职权进行详细和战略性的划分或者调整。政府一般只是负责规划和招商，自由贸易园区管理机构则负责自由贸易园区企业的设立、运行维护和监督、基础设施的建设、发展计划的实施、行政服务的提供、信息公开等综合性的事务和经济管理发展权限。政企分开的进程不是一蹴而就的，在自由贸易园区发展到早期和中期，主要在20世纪70年代以前，是政府主导或者政企合一，随着经济社会的发展和国际竞争压力的增加、国际交往的深入，以及自由贸易园区示范效应发展成就的突显，如美国、新加坡等，企业化市场化的管理机构越来越受欢迎，随后管理机构企业化市场化的程度更深，经济自由化的程度更高，政府和自由贸易园区管理机构职权的分工也更加明确，运行也越来越专业化。

第二节　中国自贸试验区管委会职权的具体内容

中国自由贸易试验区或者自贸试验区各片区均设立了试验区管理委员会，根据法律法规的规定，行使着相关组织机构所授予或者委托的职权。这些职权涉及上下级自贸试验区管理机构之间的职权关系，也涉及左右自贸试验区管理机构间的职权分配关系，具有基本一致性，也具有管理模式质的特殊性。

一　中国各自由贸易试验区管委会职权具体内容

中国各自由贸易试验区管委会设置有些区别，天津和上海在直辖市一级设立了自由贸易试验区管委会；广东和福建自贸试验区因为涵盖范围比较分散，而且都是在经济特区或者省会城市进行集中，所以采用了不同于天津和上海的管理体制，在省一级不设管委会，而是在各自贸试验区各片区分别设立管委会负责相关行政事务的管理。

（一）上海

根据上海市政府制定的《中国（上海）自由贸易试验区管理办法》

以及上海市人大常委会制定的《中国（上海）自由贸易试验区条例》，中国（上海）自由贸易试验区管理委员会是上海市政府的派出机构，行使根据上述两个法规和规章所授予的职权。根据上述两个文件，上海自由贸易试验区管理委员会行使着具体执行和落实相关改革创新任务，统筹协调上下左右与自由贸易试验区相关的行政事务，享有制定相关行政管理制度组织实施发展规划相关政策与措施的职权；享有负责自贸试验区范围内的规划国土、交通、建设、市容、知识产权、市政、投资、贸易、环境保护、金融服务、人力资源、统计、房屋等相关行政管理事务，基本涵盖所有的行政管理事务。其负责领导工商、质量监督、税务和公安等部门的行政事务管理工作，协调金融服务、海关管理等部门在自贸试验区内的管理事务；组织实施相关社会信用体系建设和管理、信息共享、依法开展国家安全和反垄断审查等工作；对自由贸易试验区内的建设活动、开发活动、产业的布局与调整以及重大项目的建设，进行统筹指导和协调推进，负责信息公开、为自贸试验区内的市场社会主体提供相关行政指导和其他公共服务；同时还根据需要以及经济社会的发展享有上海市政府赋予的其他职权。自贸试验区管委会还集中行使上海市人民政府在自贸试验区内的行政审批权和行政处罚权。海关、海事、工商、税务等部门在自贸试验区内设立工作机构，履行相关职责，市政府其他部门以及浦东新区政府支持管委会的工作，承担自贸试验区管委会之外的其他行政事务管理工作。各相关部门与自贸试验区管委会之间建立合作协调以及联动联合执法相关工作体制机制。由于上海浦东新区人民政府和管委会合署办公，实际上是管委会也享有除法律法规授权外的一级人民政府所有职权。同时上海自贸试验区建设总体方案，鼓励社会力量参与市场监督，通过制度创新，建立与国际投资贸易规则相适应的制度体系，建立国际化、市场化和符合法治精神、便利高效规范的自贸试验区。通过转变政府职能，利用现行制度，改革阻碍发展的体制机制，激发社会市场主体的活力，以及在法律未禁止的领域，鼓励公民法人和其他组织进行相关活动。

表5－4　　　　　　　　　**上海自贸试验区管理主体及其职权**

管理主体	职权内容
自贸试验区管委会	具体执行和落实相关改革创新任务或者措施，统筹协调相关上下左右与自由贸易试验区相关的行政事务，享有制定相关行政管理制度组织实施发展规划相关政策与措施的职权，享有负责自贸试验区范围内所有行政事务，以及上海市人民政府赋予的其他职权
海关、海事、工商、税务等部门	依法履行法定职责
市政府部门以及浦东新区政府	承担自贸试验区管委会之外的其他行政事务管理工作，各相关部门与自贸试验区管委会之间建立合作协调，以及联动联合执法相关的工作体制机制

（二）天津

根据天津自由贸易试验区建设总体方案和天津市政府制定的关于自由贸易试验区管理的地方政府规章，以及天津市人大常委会在2015年12月通过的天津自贸试验区条例，设立天津市自贸试验区管委会和天津市自贸试验区推进工作领导小组，领导小组负责天津自贸试验区改革创新过程中重大问题的研究和决定，管委会负责组织实施相关改革任务和具体措施。自贸试验区管委会下设办公室、综合改革局、综合协调局、综合监管局和信息服务中心，具体职权为负责行使推动落实总体方案和各项具体改革具体措施；组织研究自贸试验区改革相关政策措施，总结评估改革经验；协调研究和负责解决改革过程中的重点问题，负责改革政策宣传和推介及信息公开，以及天津市政府赋予的其他职权。天津自贸试验区相应片区所在地区管委会加挂天津自贸试验区驻区办事处牌子，所在地管委会行使对自贸片区的管理职权；天津市人民政府及其职能部门下放经济管理权限以及其他管理职权；自贸试验区各片区集中行使行政许可权和行政处罚权，海关、海事、税务等部门设立驻区工作机构，履行相应管理职责，支持自贸试验区工作；市政府相关部门以及滨海新区等区县政府支持自贸试验区改革和创新工作，负责其他行政管理职权。

同时，《条例》鼓励自贸试验区进行制度创新，转变政府职能，建立与国际规则接轨的制度框架，建立自由便利规范和高效的自由贸易园区，鼓励创新，对失败持宽容态度，保护制度创新，营造积极改革的环境。

表 5 - 5　　　　　　　　　天津自贸试验区管理主体及其职权

管理主体	职权内容
天津市自贸试验区推进工作领导小组	负责天津自贸试验区改革创新过程中的重大问题的研究和决定
自贸试验区管委会	负责组织实施相关改革任务和具体措施，行使推动落实总体方案和各项具体改革具体措施，组织研究自贸试验区改革相关政策措施，总结评估改革经验，协调研究和负责解决改革过程中的重点问题，负责改革政策宣传和推介及信息公开，以及天津市政府赋予的其他职权
海关、海事、税务等部门	依法履责，支持自贸试验区管委会工作
市政府相关部门以及滨海新区等区县政府	支持自贸试验区改革创新工作，负责其他行政管理职权

（三）福建

福建省在省一级设立自由贸易试验区设立工作领导小组和领导小组办事处，作为自贸试验区的管理机构。同时，在各片区设立自贸试验区管理委员会，以及各片区相关园区设立办事机构。领导小组负责统筹协调自贸试验区内的改革创新工作，领导小组办公室负责研究制订发展规划和相关措施，并负责推动落实，指导各片区建立完善和落实相关行政管理制度，协调推进各项改革任务在各片区的落实，组织实施反垄断与国家安全相关审查工作。诸如平潭、厦门和福州自贸试验区管委会，负责统筹各片区有关工作，组织落实相关发展规划和具体措施，研究制定相关行政管理制度并负责实施，统筹本片区产业布局和项目建设，牵头落实各项任务；省级人民政府及其职能部门下放经济社会管理权限，支持各片区管委会工作，加强协调理顺关系；片区所在地人民政府被鼓励创新管理模式，明确与自贸试验区片区在社会事务方面的职权分工，配合自贸试验区开展工作，以及各片区之间互相协调；片区各园区办事处或者其他办事机构负责相关规划和措施的执行，落实具体改革任务，对园区负责行政管理，联系和协调驻区各机构工作，提供指导咨询等行政服务。另外，各驻区机构履行自贸试验区片区管委会职权范围之外的职权。福建省政府制定自贸试验区管理办法，鼓励创新监管和服务模式，建设与国际接轨的行政管理制度。福建自贸试验区建设总体方案鼓励自贸试验区把制度创新作为核心，深化行政管理体制，要求福建省政府及相关部门解放思想，大胆实践相关政策措施，积极探索体制机制，如厦门自贸片区管委会下设办公室、经济发展局、财政金融局、规划建设局、人力资源局、综合执法局、政策法规局，以及象屿园区办事处和海沧园区办事处，同时还设立有厦门海沧保税港区投资建设管理有限公司①以及厦门海投物业有限公司，负责海沧保税港区及港口的投资活动、开发活动、建设和管理活动。

表5－6　　　　　　　　福建自贸试验区管理机构及其职权

管理机构	职权内容
省级自由贸易试验区工作领导小组	负责统筹协调自贸试验区内的改革创新工作
省级自贸试验区工作领导小组办公室	负责研究制订发展规划和相关措施并负责推动落实，指导各片区建立完善和落实相关行政管理制度，协调推进各项改革任务在各片区的落实，组织实施反垄断以及国家安全相关审查工作
自贸试验区管委会	统筹各片区有关工作，组织落实相关发展规划和具体措施，研究制定相关行政管理制度并负责实施，统筹本片区产业布局和项目建设，牵头落实各项任务

_____

① 厦门海沧保税港区投资建设管理有限公司，是厦门海沧保税港区经国务院批复，以及依据厦门市委市政府的指示，经海沧区政府批准设立的，由厦门海投集团出资并直接进行管理的大规模国有全资公司。

（四）广东

广东省设立省级自贸试验区工作领导小组以及各自由贸易试验区片区管委会。领导小组负责研究相关的政策措施，决定改革中的重大问题，指导和统筹改革任务的落实。广州、深圳和珠海市成立自贸试验区片区工作领导小组，职权类似省级自贸试验区工作领导小组。各自贸片区设立管理委员会，负责本片区的具体事务的管理，行使行政审批、制定规范性文件、研究拟订并实施相关改革措施等职权。省市人民政府及其职能部门支持自贸片区的具体工作，承担自贸试验区职权范围之外的事务管理，自贸试验片区的社会事务管理以及公共服务提供按照属地管理的原则由相关机构负责。自贸试验区支持海关、海事、边检等驻区机构依法行使相应的职权，省级人民政府以及各片区所在市政府下放或者委托经济管理权限；鼓励自贸试验区改革创新，容许试错，建立专家咨询委员会为自贸试验区提供发展的意见和建议；培育社会组织，鼓励行业协会等社会组织参与市场监管，可以设立法定机构，或者通过购买服务的方式，将专业性强、公共参与度高的公共管理或者服务事务交由法定机构负责管理。南沙片区建设方案提出对接国际规则，建设高水平国际化的制度架构，全面推进改革，转变政府职能，以法定机构的方式设立南沙政策研究中心。深圳前海蛇口片区建设方案提出探索建立政府与市场和社会良性互动的经济管理体制机制，综合运用授权、委托、公私合营等多种方式，探索经济管理市场化运行模式，谨慎按照商业原则、职能定位，建立公开、透明、规范、高效的法定机构运行机制，[①] 把相关行业服务职能交给社会组织负责，增强社会组织及行业协会的自律能力。横琴新区管委会加挂珠海横琴自贸试验区片区管委会的牌子，将原来的11个工作机构调整为12个工作机构[②]，负责统筹和协调以及组织实施自贸

---

① 如根据《深圳经济特区前海深港现代服务业合作区条例》设立的前海深港现代服务业合作区管理局，就是根据地方性法规的授权设立的法定机构，前海管理局是实行市场化、企业化运作，不以营利为目的的法定机构，根据地方性法规规定行使开发建设、运行维护、招商引资、改革制度创新、相关事务的综合协调等工作。前海管理局局长由政府来任命，任期5年，由市政府领导，可以自主决定机构设置、人员招录和薪酬待遇，探索有效公共服务方式，负责土地的开发和管理，行使产业发展、投资、社会治理、制定规范性文件等其他职权。

② 这12个工作机构分别为办公室、党群工作部、政策法规室、商务局、发展改革局、澳门事务局、规划国土局、金融事务局、财政局、综合执法局、社会事务局以及建设环保局。

试验区的各项改革创新任务和具体措施。

表 5 - 7　　　　　　　　**广东自贸试验区管理机构及其职权**

管理机构	职权内容
省级自贸试验区工作领导小组	负责研究相关的政策措施，决定改革中的重大问题，指导和统筹改革任务的落实
自贸试验区片区工作领导小组	职权类似省级自贸试验区工作领导小组
自贸片区管理委员会	负责本片区的具体事务的管理，行使行政审批、制定规范性文件、研究拟订并实施相关改革措施等职权
海关、海事、边检等驻区机构	依法履职，配合支持自贸园区管委会工作
省市人民政府及其职能部门	支持自贸片区的具体工作，承担自贸试验区职权范围之外的事务管理

二　中国各自由贸易园区管委会间职权的关系

中国各自由贸易试验区管委会所享有或者行使的职权之中，有着"一视同仁"或基于一致发展思路而由相关组织机构赋予的共有职权，管委会和上级管理机构以及同级试验区管理机构间和社会组织间的关系方面有着共性特征，同时在职权内容和职权分配关系方面也有着质的规定性差别。

（一）中国各自由贸易园区管委会间职权的共性

归纳起来，各自由贸易试验区职权的共性可以从共有职权、上下级管理机构间职权关系以及左右横向管理机构间职权分配关系三个方面进行分析。

1. 共有职权

总体来说，中国天津和上海自由贸易试验区管委会以及福建和广东各自贸试验区片区管委会的职权都是负责具体组织落实相关上级制定的改革创新任务，对自贸试验区内的行政事务进行统一和全面的管理，有规划或者改革措施的研究、制定权或者建议权，可以研究、制定并负责组织落实自贸试验区内的有关行政管理制度或者规范性文件，在自贸试验区范围内实施。没有法律、法规等的依据，不得对公民法人或者其他组织的义务或者负担做出增加或扩大的规定，或对公民、法人或者其他组织的合法权益进行克减。上述机构研究自贸试验区发展改革中的相关问题，并负责解决；负责协调自贸试验区管理委员会内设机构与自贸试验区其他机构之间的关系；探索创新行政管理体制，并负责组织实施；行使上级人民政府所授予或者委托的行政复议、行政审批、行政处罚权，对自贸试验区内的规划建设、土地管理、投资、贸易、环境保护、社会建设等行政事务进行管理。虽然自贸试验区管理委员会不是一级政府，但是却行使着类似一级政府的综合性、公共事务管理职权。所以，当上海市将上海自由贸易试验区管委会作为政府的派出机构来规定和定性时，就有学者开始质疑这一定位，认为政府派出机构已经不能解释管委会所行使的综合性职权，以及职权行使过程中的问题和现象了，应当进行重新定位。

2. 上下级管理机构间职权的关系

中国四个自由贸易试验区管委会所行使的职权不是在其成立时就有的，而是由上级人民政府或国务院部门根据法律法规，将经济社会管理的权限通过授权或者委托的方式下放到自贸试验区管理委员会，例如自贸试验区管委会所享有行政审批权和行政处罚权的集中行使就来自上级人民政府，至少是所在地市人民政府的授权。而对于上下级管理机构之间是存在一定的分工的，上级人民政府主要是省级人民政府自贸试验区管理机构，一般表现为自贸试验区推进工作领导小组，负责研究自贸试验区发展过程中的重大问题，并做出相应决定或者采取一定的改革创新举措。然而，对于这部分自贸试验区改革发展过程的重大问题，包括制度性问题和具体的改革创新任务，以及具体措施方面的争议，自贸试验区管委会是没有最终决定权的，只能通过对相关问题进行研究，提出解决问题的对策和建议，或者提出制定或修改规章、地方性法规或者规范性文件的建议，需要上级部门共同做出决定；另外，涉及省级人民政府职权范围内的重大事项还需要相关部门，一般是自贸试验区推进工作领导小组的办公室来负责组织协调相关部门共同解决问题；制定或修改规章、其他规范性文件，需要提请制定修改调整或者废止地方性法规的则要向地方人大提出相关法规调整的议案；涉及国务院和全国人大常委会职权范围内的事项，还需要走相应的行政或者立法程序。

3. 自贸试验区内同级管理机构间职权关系

各自贸试验区所享有的对行政事务的管理职权，除了来自上级人民政府根据法律法规所授予或者委托的以外，还存在着与同级人民政府、其他经济开发区或者上级人民政府职能部门，主要是省级以下垂直管理部门以及国家垂直管理部门在自贸试验区的驻区工作之间分工、支持、协调和配合的关系。自贸试验区所在地人民政府及其职能部门根据法律、法规或者规章的要求，统筹协调自身与自贸试验区职权的划分与配合，理顺两者之间的关系。为了理顺职权关系，协调处理相关部门间的职权交叉，共同处理涉及多部门跨地区的重大问题，还设立了相关工作议事协调机构，负责研究、决定重大问题，制定相关改革创新文件，督促指导相关政策措施的执行落实，同时协调上下左右的关系，概括起来主要是负责统筹协调和研究解决改革创新过程中的重点难点问题。而自贸试验区管委会行使原来由所在地人民政府行使的行政决策权、行政复议权、行政审批权、行政处罚权，涉及国土规划、环境保护、投资贸易、建设等相关行政事务的管理。同时，由于一般自由贸易试验区还叠加了其他开发区，享受国家所授予的相关政策和优惠；而且很多都是合署办公，或者在原来的开发区管委会基础上加挂自贸试验区牌子，所以自贸试验区的职权内容、行使或者运行也会具有叠加效应；另外，享有原有的国家优惠政策，以及叠加的开发区管理机构的管理优势。在自贸试验区派驻的海关海事、边检、税收等工作机构，在法定范围内履行相关职权，支持自贸试验区管委会的具体工作，互相之间也存在着分工与配合的关系。

（二）中国各自由贸易园区管委会间职权的区别

中国各自由贸易试验区管理机构间的职权存在着很大的同质性，但是因为区位、战略与定位以及发展思路的不同，其所被赋予的职权存在着如下差别。

1. 职权内容的差异

由于中国四个自由贸易试验区区位不同，因此，结合国家战略所给予各自由贸易试验区的战略定位是不同的，其影响着各自的功能定位，功能定位的差异影响着各自贸试验区的职权内容；甚至同一自贸试验区各片区之间的职权也会因为区位因素、叠加其他开发区的关系等影响因子，造成互相之间职权也存在着内容上、质量上的差别。中国上海的战略地位相对来说是比较重要的，经济发展也基于国际化的视野和长远发展的眼光，定位在国际经济中心、国际贸易中心和国际航运中心、国家金融中心；天津地处北方，毗邻日俄，服务于京津冀协调发展；福建与台湾隔海相望，是两岸经济社会交流合作的重要地区，具有重要的战略意义；广东毗邻港澳和东南亚，在广东设立自由贸易试验区对于粤港澳合作以及加强与东南亚的经济往来具有重要的意义。尽管其他三个自由贸易试验区设立以后，国家对四个自贸试验区根据定位基础的不同，在政策支持上尽量一视同仁，但是区位优势是很难改变的，而且由于所在地不同，所在地对于各自自贸试验区的发展思路也不甚相同，对管理职权的范围，通过相关法律的授权或者委托也是不一样的。而且上海自贸试验区设立在先，各项改革创新措施以及管理机构已经运行了多年，比其他自由贸易试验区有着经验方面的优势，虽然其他自贸试验区可以相互借鉴和学习，毕竟还是要付出一定的成本的。但是其后发优势也还是有的：因为没有现成的经验和教训可以借鉴或者学习，所以走在前列的自由贸易试验区难免也会经过一段弯路或者必要性的试错，这样的教训可以被后来者所避免；改革创新领跑过程中所积累的经验，可以为其他自贸试验区所借鉴。随着自贸试验区的发展和变迁，各自都会有一些经验教训，相互之间都会有一些比较优势，形成特色的同时，各自都可以取长补短。这种职权的差异不仅在自贸试验区之间存在，也在自贸试验区各片区之间存在。因为片区的定位不同，各片区所在地政府的发展思路不同，所采取的改革创新举措也相应存在着差别。各自贸试验区管委会都被鼓励采取创新行政管理体制的制度措施，但是相对来说，广东的基础要好一些，其管理机制跟国际自由贸易园区更为接近。

2. 职权分配关系的差异

虽然各个自由贸易试验区与所在地人民政府、所在功能区或者开发区管委会、海关甚至边检等驻区机构和其所在市级省级人民政府之间，以及与对自由贸易试验区开发建设私人机构或者企业、其他组织机构之间，都有着大致相同的分工，正如上文的分析和论述。但是，这种上下左右的职权分配关系也蕴含着特殊性。同时由于各自由贸易试验区叠加其他功能区开发区，实际上同时享有该开发区已有的国家优惠政策，行使着原来的职权。在上下级管理机构之间的关系上，上级管理机构通过授权、委托的经济社会管理权限无非就是大一点儿或者小一点儿，较大的差别是，关于自贸试验区、自贸试验区各片区管委会的职权地方性法规或者规章中对管委会的职权授权兜底性条款规定不同，上海、天津、广东除都由管委会出台了列举性职权以外，还有省级人民政府赋予的其他职权的兜底性条款，而福建没有这样的规定，但是这样的差别相信会随着法律解释以及立法工作的推进而得到解决。在左右管理机构之间也无非是权力多一些或者少一些，当然也有质的区别，这个质的区别就是政企分开的程度不同，相对来说，广东政企分开的步伐要走得靠前一些，更接近国际投资贸易管理规则，广东提出建立法定机构，实际上是法律法规授权组织，通过制定地方性法规，将经济社会管理等专业性、技术性强以及公众参与度高的公共服务提供职能，向专业机构社会组织或者行业协会进行转移。前面提到深圳前海管理局的设立以及深圳蛇口的管理就是这一发展管理思路的体现，是密切跟踪和对接国际规则和国际自由贸易园区管理经验的结果。从 20 世纪 70 年代以来，企业化市场化的自由贸易园区管理运行机制体制越来越受到国际上的欢迎，后来的发展中国家，特别是亚洲发达经济体，如新加坡就是采用有限公司的形式，对园区进行开发建设和管理，而政府则主要负责战略管理方向的把握，招商引资以及入园之后的管理服务都由有限公司一条龙式地提供。

第三节　中国自贸试验区管委会职权的特殊性

中国自改革开放以来设立了众多诸如经济技术开发区、保税区、出口加工区等特殊经济园区，这些特殊经济园区的管理机构也是管理委员会。上海自贸试验区将管委会定性为上海市人民政府派出机构。本章第一节、第二节已经分析过国际上自由贸易园区管理机构的职权，这就需要将中国自由贸易园区管委会职权与这些管理机构之间的区别梳理出来，找出其存在的特殊性以备进一步研究。

一　与其他特殊经济园区开发区管委会职权的区别

一般特殊经济园区是设立在境内关内的划定一定特殊区域实行特殊的开发开放政策的园区，主要是经济特区和国家级开发区，包括经济技术开发区、高新技术产业开发区、工业园区、农业园区、出口加工区、边境经济合作区、旅游度假区、保税区，以及在保税区的基础上衍生出来的保税物流园区、物流中心、港区以及综合保税区。通常设立管委会作为政府的派出机构，在政府的领导下开展工作，也有部分园区实行企业化管理、市场化运行，其所行使的职权也是由国家相关部门或者由地方政府通过授权或者委托行使相关经济社会管理的权限，享受不同于其他行政区的特殊经济政策。但是这些政策所涉及的范围相对单一，并且国务院部委对相关园区的管理没有一个统一的机构，或者被归口到某一个职能部门，而是由某一个部门来进行牵头，其他部门参加，然后通过协调解决问题，研究、制定相关政策措施的管理方式进行管理。

中国设立的自贸试验区是在境内关外设立的，实行特殊开发开放措施的区域，实行的是特殊海关监管措施，与国际规则接轨，按照一线逐步彻底放开，二线安全而高效进行监管，自贸试验区内自由流动的原则进行监管。[①] 自贸试验区管委会职权的来源虽然也是国务院部委的授权委托，或者通过地方立法所赋予的职权，但是这种职权范围相比各类特殊经济园区管委会来说更加全面一些，涉及投资贸易、金融、国土规划等方面，虽然不是一级政府，但是类似一级政府。特殊经济园区则不同，园区管委会的职权相对来说比较单一，没有自由贸易试验区那么多元。不仅自由贸易试验区管委会的职权比较全面，相关政府及其组织部门按照能放就放的原则，将各方面的经济社会管理权限都下放给管委会来行使，而且这种下放的权力力度更加彻底。自贸试验区管委会职权内容与

① 一线指的是国境线，二线是指自贸试验区的空间分界线。一线监管集中在对人的监管，口岸做必要检验或者检疫，让人和货物在自由贸易园区内自由流动。实行先入区再报关，简化进出境备案程序，实现货物低风险而快速地流动。上海财经大学自由贸易区研究院编著：《赢在自贸区——寻找改革红利时代的财富与机遇》，北京大学出版社2014年版，第115页。

上下左右的分配关系，以及在政企、政社分开的程度，在借鉴国际规则和国际经验进行试验的基础上，对于我国行政管理体制改革与政府职能转变，更具有参考价值。

二　与其他派出机构职权区别

派出机构的实践表达和学理解释之间存在着一定的紧张关系，在学理上，派出机构是存在于行政派出法律关系当中的，[①] 是政府职能部门根据管理特定行政事务便利性、高效性和专业性需要，在特定区域设立的一定的组织机构，并赋予其政府职能部门的一部分专业性、技术性或者其他行政事务的处理权；而实践中大多将一级人民政府设立的代表其行使着全面综合性行政事务管理权的组织机构也叫作派出机构，对此一些学者表示不能接受。到底是理论应该适应实践不断变化发展，还是实践本身就处在一个违法甚至违宪的状态，这点始终存在着争论。

派出机构所享有的职权只能是政府职能部门的职权，政府职能部门的职权作用领域指向性一般都是单一的，而自贸试验区的职权有一部分是来自相关职能部门的授权或者委托，也有很大一部分是来自一级人民政府将全面综合性的职权赋予自贸试验区管委会。根据相关学理的解释和法律的规定，派出机构只能由政府职能部门设立，只有政府职能部门设立的才是真正意义上的派出机构，一级人民政府，如省自治区人民政府经过国务院审批可以设立派出机关；县、自治县经过省级人民政府批准设立叫区公所，是派出机关；市辖区以及不设区的市级人民政府经过上一级政府审批设立的街道办，也是政府的派出机关；而自贸试验区管委会作为派出机构是一级人民政府设立的。派出机构是代理政府职能部门处理偏远专业性、技术性的活动，相当于政府行为能力的延伸，但是并不具有权利能力，就是说其做出的行为虽然产生了相应的法律后果，但是这样的法律后果却不由其本身来承担，而是归属于该政府职能部门，除非该派出机构得到法律法规的授权，例如公安局派出所、工商所均属此类。《治安管理处罚法》第 91 条规定，治安管理处罚的决定由县级以上公安机关负责做出，其中警告以及 500 元以下的罚款可以由公安机关派

---

① 胡建淼：《行政法学》，法律出版社 2015 年版，第 73—74 页。

出所做出决定，在此范围内做出的行政处罚才真正地合法有效。

三 与国际通行自贸园区管理机构职权区别

在宏观管理体制层面，要么由中央政府设立专门的自贸园区管理机构，负责研究、制定、管理相关的自贸园区发展改革事务，如美国对外贸易委员会就是专门设立的对外自由贸易园区管理机构负责对外自由贸易区设立撤销和调整的审批、制定对外贸易区管理规则，以及对法律实施情况进行评估；由总统发布总统令亲自负责，或者归口到中央政府某一职能部门来进行管理，例如韩国，当然韩国也有自由贸易园区管委会但只是咨询性质的机构，中国自贸试验区中央管理职权属于后者。在微观体制方面，前面已经提到过国际上的自由贸易园区管理体制分为政府主导型，由政府全权管理所有的自由贸易相关事务；或者是企业主导型，由企业负责开发建设，并根据授权行使部分行政管理权；也有政企混合型，也就是说，既有政府管理机构的存在，负责管理相关必须由政府管理的行政事务，涉及经济管理的事项则由相关的开发管理公司来负责，如新加坡和美国。我国基本上属于政府主导型，正在向政企混合型管理体制进行探索和转变，随之而来的自贸试验区管委会的职权也会发生转移或者其他变化。西方国家以及发达经济体或者法治环境比较健全和完善的自由贸易试验区，都比较重视法制的建设和保障工作，特别是对于自由贸易园区的设立和管理，包括管理机构的组成和运行机制都有中央层面的立法作为保障，以推动自由贸易园区加快发展，解决其在发展过程中以及权力运行过程中的法治难题。我国在这方面也有举措，但是对于自贸试验区管委会的组成性质及其运行机制在中央还没有立法，尚未形成制度化、规范化的体制机制。不论中央政府还是地方政府，对自由贸易园区经济管理行政社会事务管理的授权都是比较充分的。因为我国自由贸易试验区实验性的试错性功能比较突出，没有绝对安全和保险的政策措施可以像"拿来主义"照搬照抄，所以有些投资、金融、汇率、信息跨境自由流动、知识产权保护、原产地规则以及服务贸易、环境劳工保护等方面还没有彻底放开。在政企分开层面，美国和新加坡等国家已经运行得比较成熟和成功了，我国仍处于探索阶段，政企分开有待进一步推进和完善。

第四节　小结

国际自由贸易园区的管理体制大致可以分为两层或者三层结构,两层就是中央和自贸园区管理机构,三层结构就是中央政府、地方政府以及自由贸易园区管理机构。自由贸易园区层级的管理机构按照政府干预程度又可以分为政府主导型、企业主导型和政企混合型。管理机构的设立、调整和撤销、运行机制都是由中央立法,或者由中央行政机关以总统令等形式,或者由国会来制定自由贸易园区的管理体制的相关法律作为保障。对于自由贸易园区的管理机构的授权是比较充分的,而且是比较成功的。自由贸易园区大多是市场化、企业化、法治化运行比较成功,政企分工比较明确合理,政府干预比较少的国家和地区。

我国自由贸易试验区的管理机构职权也是三层机构,中央负责总体方案的审批和自贸试验区的设立批准,以及自贸试验区运行过程中重大问题的决定。相关部委为支持自贸试验区管理机构的工作,也会单独制定或者牵头协调相关部门共同制定部门规章,对自贸试验区管理机构,根据经济社会发展的需要进行授权。在自贸试验区所在的省级人民政府或者市级人民政府都成立了工作领导小组,负责研究制定重大改革措施和解决发展中的重要问题。自贸试验区根据授权行使省级人民政府市级人民政府职能,以及自贸试验区所在地人民政府根据法律法规所授予的经济社会发展职权,负责组织实施相关发展规划和改革创新的具体措施,行使相关行政复议权、许可权、处罚权等行政事务管理权,涉及国土、规划、建设、投资金融、国家安全审查、反垄断审查、知识产权保护、劳工环境保护等方面的行政事务。同时积极探索相关管理体制机制,设立法定机构,将专业性强、公民参与度高的事务交由专业的社会组织、行业协会或者企业等进行管理或者开发建设,制定相关法律法规为法定机构管理运行机制提供法治保障,推动管理体制创新以及自贸试验区管委会政企政事分开。

我国自由贸易试验区管委会职权具有特殊性,上海将其界定为上海市人民政府的派出机构,单从自贸试验区的职权内容来说,其具有综合性,所做出的行为具有法律效力,已经不是学理上的派出机构这种由政府职能部门设立而且只能由其设立的单一功能职权有限的派出性组织职权所能够解释的了。到底是应该对理论进行调整，还是说实践处于违法违宪的状态，这一问题需要认真考虑、处理。我的看法是，通过在适当时候中央进行立法，赋予其公务法人或者私人行政主体的地位，承认私人、企业、其他社会组织的行政主体地位，即可解决这一问题。也可以不执拗于一个学理定位，直接规定中央政府和地方政府可以根据经济社会发展的需要，实行不同于一般的行政管理体制和经济管理体制，设立专门机构，将专业性、技术性强的事项交由其进行管理，该机构可以是社会组织，也可以是企业或者私人。同时我国自贸试验区管委会职权与我国改革开放以来的特殊经济园区的管理机构职权相比来说，各方期待比较高，政企分开、政事分开是大趋势，应当探索符合国际投资贸易规则市场化、企业化以及法治化，高效规范便利运行的管理机构职权及其运作体制机制。与国际自由贸易园区管理机构，特别是成功、成熟的自贸园区相比，我国自贸试验区授权还不充分，运转经验还不成熟，尚须借鉴、学习和探索，以形成既符合我国国情，又蕴含国际成功自贸园区管理机构经验的职权分配及运行体制机制。

第 六 章

中国自贸试验区管委会职权的来源

中国自贸试验区管委会职权的来源有两种，一种是职权的设定，另一种是职权的流转。职权的流转又可以分为授权与委托，自贸试验区行政审批制度与中国自贸试验区管委会职权的来源密切相关，本章专门进行分析和研究。

第一节　中国自贸试验区管委会职权的设定

第五章已经对自贸试验区职权的范围和内容进行过分析，这里不再赘述，仅研究自贸试验区管委会职权的设定与规定、自贸试验区管委会职权设定的主体与依据，以及自贸试验区管委会职权设定的程序等相关问题。

一　自贸试验区管委会职权的设定与规定

在本书第二章职权法定部分，笔者对职权的设定和规定做了分析和界定。所谓设定，是指法律法规在对职权立法时，对职权的第一次分配，不涉及其他法律法规或者下位法根据上位法的说明性、解释性、制度性安排。而规定，在实务中，有时在立法上，是狭义的概念，仅仅指的是在上位法相关法律、法规和规章对职权的分配关系在不同部门或者不同层级，进行差异性的第一次安排以后，为了使得法律、法规在适用过程中更具有可操作性，或者让不明确的、抽象的、概括性的条文更加清晰明确，便于相关法律适用人员和公民、法人或者其他组织掌握法律条文的真实意思和立法目的，在上位法所规定的职权种类或者职权幅度范围内，进一步对相关法律关系的主体、内容或者客体、立法宗旨、法律规范的条件假定、行为模式以及后果归结①进行阐明、解释的说明性细化规定。这些不涉及对职权种类幅度和范围幅度的超越，否则就是设定活动，而不是规定活动。当然也有在广义上使用规定的含义，这个广义的规定就包括了设定以及狭义的规定，有时规定在狭义和广义之间跳动，对于相关主体理解可能会造成一定混乱。所以本书所说的规定是狭义的规定，不包括立法活动中对职权的第一次分配。

二 自贸试验区管委会职权设定的主体与法律依据

国际上，自由贸易园区的法制保障是比较充分、系统和完善的。基本上发达国家都针对自由贸易园区进行了立法，对自由贸易园区的设立、调整和撤销，自由贸易园区的管理体制，自贸试验区管理机构的职权及运行机制进行了立法，而且基本上都是中央立法。对于法在先，还是设区在先这个问题，一般是先立法后设区。法治建设比较规范的发展中国家虽然部分是先设区后立法，但是随着法治建设的发展，也都制定了自由贸易园区的专门法律。从立法模式上来看，一种是国家立法机关制定专门自由贸易园区法律或者中央行政机关制定条例；另一种是授权地方立法机关对其行政管辖区域内的自由贸易园区制定专门的法律，对自由贸易园区的功能、定位、管理体制、监管措施等进行规定。不论是企业如有限公司管理的企业主导型，还是政府直接管理或者以政府为主

---

① 法律规范是一个类概念，是法律发挥独立有效调整社会关系的最小单元，由于对法律规范的性质没能引起足够重视，对法律规范逻辑结构的认知和观点众说纷纭，有二要素说、三要素说和新三要素说；也存在着严重的理论是实践适用的缺陷，将法律规范之间的逻辑结构也就是法律文件之间的逻辑结构也误认为是法律规范的逻辑结构，导致其解释力和应用能力受到限制和影响。二要素说包括行为模式和法律后果，三要素说包括假定、处理以及制裁，新三要素说包括条件、模式和后果，条件、模式是前提，后果是遵守或者假定条件以及行为模式之后所产生的结果，目前新三要素说是通说。对于这一通说，学界也有争论。这里采用法理学法律规范逻辑结构的通说，但是这些分歧对于行政法规范结构的认知也具有基础性的作用。刘杨：《法律规范的逻辑结构新论》，《法制与社会发展》2007 年第 1 期；陈利幸：《法律规范逻辑结构问题新探——以现代西方法理学中"法律规范"与"法律规则"的不同内涵为背景》，《社会科学》2010 年第 3 期；李振江：《法律规范的逻辑结构分析》，《法学研究》1993 年第 1 期；朱继萍：《法律规范的意义结构及表达——一种实证的分析理论》，《法律科学（西北政法法学院学报）》2007 年第 4 期。

的政府主导型，或者政府和企业法定机构等混合型的管理模式，自由贸易园区的管理机构，包括政府、社会组织、企业、法定机构等行使的职权都是来自中央立法或者地方立法的授权。例如新加坡的自由贸易园区法，巴西玛瑙斯自由贸易园区管委会设立所依据的联邦政府法令，韩国自由贸易园区管理机构职权、组成结构以及运行所依据的总统令，都对自由贸易园区的职权进行了规定。① 归纳起来，国际上自由贸易园区管理机构职权的直接设定主体为国家立法机关、国家行政机关、地方立法机关、地方政府的直接规定、授权，或者规定了职权设定的依据，根据相关立法，指定管理机构，授予相关职权。例如新加坡财政部部长可以根据 1969 年指定的自由贸易园区法案，指定某一个单位或者公司作为自由贸易园区的管理或者运营机构；德国汉堡港在 2005 年之前实行的是由德国汉堡州政府和其组成部门，以及相关的私人公司负责管理的政府主导型管理体制，在 2005 年汉堡州政府授权成立专门管理机构"汉堡港务局"，并设立汉堡港口和仓储有限公司代行政府的大部分管理职权。

中国根据相关法律、国务院决定、地方性法规、国务院部门规章以及地方政府规章的规定，自由贸易园区的职权来源主要是全国人大常委会、国务院、国务院相关部门、拥有地方立法权的自贸试验区所在地市人大常委会，以及有权制定地方政府规章的自贸试验区所在地人民政府。全国人大常委会在 2013 年 8 月通过的《授权国务院在自由贸易试验区暂时调整有关法律规定的行政审批的决定》中，授权国务院在自贸试验区内对国家特别管理措施之外的外商投资，暂时调整有关行政审批。虽然是国务院调整，但是源头的授权还是全国人大常委会。上海扩区以后，以及后来设立的三个自由贸易试验区，所授权调整实施相关法律规定行政审批事项的全国人大常委会规定也是如此。国务院批准的各个自由贸易试验区建设总体方案中规定，对于各个自由贸易试验区在改革发展创新过程中遇到的重大问题，要报国务院批准决定，以及根据各个自由贸易试验区的发展情况以及对法制建设与保障的需求，国务院对

---

① 肖琳：《国家试验——中国（上海）自由贸易试验区制度设计》，格致出版社、上海人民出版社 2015 年版，第 27—31 页。

相关行政法规以及国务院批准的部门规章进行暂时调整。国务院相关部门和地方人民政府对其相关规章进行调整，以将经济社会管理的管理权限充分下放到自贸试验区。各自由贸易试验区基本上都已经制定了自由贸易试验区条例或者正在制定程序过程之中，制定了自由贸易试验区管理办法，对自由贸易试验区管理机构的职权进行了规定。这里面存在着一个很重要的问题，就是我国的自由贸易试验区的设立、扩展和调整，虽然是经过了中共中央和国务院批准，全国人大常委会授权国务院暂时调整相关法律规定的行政审批或者其他事项。但在自贸试验区的设立行为中全国人大及其常委会是缺位的，虽然地方政府规章、地方性法规都对自贸试验区管委会的职权进行了设定，但是相互之间的职权分配关系不清晰明确。所以，我国有必要制定专门的中华人民共和国自由贸易园区法，对自由贸易园区的设立、扩展和调整，自贸试验区管委会的职权及其运行程序与法律责任、全国人大、国务院、国务院部门、地方人大和地方政府之间在自由贸易园区建设发展改革创新过程中的职权分工和配合，进行专门规定，为自贸试验区的职权关系及其运行与矛盾冲突解决提供最充分的法制保障。

三 自贸试验区管委会职权设定的程序

中国自由贸易试验区管委会职权设定是一种立法行为，遵循的是立法程序，否则就是违法，甚至是违宪的职权设定行为。虽然事实上行使着相应的职权，作出特定的决定，但是名不正而言不顺，职权是可以被撤销的。而职权行为在法律上可能存在着推定的或者事实上法律效力，受到信赖保护原则的限制，否则超越职权作出的决定是无效的。这里包含着效力推定原则和程序正当原则。所谓效力推定原则，是指公权力机关作出的行为应当被推定为有效。即便是违法的也应遵循这一原则，除非是明显而重大的违法，按照社会的一般性标准进行判断。效力推定原则的法理基础是社会秩序安定性的维护。行政实体法也好，行政程序法也好，都是为了维护社会秩序的安定，保护相关方面的合法权益，所以公权力机关作出一定的行为，相对人应当给予尊重，公权力机关也应履行自己的承诺。当然在特殊情况下，基于公共利益的需要，可以容忍特定违法行为的不利后果，以平衡相关方面的利益。① 程序正当原则是指形式正义在程序方面的体现，但是还不够准确，程序正当还包含有实质正义的因素。现代意义上的程序正当原则，是体现实质正义的程序形式主义体现。正义不仅应当被实现，还应当以人们看得见的方式实现，已经成为所有法律人的基本共识，甚至是常识。职权的设定，为了体现效率以及实现公正，也应当受到程序正当原则的限制。职权设定是立法行为，当然就应当受立法程序的限制。

从公权组织间权限争议与解决的角度来说，职权设定的法律规范也是行政组织法规范。这里的行政组织不仅包括行政主体，还包括行政组织内部，以及其他不具有独立法律人格的行政组织。在日本，行政主体包括国家、地方公共团体，也包括国家和地方公共团体之外的其他特殊法人。日本将行政组织的职权设定，以及组织内部与组织之间的关系和权限争议解决的规范，叫作组织规范，包括国家法律、地方公共团体制定的地方自治法以及政令、省令和训令，行政组织的形成权被认为是法律保留的事项。当然也有学者认为，法治主义学说、法治概念扩张学说以及民主性统治构造说，都不能解决所有的组织规则问题，认为行政组织存在着只有通过行政组织自身才能够规范的空间，立法或者其他组织法规范制定主体不得侵犯。② 我国，不论是全国人大常委会的法律、国务院的决定、部门规章、地方性法规还是地方政府规章制定程序，有相关的程序性法律进行规范，主要是立法法、全国人大常委会议事规则、宪法和地方组织法、行政法规制定程序条例、部门规章和地方政府规章制定程序条例等一般的立法程序，还有行政许可法、行政处罚法、行政强制法等特别法意义上的职权设定程序。立法法规定，人民政府的产生、

① 章剑生：《现代行政法基本理论》，法律出版社 2014 年版，第 101—102 页。
② 当行政主体内部组织间发生争议，一般认为是不受司法审查，组织法规范不具有裁判意义。但是行政主体间的关系，例如国家和地方公共团体之间的权限争议，以及国家、公共团体与特殊法人之间的权限争议解决，则未必遵守这样的规则。组织法规范具有裁判意义，当国家侵害地方公共团体的地方自治权时，可以诉诸裁判。组织法存在的意义，是与行政作用法相对而存在的，但是至于组织法是否具有裁判意义，则应视具体情形而定。在我国行政机关内部组织间以及行政机关相互间的争议一般是通过行政系统解决，目前还没有一部专门的法律或者法规对这一问题进行规定。［日］盐野宏：《行政组织法》，杨建顺译，北京大学出版社 2008 年版，第 4—14 页；胡建淼：《行政法学》，法律出版社 2015 年版，第 536 页。

组织和职权是法律保留的事项，自贸试验区管委会虽然不叫人民政府，但是类似一级人民政府，所以其产生、组成和职权的设定，虽然不是绝对由国家立法控制，其他法律表现形式也应有存在的空间，以保证行政的效率和各方利益的平衡和发挥行政组织系统的专业性优势。国家法律在自由贸易试验区管委会职权设定方面不能缺位，而且对属于立法法规定范围内的重大职权设定事项，法律应当发挥其应有的作用。在我国职权设定的时间顺序方面，自贸试验区管委会职权的设定一般是由自贸试验区所在地省级人民政府制定自贸试验区管理办法，对自贸试验区管委会的职权进行综合性规定；然后启动地方性法规制定程序。而规章与地方性法规对自贸试验区管委会职权的设定范围和内容基本都是一样的。自贸试验区在制定地方性法规之前就已经开始运行了。地方政府规章不能够提供足够支撑。自贸试验区管委会的职权设定规范之间的关系、冲突及解决问题，还需要进一步研究。没有法的依据，就是违法运行的状态。虽然根据效力推定原则推定有效，各方都应予以尊重和遵守，但是毕竟是权宜之计。长此以往，是对法治的一种侵害，甚至是一种破坏。所以，自贸试验区组织法依据及其互相分工应当清晰明确，并逐步研究完善。

第二节　中国自贸试验区管委会职权的流转

在民法上，民事法律关系变动的基本方式是民事流转，指的是民事法律关系产生、变更和消灭的基本运动过程，强调的是民事法律关系的运动过程。[①] 职权来源意义上，除了职权设定外的职权来源方式，还包括授权和委托。这个问题在行政法学上是很复杂的，如果说行政法学本身就很复杂的话，这个问题是行政法学"剪不断理还乱"的最复杂的问题之一。与授权和委托最相关的，就是 2012 年至今仍然广受关注和同样很复杂的行政审批制度改革，特别是中国自由贸易试验区管委会的行政审批制度改革问题。

---

① 杨立新编著：《民法案例分析教程》，中国人民大学出版社 2014 年第 3 版，第 12 页。

一　民法意义上的授权与委托

授权行为与委托行为的关系，类似买卖行为中债权行为与物权行为的关系。买卖行为就是债权行为，物权变动是债权行为发生法律效力的后果、宗旨以及必然结果。后来，德国从立法技术上将买卖行为切分为债权行为，以及物权登记或者交付、支付对价的物权行为。物权行为具有独立性和无因性，不受买卖合同行为的影响，以保护交易安全和相对人的合法权益。原先法国委托合同中包含授权行为，如果没有授权行为，则委托合同无从实现，所以授权是委托的法律效果之一。后来，德国将授权行为从委托合同行为中抽象出来，委托合同的成立与生效，都不影响授权行为的独立性，授权行为具有单方行为的独立性和无因性。正是有了授权行为的独立性，代理人、被代理人和第三人之间的代理关系才会独立而显现出来，否则就会丧失代理关系的独立性。代理权及其授予只会依附于委托合同。随着国际法治的发展，法国也开始承认授权行为的独立性和无因性，普通法系国家也是如此。[①]

（一）"授权""委托"等同论

在民法中，涉及授权委托的问题是代理问题，授权委托是代理行为或者代理法律关系产生的法律事实基础。有很多学者认为授权和委托是一回事，不论是混合并列使用还是单独使用，意思都是一样的。在定义代理的概念时，认为代理是代理人根据被代理人的授权委托，以被代理人的名义在代理权限范围内实施民事法律行为，独立与第三人发生民事法律关系，所产生的法律后果归属于被代理人的民事法律制度。在代理法律关系中，又可以细分为对内和对外法律关系。对内，代理人与被代理人之间的授权委托关系即属其中之一。授权委托制度之所以存在也是为了拓展民事活动空间，以及确保民事权利的实现，使得民事主体可以充分利用他人的知识、能力和才干，提高办事效率，也使得那些想要实现民事权利但由于种种原因不能亲自从事民事法律活动的人，利用该制

[①]　尹田：《论代理制度的独立性——从一种法技术运用的角度》，《北方法学》2010 年第 5 期。这是笔者找到的关于授权、委托以及代理关系分析最为透彻明白的文献，虽然可能还有更到位的文献，但是能够找到这样一篇良心之作，已实属不易。

度实现自己的民事权利,一般适用于民事法律关系的产生、变更与消灭。当然,为了促进民事法律关系的正常流转,以及维护良好的社会秩序,也可以扩展至民法法律行为之外的其他行为,例如,申请申报行为、诉讼行为以及不具有人身属性的履行行为;但是也不是所有的民事法律行为都能够代理,如结婚、订立遗嘱和当事人要求必须由笔者亲自实施的民事法律行为。① 根据产生根据的不同,代理权可以分为法定代理和意定代理。意定代理实际上指的就是授权代理或者委托代理,表达不同,概念相同。本质上授权委托是一种单方法律行为,大陆法系国家或者地区大多采用此种观点,我国民法通则也是如此,② 单方授权或者委托行为能够产生法律上的效力。代理人有权拒绝。这种拒绝行为也是一种单方行为,能够产生民法上的法律效力。一般来讲委托合同只是产生代理权的基础。但是委托合同的成立和生效,并不必然产生代理权;只有被代理人作出授权委托的单方行为,③ 才能够产生代理权,其他的劳动合同、合伙协议以及职务关系④也能够产生代理权。我国《民法通则》规定,授权委托可以采用书面形式,也可以采用口头形式,一般表现为明示的方式,特殊情况下沉默也可以认为是一种授权委托的方式,实质上不存在代理人和被代理人之间的代理关系,但是对外却没有正确告知第三人,所以最后产生的结果就是认定和认可代理关系的存在,这种内部代理权是可以撤销或者无效的。⑤ 在授权委托代理中,取得代理权的凭证或者法律文

① 马俊驹、余延满:《民法原论》,法律出版社 2010 年版,第 223—224 页。

② 同上书,第 229 页。

③ 委托合同是一个双方行为,如果将委托合同称为委托的话,那么委托就至少是一种双方行为,但是其成立与生效,并不必然产生代理权。只有被代理人做出授权委托的单方行为,才会产生代理权,所以授权委托与授权委托合同是不同的。从法律行为的角度来说,授权委托是单方行为,能够直接产生代理的法律效力;而委托合同则是双方法律行为,并不必然产生代理的法律效力。

④ 职务代理,有民法学者(如江平教授和张佩霖教授)认为职务代理具有不同于委托授权代理的特征,例如代理人是被代理人的工作人员,双方地位不平等,不能任意撤销代理。但是职务代理具有委托代理的本质特征,就是代理人以被代理人的名义在代理权限范围内从事民事法律行为,法律效果归属于被代理人。职务代理是委托代理的一种特殊表现形式,在适用法律的时候,可以按照特别法优于一般法的原则来处理。

⑤ [德]迪特尔·梅迪库斯:《德国民法总论》,邵建东译,法律出版社 2000 年版,第709—719 页;转引自马俊驹、余延满《民法原论》,法律出版社 2010 年第 4 版,第 227—228 页。

书是授权或者委托证明、授权委托书①等，行使代理权时没有被代理人的同意或者特殊事由，不得转委托第三人行使代理权。

（二）"授权""委托"区别论

当然也有不同的观点，有学者认为大陆法系的代理制度，是建立在将委托（委任）和代理互相区别开来的理论基础上的。委任是委托人和代理人之间的关系；代理是代理人、委托人和第三人之间的关系，是双方或者多方法律行为。很多学者不加区别地将委托和授权之间的区别误认为是委托和代理之间的区别，是有误导性的。这里的委任等同于委托，只涉及委托人和受托人之间的内部关系，不涉及第三人，不具有对外的法律效力。授权是单方行为，是代理的对外行为，不同于委托或者委任，是代理人代理被代理人在代理权限内与第三人发生民事法律关系，涉及的不仅是许可人和被许可人之间的关系，也涉及许可人、被许可人和第三人之间的关系。委托这种双方行为，只能由委托人向受托人为之。委托合同中可以有授权条款，也可以没有授权条款，但是并不表示受托人接受授权。授权必须由授权人向被授权人或者第三人为之。委托是委托人向被委托人的承诺，委托受托人担任某种职务；授权是授权人向被授权人以及第三人的承诺，被授权人以授权人的名义，向第三人作出意思表示或者接受意思表示，同时赋予第三人请求被授权人承担法律后果的权利。授权不是让与权利，是许可。许可之后仍然享有权利，也不是委托。委托是请人代办某事，属于双方行为。施米托夫以及学界很多学者理解的授权和代理之间实际上没有区别。委任和授权之间的区别，实际上就是代理的内部法律关系和外部法律关系之间的区别。如果代理人没有法定或者约定的义务，从事代理行为，推定代理人和被代理人之间存在委托合同，不构成无因管理。② 我国民法总则规定，律师从事诉讼事务时应当写明授权委托书的内容，包括代理事项和代理权限、代理人签名

---

① 授权委托书或者证明是代理人根据其与第三人产生民事法律关系的书面凭证，所以必须明确，委托授权不明在无偿代理中，应当由被代理人向第三人承担责任，有偿代理中一般应由被代理人承担责任，代理人有重大过失的承担连带责任，第三人故意或者存在重大过失的时候，由其自负责任。

② 李锡鹤：《两大法系代理之法理根据比较》，《华东政法学院学报》2004年第5期。

或者签章,不同于委托合同。①

二 行政法意义上的授权与委托

行政法意义上的授权和委托理论是行政法学理论当中最复杂(或许用"杂乱"来形容更为确切)的理论之一,不论是从授权和委托理论在学者之间的认识,还是从理论与实践的发展过程来看,均如此。

(一) 概念与渊源

行政职权如果从动态的角度进行考察,就是行政职权的设定,以及授权和委托。国际公法理论中,所谓行政授权,包括法律法规对行政职权的第一次设定(授予),以及已经拥有行政职权的主体将自己的部分行政职权让与其他主体的过程。在我国,对行政职权第一次法律、法规的直接设定,叫作职权设定,其他通过法律、法规的授予叫作授权②,否则就是行政委托,并未与国际上的概念和理论接轨。③ 产生授权和委托界分问题的渊源,是我国在 1989 年制定的《行政诉讼法》第 25 条对被告的规定:法律法规授权组织作出的行政行为不服的,该法律、法规授权组织是被告,由行政机关委托的组织所作具体行政行为不服的,委托机关是被告。据此,就有大量学者认为,所谓授权就是通过法律、法规的授权,而且是职权的一次性让与,被授权组织获得行政主体的资格,不通过法律、法规的不叫授权,是委托;而委托是行政机关将行为权能请人代为行使,转移的只是行为权能,被委托组织只能够以委托人的名义从事行政行为,所产生的法律效果归属于委托机关,被委托机关不因此而获得行政主体资格。后来,可能是意识到行政诉讼法对被告资格的限制过于严格,在 1999 年制定的《最高人民法院关于执行〈中华人民共和国行政诉讼法〉若干问题的解释》中规定,诉讼参加人法律、法规授权组

---

① 杨培川:《委托代理合同不等于授权委托书》,《律师世界》1995 年第 7 期。

② 根据我国的立法实践,我国的授权主要有三种:其一,法律法规直接赋予有关组织以职权;其二,法律法规直接赋予具有公共管理职能的社会组织以职权;其三,行政主体根据法律法规的规定将自身拥有的公共职权转移给有关组织。第一种是职权的设定和法律法规授权的结合;第二种是法律法规的授权;第三种是行政主体根据法律法规的授权,是行政职权。前两者是立法授权或者职权设定。胡建淼:《行政法学》,法律出版社 2015 年版,第 548 页。

③ 胡建淼:《行政法学》,法律出版社 2015 年版,第 547—548 页。

织扩张到法律、法规或者规章授权组织，并规定行政机关的内设机构或派出机构没有法律、法规、规章授权情况下，独立从事行政行为，该行政机关是被告，行政机关在没有法律、法规、规章的规定情况下对其内设或者派出机构的授权应当视为委托。[①] 学界也根据行政诉讼法司法解释对授权委托理论进行了修改，以适应实践的发展。2014 年修改 2015 年施行的新《行政诉讼法》总则第 2 条规定提到除了行政机关作出的行政行为外，法律、法规、规章授权组织所作出的行政行为也是行政诉讼法意义上的行政行为，对被委托组织行为被告资格问题没有大的修改，同时行政诉讼法意义上的委托还包括委托诉讼代理人代理诉讼。2015 年，最高院制定的《最高人民法院关于适用〈中华人民共和国行政诉讼法〉若干问题的解释》里规定的只是委托诉讼代理人代理参加诉讼意义上的委托，其他没有规定，还是遵循原来的司法解释和现行行政诉讼法的规定。然而，对于何为授权何为委托，行政诉讼法的规定并不能解释所有的问题。有学者认为应当参照民法学理论，也有学者认为法律、法规、规章授权并不是授权的必备要件。学者们陆续提出了很多观点，对现有的理论进行解构，但是上述现有理论仍然是通说。

（二）特征

我国行政法学通说认为授权和委托是两个具有质的区别的范畴。这里分别对授权和委托的主体、对象、内容、程序、依据、形式以及法律效果等方面的特征进行分析。

1. 授权

对于授权而言，授权的依据原先是法律、法规，授权的方式也只能是通过法律、法规，后来随着司法实践的发展扩展至规章。2014 年修改的《中华人民共和国行政诉讼法》对这一扩张在国家立法上进行了确认。授权的内容，包括授权的对象，所授职权的内容、权限、期限等。如果授权不明，应当参照民法对于授权委托内容不明时的模式进行处理，由授权人对第三人承担责任；如果被授权人有重大过失，则被授权人承担连带责任；如果第三人存在故意或者重大过失情形，授权人和被授权人

[①] 行政机关在没有法律法规规章的规定情况下，对其内设机构、派出机构的授权视为委托。可以这么理解，如果忽略掉法律法规规章这一依据，在我国授权与委托其实就是一个意思。

不承担责任。授权的对象既可以是行政机关，如行政诉讼法规定，法律法规授权组织包括行政机关的内设机构派出机构，以及具有管理公共事务职能的组织；也可以是其他社会组织或者市场化企业化运营的组织。授权对象有时被限定为只能是具有公共事务管理职能的社会组织，特殊情况下还要求具有特殊的设施设备，具有专业技术的人员和场所；有些限定为行政机关，例如，关于特定审计事项的审计、特殊项目用海审批、开展国际反洗钱合作等，根据《审计法》《反洗钱法》以及《海域管理法》只能授权给特定行政机关，授予其下级行政机关行使。行政许可法、行政处罚法以及行政强制法中"设定"出现使得同为立法行为的法律、法规授权，与之产生了分界。法律、法规对行政机关的赋权叫作设定，法律、法规对具有公共管理职能的社会组织的授权叫作授权①。授权程序根据授权的性质不同而有所差异，如果是立法授权，则遵循立法程序；如果是行政授权则是行政程序；如果是重大行政决策，则应当通过政府常务会议或者全体会议决定。需要强调的是，所有这些都必须有法律依据。

2. 委托

在行政委托关系中，委托人只能是行政主体，如果不是行政主体，则没有行政职权，没有行政职权，也就不存在请其他组织或者个人代为从事法律活动的必要。行政委托对象可以是行政机关、具有管理公共事务职能的社会组织、企业化市场化运作的组织、其他组织或者个人，但是不能够笼统认为所有这些组织都可以进行委托，要看法律法规的规定以及委托人的要求。行政委托的依据按照现有理论，是法律、法规和规章之外的规范性文件，或者行政委托合同，因为如果按照法律、法规、规章形式标准区分委托和授权，忽略掉依据形式，两者就没有什么区别。行政委托的内容是行为权能，就是受托人仅获得了完成某项法律活动的职务，但是必须以委托人的名义。行政委托程序根据委托的依据不同而

---

① 据此，有学者对照立法实践进行理论摹写，认为授权也应做出相应调整。如果法律法规规章对行政机关直接赋权叫作设定，则法律法规规章对公共管理职能的组织的授权才叫授权。但是这样的态度仍然是经验主义片面为实务服务的立场，不能涵盖所有的授权立法，从理论上进行研究应该更加严谨，所以这样的界定也还是存在问题的。

不同，是规范性文件，遵循规范性文件制定程序，是行政委托合同，走合同签订程序。委托的法律后果归属于委托人，受托人并不因此而成为独立的行政主体，享有独立的行政主体法律资格。

（三）对现有授权委托理论的评析

现有的授权委托理论通说是对行政法实践的摹写，没有创新性，虽然授权委托理论随着立法实践以及行政实务的发展有些进步，例如行政诉讼法司法解释将法律法规授权扩展至法律法规规章授权，一定程度上满足了行政法实践的需要，授权理论也随之进行调整，将授权依据扩展至法律、法规、规章；但是，这只是一种简单而懒惰的思维过程，没有什么创新。用法律法规规章作为授权和委托的区别，实际上混淆了两者的真正区别，忽略掉这一标准，其实两者没有差异。这样的区别标准，对于大量没有通过法律、法规、规章的授权行为，用委托行为来阐释缺乏解释力，又造成了两者之间关系认识的混乱。对于行政法实践，特别是最近两年比较热的简政放权以授权或者委托、下放的方式进行权力调整、推进改革，不但在理论上没有建设性作用，还会误导和阻碍改革深入进行。如果通过法律、法规、规章的权力转移方式不是授权和委托之间区别的标准，那么两者之间真正的区别标准或者依据到底是什么？我认为应当回归授权委托理论发展历史比较久远、比较成熟的民法及民法学理论，而我国的很多行政法学理论，例如行政主体理论、行政法律关系理论以及授权委托理论，就是从民法上借鉴而来的，行政法学相对来说还是一个比较年轻的学科。民法上关于授权委托的理论也是混乱的，这可能是造成行政法学上授权委托理论混乱的一个重要原因。分析各个学者的观点，以及大陆法系和普通法系的授权委托理论，一般认为授权行为是从委托行为（表现为委托合同）发展而来的。起初，法国等国家认为代理只需要委托合同即可，代理权以及代理权的授权只是委托合同的附属法律后果，离不开委托合同而单独存在。后来，德国立法技术上将授权行为抽象了出来，并赋予了独立性和无因性，不受基础法律关系包括委托合同、合伙、职务关系等的影响。随着经济社会的发展，法国以及普通法系国家也开始承认授权行为的独立性与无因性，以保护交易安全和第三人的合法权利。为了维护社会公共秩序，保护公民法人和其他组织的合法权益，建议民法改造我国的授权委托理论，将授权与委托区别开来，承认授权的独立性和无因性，以便为我国行政法实践提供理论基础。

三 自贸试验区管委会职权的流转

自贸试验区职权的流转，包括行政法意义上的授权和委托。授权和委托现象在行政法实践中是混合杂乱的，而这种混合杂乱的行政法现象又影响到摹写授权、委托实践的相关授权委托行政法学原理，理论和实践之间进而"交叉感染"，使得问题愈加严重。这种"交叉感染""混合杂乱"的授权委托实践与理论的表现之一，就是自贸试验区行政审批制度改革。

（一） 自贸试验区管委会职权的流转——授权

按照传统的现有行政法授权理论，这里的授权指的是法律、法规、规章授权，即通过法律、法规或者规章的授权，既包括法律、法规和规章对行政机关的直接赋权，也包括法律、法规和规章对具有公共事务管理职能的社会组织的赋权。前者有学者称为对职权的设定，后者被称为授权或者法规授权，这里的法规包括法律、法规和规章。但是却忽略了同样很重要的行政法授权理论，也就是行政授权，即行政机关或者法律、法规、规章授权社会组织根据法律、法规或者规章的规定，将其所享有的职权让与其内设机构派出机构，或者其他具有管理公共事务职能的社会组织、企业化市场化运作的组织。根据我国的实务和对实务进行摹写的理论，实际上行政法意义上的授权，或者根据行政法的授权，可以分为立法授权和行政授权。所谓立法授权，是指立法法意义上的法律表现形式根据其享有的一定立法权限，直接赋予相关组织以职权的立法行为，包括对职权的设定，也包括对公共管理职能的组织进行赋权；行政授权是指行政机关等行政主体根据法律、法规、规章的规定，将自身已经拥有的行政职权赋予下级行政机关或者其他相关组织的行为。但是这样还不够，县乡人大所制定规范性文件是不是法律？即便不是，其作出的授权决定又应当怎样定性呢？根据我国 1999 年制定的《中华人民共和国行政诉讼》司法解释，行政机关的内设机构和派出机构，在没有相关法律表现形式的授权而作出的具体行政行为，相对人不服的，该行政机关是被告。由此看来，通过法律、法规、规章以外的权力机关行政机关文件的授权被视为委托，行政机关在没有法律、法规、规章规定的情况下，授权其内设机构或者派出机构以职权的，也被视为委托。这里授权和委托，除了授权依据和形式必须是法律、法规和规章的区别外，别无其他差异。实际上授权和委托的区别，不在于授权依据和授权形式。这些都不是根本的区别。根本的区别在于授权是单方行为，是从委托合同中抽象出来的具有独立性和无因性的行为。委托合同、合伙关系、职务关系只是基础法律关系，其成立生效与否都不影响授权行为成立和生效。授权是将自身所拥有的行政职权全部或者一部分让与被授权人，许可被许可人从事特定行政法律活动的一种禁止解除行为，按照现有的理论产生了新的行政主体，或者某行政主体获得了新的职权。行政委托只是产生行政授权的基础性法律关系。委托合同的成立或者生效与否，都不影响授权行为的独立性。授权行为具有无因性，不受委托双方行为的影响。这个是抽象意义上的，又加强了授权行为的独立性。按照法人理论以及世界上法治发展比较成熟的国家的法人类型，行政主体只有国家、地方公共团体以及公务法人或者其他特殊法人。授权和委托理论的逻辑是一样的，但是因为行政主体理论的变化而有所变化。这种情况下，国家或者公共团体以及公务法人内部的授权并不产生新的行政主体；行政委托也不产生新的行政主体；只有授权行为独立成立和生效，而且是在行政主体间或者新设立的其他公共职能组织之间，才会产生新的行政主体。

自贸试验区管委会职权来源意义上的授权，按照现有理论，主要是通过法律、法规和规章的授权，不是通过法律、法规或者规章的授权叫作委托。行政机关根据法律、法规或者规章的规定对其内设机构派出机构的授权是授权，否则就是委托。根据依据，主要是法律、行政法规、地方性法规、部门规章、地方政府规章，之外的规范性文件，不论是国务院及其部门制定的，还是地方人民政府制定的，或者是县乡人大制定的规范性文件制定的授权都不是授权。此外，行政机关等行政主体根据，法律、行政法规、地方性法规以及政府规章，特殊情况下，还包括国务院的决定，做出的授权也是授权，但依据其他规范性文件所做出的授权不是授权。授权的主体根据授权依据的不同而有所差异。如果是立法授

权，则必须是中央立法机关和地方性法规制定机关①，中央行政机关及其
职能部门、省级人民政府设区的市人民政府②。授权内容，主要是与自由
贸易试验区经济社会发展改革创新等工作密切相关的行政或者其他事务
的管理权，这些职权必须是授权机关所拥有的职权。如果没有职权，则
无所谓授权之说。授权期限一般都是有限制的。例如全国人大常委会对
于上海自贸试验区以及扩区之后的上海、广东、天津、福建自贸试验区
在行政审批方面的授权，是有期限的，3 年内试行，有成效的，提请修改
相关法律；没有成效的，恢复相关法律的施行。授权的程序根据立法授
权和行政授权的不同而不同，立法授权遵循立法程序，行政授权遵循行
政决策程序。如果是重大事项，还得经政府常务会议或者政府全体会议
决定通过，一般表现为法律、法规、规章以及行政决定的形式。授权的
法律效果是职权的让与，不只是行政权能，也包括行为权能，在某一领
域或者综合事务管理方面产生新的行政主体。

（二）自贸试验区管委会职权的流转——委托

这里仅就自贸试验区管委会职权的委托，进行行政法学通说和行政
法实践意义上的解析和评说。在我国行政法学理论中，行政委托理论通
说认为行政委托的法律效果只发生行为权能的转移，也就是说，受托人
所实施的行政法律行为或者申请、申报、履行等事实行为的后果归属于
委托组织，不产生新的行政主体，只产生新的行为主体，受托人只是委
托人行政主体的手脚的延伸。但是，我国行政法委托制度的实践表达却
与行政法学原理存在较大出入，不是通过法律、法规、规章的授权被司
法实践认为是委托，行政机关在没有法律、法规、规章规定情况下的授
权也被视为委托。当然也存在着真正意义上的行政委托，例如《行政处
罚法》第 18 条规定，行政机关根据法律规定可以委托符合第 19 条规定
的具有公共事务管理职能的组织实施行政处罚，不得委托除此之外的组
织或者个人实施行政处罚权，委托机关对受托组织的处罚行为进行监督，

---

① 根据 2015 年新修订的《立法法》，地方性法规的制定权扩大至所有设区的市，广东东莞
市、中山市、甘肃嘉峪关市以及海南省三沙市根据修改决定比照社区的市行使设区的市地方立法
权，但是这种立法权是有限制的，主要限定在城乡建设管理、环保、历史与文化等方面的保护等
事项。但法律如果另有规定，从其规定。

② 同上，中山市、东莞市、三沙市、嘉峪关市比照适用。

并承担受托组织处罚行为的法律后果，受托组织实施处罚行为应当以委托或者机关的名义进行，并不得再进行委托，受托组织应当是依法成立的具有公共事务管理职能的事业组织，拥有掌握专业知识或者技能的工作人员，同时需要具有特定技术或者特定设备的应当达到所要求的条件。《行政许可法》规定的委托对象，其他行政机关、其他规定都是一致的。实施行政强制措施权不得委托，只能由法律、法规规定的行政机关实施，行政强制执行是可以委托的，行政强制法规定当事人不履行或经过催告仍不履行行政机关的行政决定，行政机关可以代履行或者委托没有利益冲突的第三方代履行，类似法定代理，具有强制性。

自贸试验区管委会职权来源意义上的委托主体，根据我国现行法律法规或者规章的规定，是法律、法规和规章以外的规范性文件的制定主体，以及没有法律、法规、规章规定情况下的行政机关和有法律、法规、规章规定情况下的行政机关。对于自贸试验区管委会职权来源意义上的委托是否要有法律依据，这个问题没有统一的答案。在我国一般是不需要有法律、法规或规章依据，除非法律、法规或者规章有特别的要求，否则按照法律法规和规章的要求执行。有学者认为所有的行政委托都需要有法律、法规、规章的依据，这是不必要的，相反会束缚了行政机关。对于自贸试验区管委会根据行政委托所获得的职权能否进行委托，有的学者认为获得委托的职权不得转委托。笔者的理解是这个不是绝对的。一般情况下基于委托和受托组织之间的信任关系和人身属性是不能够转委托的。但是也存在着例外，对于特别专业的技术性特别强的事项可以委托专业组织承担，以及在紧急情况下不转委托就会损害到委托人合法权益或者公共利益，以及转委托减轻委托人负担或者增加委托人利益的情况下也是应当允许的。① 委托的内容相比一般的委托，可能权限更为综合，试验性比较强，主要涉及投资贸易、知识产权、金融、汇率、环保等方面的事务管理。委托的法律后果是委托组织承担受托组织受托所从

---

① 学理分析不能仅仅持有对法律实践现象进行摹写的态度，还应当有科学严谨的分析研究态度与逻辑。经验是重要的，但是实践变化多端，而且不能穷尽。虽然抽象思维也有问题，但是实践只能作为参照，而不能刻意照搬摹写到理论中来，还是要有学术担当和周密发展的眼光，才会对实践发展有所裨益。

事的行政法律活动的法律后果，但是因为实践中授权和委托的混合杂乱，某些"委托组织"实际上被视为"被授权组织"而成为事实上的行政主体，法律后果的承担，也是混乱的。委托的形式一般是通过委托双方的合意行为，根据我国现行立法，还包括法律、法规、规章以外规范性文件等表现形式。

四　自贸试验区行政审批制度改革

关于自贸试验区审批制度改革情况，我们展开过调研。2014 年 8 月，因为我们课题组课题研究的需要，笔者的导师带领我们课题组所有成员，包括另外两位博士后，一同来到上海法制办，通过座谈会的方式，对上海自贸试验区的行政审批制度改革情况进行了解。首先是法律依据的困惑，上海对行政审批制度改革的积极性很高，也提出了削减行政审批事项的数量和质量目标，但是却苦于没有法律依据或者法律依据缺乏。因为大量的行政审批[①]或者行政许可都是上海市人民政府、国务院及其职能部门以及全国人大常委会设立的，上海自贸试验区管委会设立的行政审批只是占很小一部分比例。要完成目标，就必须对上位法设立的行政许可或者非许可类行政审批进行调整，而这些审批或者许可的制定修改废止权限不在上海自贸试验区管委会掌握之下，所以进退两难。退则难以完成领导交代的任务和下达的目标，进则可能承担违法改革的风险，而且有些时候还不得不承担这种风险，因为不这样任务就完成不了，改革目标难以达到。即便解决了这样法律依据的问题，随之而来的还有更为棘手的问题——审批事项的下放，包括政府的简政放权到底如何定性。权力下放和简政放权是通过授权的方式还是委托的方式进行，授权和委托之间在理论上区别到底是什么，我国的行政法授权和委托立法是否允

---

①　按照国务院关于非许可类行政审批改革的要求和部署，国务院层面以及地方政府层面要取消所有的非许可类行政审批，国务院层面已经完成对所有的非许可类行政审批的改革，地方政府按照国务院的要求也很快完成这项改革。通过改革非许可类行政审批将成为历史，原来的非许可类行政审批将通过新设行政许可、调整为政府内部审批、取消以及调整为其他行政权力事项以便将来进行继续改革。虽然取消了非许可类行政审批这一形式，但是非许可类行政审批的实质还存在，就是政府内部审批以及其他行政权力事项，而且变得更加隐蔽，在某些方面可能还不如原来的非许可类行政审批来得更为规范透明一些。这个问题需要学界和实务界关注和警惕，防止和减少非许可类行政审批以更加隐蔽的形式出现和运行。

许进行权力下放和简政放权，理论能否运用到审批制度改革实践中来存在诸多疑问。[①]

　　现有的自贸试验区改革总体方案、自贸试验区地方性法规以及地方政府规章规定相关政府及其职能部门以及相关部门应当按照能放就放的原则，通过"授权"或者"委托"的方式，将经济社会管理的权限下放到自贸试验区管委会来行使。这里的授权和委托现在只能做行政法实践意义上的解读，因为现在理论上还没有大的突破，授权和委托理论还是存在着纠结和混乱的，只能按照中央立法和司法解释来解决这一问题，当然在学理上可以探讨。目前，中央的做法是通过制定暂停实施自贸试验区相关法律的授权决定进行改革，这个是法律授权。国务院 2015 年的政府廉政工作会议以及政府工作报告中提出，由国务院负责统一清理中央设定地方实施的行政审批事项，这就是说今后所有的中央设定地方实施行政审批的改革由中央来负责，地方政府无权改革。涉及国务院行政法规、部门规章以及国务院的决定设立的审批由国务院进行修改和废止，涉及需要修改相关法律的，由国务院提请全国人大常委会修改法律，法律修改后再统一实施。对于中央设定地方实施行政审批事项，地方政府已经完成改革的，以后要根据上级政府、国务院、全国人大常委会的改革进行相应调整，正在进行的应当停止，但是可以上报建议和意见；涉及地方政府及其组织部门设定的审批，由其按照相关立法和行政程序进行修改或者废止；需要修改地方性法规的由地方人民政府参照国务院的做法，提请修改地方性法规。因为自贸试验区很多制度都处于实验探索阶段，对于审批制度改革的期限也应当是阶段性的，可根据具体情况而定，在试验期内证明有效的就修改相关法律法规或者规章，证明没有太大效果的恢复原来法律的施行。对于法律依据或者改革权限的困惑，有学者认为 2012 年的《全国人大常委会关于〈国务院机构改革与职能转变方案〉的决定》，可以作为中央立法依据，该决定授权国务院对相关行政

---

　　① 不只上海存在着这样的困惑，在我们调研的过程中，以及参加的学术会议来看，其他地方政府以及中央也存在着相似的烦恼，一方面地方改革的积极性很高，但是另一方面制度供给又难以满足改革需求，怎样一方面发挥地方政府改革的积极性，另一方面又能解决地方政府改革与现有法律法规之间的一致性，是一个相当棘手的问题。

审批事项进行改革，国务院可以对地方政府进行再授权。但是这样的努力和探索解决方案并不充分，因为该决定中还规定如果涉及需要修改相关法律，国务院应当及时提请修改法律，这一条没有突破。国务院还不能恣意改革，或者恣意授权。我认为行政组织法授权可以解决这一问题，根据组织法的规定，地方政府可以设立调整部门，当然可以调整权限。所以，在上下左右之间可以进行行政权调整，而审批权也是行政权，当然地方政府可以进行调整，但是应当受到一定限制，也就是审批事务的特殊性、经济社会发展的规律和行政体制的特点需遵循。同时，如上文所说，参照民法上的授权委托代理理论，对行政法上的授权委托理论进行改造，以真正解决实务和学理上授权委托的杂乱现象。

表6-1　　　　　　　地方政府行政审批制度改革法律依据变迁过程

变迁过程	改革方式
地方政府自主改革	不论是有权还是无权进行改革的，基本上都在进行改革（取消、新设、下放、调整）
中央政府与地方政府同步进行	由中央统一清理中央设定地方实施的行政审批事项，需要修改法律的，提请修改法律；地方政府注意到法律依据的问题，一方面向中央行政审批制度改革提出建议，另一方面一定限度内自主改革
完全遵照行政许可法的规定	按照行政许可法的规定程序，以谁设立谁改革的原则，进行行政审批制度改革，行政许可法规定不合理的提请修改行政许可法

第三节　小结

民法意义上的授权委托理论，经历了一个发展变迁的过程。类似买卖行为中债权行为和物权行为的分离，代理行为中，委托合同和授权行为也经历了一个由混合到分离的过程。买卖行为只需要签订一个债权合同就够了。但是思维严谨、法律抽象技术水平高的德国将物权行为从债权行为中分离出来，并且赋予了物权行为以独立性。债权行为成立与生效与否，并不影响物权行为的成立和有效。物权行为不受其基础法律关系债权行为的影响。物权行为具有无因性。这种无因性又加强了其独立性。同样，原来在法国等国家，代理行为产生于委托合同。为了实现委托合同的权利义务，就会有相应的授权条款。授权行为只是委托合同的附属效力而已，附属于委托合同。离开了委托合同，便不具有独立性，没有了意义。授权行为是单方法律行为，不同于代理内部委托合同关系，也不同于代理人与被代理人与第三人的民事法律关系。后来，法国和普通法系国家也慢慢承认了授权行为的独立性和无因性。民法上大陆法系国家和普通法系国家授权委托理论的变迁历史，影响了中国民法学，就产生了授权和委托理论混合杂乱的现象，不过随着民法学的发展，越来越多的学者已经对这一问题认识得很清楚。

行政法意义上的授权委托理论，可能是受到民法学上授权委托理论的影响，也出现了杂乱混合的乱象，至今仍然有学者认为我国的民法学上授权和委托理论是没有什么差别的，其实是因为对民法学没有深入的研究才会有这样的理解和认识。行政法实践中，所谓授权，包括立法授权和行政授权。立法授权，就是通过法律、法规、规章等形式对相关组织的直接赋权；行政授权，是指行政机关在法律、法规和规章规定的情况下对相关组织的赋权。所谓委托，是指行政机关在法律、法规、规章规定的情况下请他人、其他组织代为处理行政法律事务从事行政法律行为，或者行政机关在没有法律、法规或者规章规定情况下的授权视为委托。具体立法或者行政程序中，授权委托的主体、内容、权限、依据、程序以及法律效果是不同的。但是，这样的实践和理论实际上将授权和委托之间的区别，界定为法律、法规、规章的依据或者表现形式，而忽略掉法律表现形式的标准，两者是没有区别的。这样的实践和理论没有认清授权和委托之间的真正区别。既然我国的行政法学授权委托理论是从民法学发展而来，受民法学影响至深，那就应该研究清楚民法学授权委托理论的真正关系，对行政法学授权理论进行改造。委托是产生代理法律关系的双方合意行为，可以有授权条款，也可以没有授权条款；委托合同的成立、有效与生效与否都不影响授权行为；授权是从委托合同中抽象出来的法律行为，具有单方法律行为的独立性，不受其基础法律关系委托合同的影响，具有无因性，同时又不同于代理的双方内部代理关系。

　　自贸试验区管委会职权流转意义上的授权委托实践，以及自贸试验区管委会行政审批制度改革都深深受到民法学授权委托理论，以及行政法学授权委托理论和实践的影响。这样的理论和实践杂乱无章现象，以及理论和实践之间的"交叉感染"，又加剧了问题的严重性和复杂性。行政法学者很多开始反思，也提出过很多有见地的解决理论，但是真正意义上的解决办法，还是应该正本清源，在弄清楚民法学上授权委托的关系及其变化发展的历史以后，对我国行政法学授权委托理论进行改造，恰当定位两者的关系。同时，解决授权委托理论还需要借助于行政组织法。如此，自贸试验区管委会的职权流转和作为职权流转表现形式的自贸试验区行政审批制度改革中的改革权限以及改革依据问题，就可以迎刃而解。

第 七 章

中国自贸试验区管委会职权的运行

职权运行最相关的基本理论是行政行为理论，但是行政行为理论存在着自身难以解释的现象和难以解决的问题，后来就出现了行政事实行为、行政相关行为、行政过程论等理论和学说，对行政行为理论进行完善和补充。在这一过程中，民法学理论发挥了重要作用，主要是民事法律行为理论。开始有学者用民法学理论分析研究行政行为的表现形式、成立、有效和生效条件、依据、程序和法律效力问题，一方面解决了行政法学的问题，另一方面促进了学科交流。通过对比世界自由贸易园区管理机构职权进行分析，对照我国自贸试验区职权运行的现状，找出我国自贸试验区管委会职权运行的规律，目的在于对接国际规则和标准，找准中国自贸试验区管委会职权运行的发展方向。

第一节　权力运行基本理论分析

与权力运行最相近的范畴是行政、行政作用或者行政行为。当然对于行政行为的研究，我国也开始从一个建构的阶段，进入了解构并且重新构建的新时期。部分学者认为我国传统的行政行为分类理论存在着无法弥补的硬伤，试图在行政决定、行政规范、行政事实行为、行政私法行为等范畴或者框架下进行新的分析，重新研究和分析行政活动的成立、有效与生效、依据、程序、方式、条件以及法律效力等问题。

一　职权及其运行

职权的运行可以理解为行政，而行政在不同的国家有着不同的认识，还经历了一个漫长的变迁和发展的历史。行政法学上与此相关的概念或范畴是行政行为，有的称为行政作用，有的称为行政行为，有的称为行政措施，有的称作行政处理，还有的谓之行政处分。不同的语境下，所蕴含的意义是不同的，反之亦然。

（一）职权运行（行政）

职权的运行，指的是法律规则或者国家强制力作为保障，为了实现相应国家目标或者公共职能，在法律或者法律以外的规则，规范性文件以及具体的命令或者决定的落实到特定空间、时间以及对象的过程。职权运行，可以说就是一种"行政"，或者公权力权威和强制力在时间、空间以及对象上的体现。行政是行政法研究的基本法律现象。可以说行政法学和行政法所有的制度或者学说，都是围绕行政现象而展开的。想要了解什么是行政法，首先必须研究明白什么是行政现象。如果都不知道一项制度或者理论学说研究对象的基本范畴，那么这项制度就是空洞的。所谓行政为达到国家目的之作用者，所谓行政为宪法之间接执行作用者，[1] 亦所谓行政仅为了达到国家目的，因此引起现实效果作用意义上的存在。这些学说可谓言之成理，但是行政一词据考察，是有着深远的发展历史的。最起初的行政是指私有地的处理，以及企业的管理，后来指政府公共事务处理意义上的行政。根据所处理的政府事务的不同，又可以分为三种，最广义的行政是指政府作用，或者所有事务之处理；狭义之行政是指除了立法，其他所有作用而言，因为行政和司法之分别尚未大明，故泛指执行；最狭义的行政是指除了立法作用、司法作用之外的所有作用；次最狭义之行政也是最通用说法，所以通说认为所谓行政是指依据法律、民事、刑事以及监狱之外的，为了实现公共目的，国家所为之所有作用。[2]

（二）行政行为（行政作用）

在行政法上与行政权运行密切相关的范畴是行政行为。英国没有行政行为的称谓，一般叫作决定命令和行为，类似我国具体行政行为和抽

---

① 持有该学说的学者认为，宪法为国家根本法，立法为国家宪法之直接作用，相应的行政作为国家宪法之间接作用而存在。

② 林纪东：《行政法》，三民书局1994年版，第5—9页。

象行政行为的合成，强调决定命令之外的结果或者事实状态，如事实行为等。美国的行政行为定义比较宽泛，近乎等同于所有具有公权力的组织所作出的行为，特别重视程序的限制和作用，对于我国理解行政行为具有重要的意义。在德国，通说认为，行政活动包括行政行为、法规命令、事实行为和行政强制执行；行政行为是公权组织对公民法人或者其他组织就特定事件所作出的决定。在日本，行政法学界将行政作用分为行政机关制定规范的行为，包括法规命令和行政规则；行政行为又叫行政处分，是行政机关或者其他公权组织做出的在公权组织与公民之间以及公民之间权利义务作出处理的特定行为；法规命令是行政机关依据宪法，根据法律的委任，而对特定事务进行规范表现为政令形式的行为。[①]职权的行使要受到指导性和指令性、程序性以及再次委任否定性的约束，[②] 需要具有特定的条件，最后产生相应的法律后果。

二　依据与程序

概括来说，职权运行的依据，包括法律、法规。无疑规章在行政诉讼法上是参照适用，至于其他规范性文件是否适用，以及如何适用，不是没有争论。同样作为行政活动，或者说将职权运行起来，表现为一个个具体行政活动，在现代程序法治的影响下，具有独立的价值，不仅仅是实现实体正义的工具而已。

（一）依据

以行政行为范畴来分析权力运行的相关问题，则需要对行政行为相关的概念进行说明，包括行政决定、行政规范和行政事实行为、内部行政行为以及私法行为。它们构成一个统一的有机整体，是职权运行的表现形式。所谓行政决定，是指类似司法判决的特定化国家作用结果，是

---

① 应松年主编：《四国行政法》，中国政法大学出版社 2005 年版，第 36—37 页、106—107 页、189—196 页以及 245—265 页；林纪东：《行政法》，三民书局 1994 年版，第 287—289 页；陈新民：《行政法学总论》，三民书局 2005 年版，第 267—364 页。我国也有学者将行政行为分为私法行为和公法行为，私法行为包括辅助、经营和行政私法行为，公法行为包括事实行为、法律行为，也就是行政决定，传统意义上的具体行政行为以及行政规范，包括行政法规、规章以及行政规定。章剑生：《现代行政法基本理论》，法律出版社 2014 年版，第 253 页。

② 龚祥瑞：《比较宪法与行政法》，法律出版社 2012 年版，第 443—446 页。

国家法律转化为现实的载体，是对具体事件作出处理的行为。所谓行政规范，是对参照其他规范性文件所做出的一种概念修正，将行政法规、行政规章及其以外的其他规范性文件。所谓行政事实行为，是指实施主体不以产生行政法律效果作为目的，但是事实上产生法律后果的行为。内部行政行为，是指作用于行政机关内部、行政机关之间，或者行政机关与行政机关工作人员之间的法律关系的行为。行政私法行为，是指行政主体依据私法所从事的法律行为。职权运行的法律依据可以分为组织法与行为法。这也是行政法，根据法律表现形式所做出的划分。组织法，在我国，主要表现为宪法、国务院组织法、地方组织法、立法对行政组织的规定，以及单行法律中对行政组织及其职权的规定，如行政处罚法、许可法以及行政强制法中对许可、强制以及处罚设定的规定。概括我国的行政组织法，其主要内容①有立法依据、行政机关构成、行政机关的设置、行政机关的性质、地位相互关系、行政机关的活动原则、职责职权、副职设置以及行政机关设立变更和撤销的程序、职权的设定、职权的来源、行政机关的变更和撤销以及权限争议及其解决。所谓行为法依据，就是对行政行为作出的主体、程序、方式、法律效力以及法律责任等行政行为全过程进行限制的法律规范总称。本章主要是研究行为法意义上的职权运行。

（二）程序

行政程序，按照行政行为的种类，大致有行政决策、行政执法、行政合同、行政指导。如果从行政执法②的角度来讲，一般要经过程序的启动，包括行政机关依职权启动或者当事人依据申请启动。一般情况下，行政机关职权启动还有一套内部的审批程序。其一，申请，对于当事人依申请启动，一般要求是书面形式，确实有困难的可以使用口头形式，由受理机关记录在案，对于当事人的申请，行政机关应当根据情况作出是否受理的决定。其二，调查，行政执法程序启动后还应当调查取证，

---

① 应松年、薛刚凌：《行政组织法研究》，法律出版社 2002 年版，第 78—81 页。

② 从各省所指定的行政程序规定的地方政府规章来看，所谓行政执法，是指行政机关根据法律法规规章作出的许可、处罚、强制、征收、给付、确认等具体影响相对人（公民、法人或者其他组织）权利义务的行政行为。

相对人应当配合行政机关的调查取证，当事人有权陈述和申辩，合理的采纳，不合理的应当说明理由，调查过程中应当告知调查的依据事实和理由，出示执法证件，否则当事人可以拒绝。其三，听证，对于法律法规规章规定、行政机关告知可以申请听证，当事人申请听证以及其他行政机关认为有必要进行听证的，在作出行政执法决定前，应当进行听证。其四，证据，行政机关应当利用合法的手段收集证据，并根据法律、法规和规章合理认定证据的效力，合理分配举证责任。其五，执法决定以书面形式作出，载明当事人基本情况、事实以及认定事实的证据、适用的法律、决定内容以及履行方式和期限、救济途径以及行政机关签章以及日期等事项。其六，期限和送达，行政执法程序应当遵守法定的期限，在法定期限内完成，行政机关对办理期限有承诺的应当在承诺期限内完成，行政执法决定应当送达相对人，当事人签收以后生效，送达程序参照民事诉讼法的规定。有些行政执法程序可以简化，适用简易程序。行政决策程序，包括重大行政决策的标准、公众参与、专家论证、风险预测与评估、重大行政决策的合法性审查以及不经过集体讨论不得作出决定等程序。行政合同程序，一般包括行政合同适用的事项、签订形式、批准程序、履行、变更、中止以及合同解除等程序。行政指导程序，包括指导形式、当事人的配合、指导内容依据等公开、听取意见、专家论证等步骤和顺序。行政调解程序，是指行政机关为了解决纠纷根据法律规定，依申请或者依职权启动，依申请的进行审查做出是否进行调解的决定，告知其他当事人，说明理由，由专业或者权威人士主持调解，查明事实，通过劝导说服等方式达成调解协议。如果是行政立法，或者指定行政规定的行为，则遵守法规、规章制定程序或规范性文件相关制定程序，一般包括立项、起草、审议、通过和发布五个环节。规范性文件或行政规定的制定程序则相对比较简单一些。

三　条件

行政决定、行政规范，是典型的行政行为，或者典型的职权运作表现形式。其成立和生效要件都有共性，具有行政法律行为或者法律行为成立所必备的成立和有效要件，但是因为行政决定与行政规范毕竟是行政法律行为之下的两个不同范畴，在成立与生效要件方面还是存在着很大差别的。行政事实行为以及行政私法行为，也是行政机关或者其工作人员运用行政职权实施的行为，未必是公法的性质，但是毕竟有公权力因子的影响，是权力或职权运行的方式，故也应考虑进去。

（一）成立要件

法律行为的成立和有效是两个不同的概念。法律行为的成立，是指某种行为因为符合法律行为的构成要件而视为一种客观存在。① 所谓法律行为的有效，是指客观存在的法律行为因为符合法定的有效要件而取得为法律所认可的效力。法律行为的成立着重强调法律行为的构成，是一种事实问题；有效则着重于价值判断问题。成立判断标准是意思表示的内容，有效则是意思表示的品质问题。成立与生效的时间可能一样，可能先成立后有效。成立即有效的，当事人受法律行为的约束；成立但是不生效力的或者被撤销的，当事人不受约束。意思表示是法律行为成立的一般要件，包含了拟制或者设立权利义务，当然也包括作出意思表示的当事人；还有特别成立要件，就是除了意思表示还需要具备其他特殊的条件，如批准以及合意或者标的物的交付。行政决定和行政规范，都是行政法律行为，都是行政机关单方意思表示的结果，特别情况下还需要合意或者批准。行政决定大都成立时生效；行政规范则一般预留一定的时间，先成立后有效。行政事实行为不以意思表示为构成要件，不以产生民法法律效果为目的，但是根据法律规定也会产生一定的法律后果；② 行政私法行为，类似民事法律行为，也有一般成立要件，即意思表示以及特别成立要件合意或者交付等，但是主体毕竟是行政机关存在这种职权的运用，参照私法规范的同时还具有公法的性质。

（二）有效要件

所谓有效要件，是指客观存在的意思表示行为，符合法定的有效要件而取得法律规定的效果或者效力，是当事人意思表示实现所追求的结

---

① 董学立、王晓燕：《论民事法律行为的成立与生效》，《山东大学学报》（哲学社会科学版）2003 年第 4 期；金可可、崔岩双：《再论法律行为的成立与生效》，《广西政法管理干部学院学报》2000 年第 1 期。

② 曹海晶、李祎：《试论行政事实行为及其行政赔偿制度》，《法治研究》2013 年第 5 期；顾爱平：《行政事实行为及其可诉性问题研究》，《江海学刊》2013 年第 4 期。

果或者目的，也被称为意思表示行为的有效要件，是意思表示行为人的法律品质问题。首先，无论是行政决定、行政规范还是行政私法行为，其意思表示行为人都必须具有完全的行为能力，能够清醒、客观、理性地认识到自己所为的意思表示所产生的法律意义，以及可能给自己带来的有利或者不利的后果，并且愿意承担这样的后果。① 不具备完全行为能力的人，不能够真正认识到自己行为可能产生的法律后果，所以其法律后果不被法律所承认，或者不由其来承担。例如没有法律、法规或者规章的授权，行政机关的内设机构或者派出机构以自己的名义作出的行为，应当以该行政机关为被告。其次，意思表示真实，意思表示行为人自愿作出相应的意思表示，其表现于外的意思与其内在的意思是一致的，否则由于欺诈胁迫而作出的意思表示违背了当事人的意愿，不是其所想要实现的意思，就会出现有效性为法律所否定的问题。最后，不得违反社会公共利益和国家利益，如果当事人所作出的意思表示与社会公共利益不合，也会产生效力为法律所否定的价值判断的结果，这种违法主要是目的违法，即意思表示所要实现的目的是违法的。条件违法，附条件的行政行为有效要件是法律所不允许的；方式违法，即行为方式违法如不正当竞争或者垄断行为，以及标的违法，也就是意思表示所针对的对象是法律不允许流通的或者作出其他变动的，如销赃、侵占公共利益等。

四　法律效力

法律效力，在德国和日本等国家和地区有着不同的认识和学说。从纵向的历史变迁来看，这些学说也随着岁月的流走而发生着别样的变化，并且互相影响着。我国行政活动法律效力理论的研究起步较晚，但是后来学界对于这一问题越来越重视，也出现了几位知名学者以及行政法学力著对这一问题展开研究。

（一）法律效力来源

为什么会有国家意思表示行为，公权力组织意思表示行为的法律后果或者法律效力这个问题？有学者认为，公定力是行政行为其他效力的

---

① 朱涛：《自然人行为能力识别要素论》，《国家检察官学院学报》2014 年第 1 期。

基础。国家对其意思表示具有决定公法关系的权力，在其意思表示作出以后，被有权机关撤销或者撤回以前，具有被推定为有效的状态。这是国家意思表示行为产生法律效力的基础，也就是说，国家权力是产生法律效力的逻辑基础。但是随着社会的进步和民主社会制度的发展，这样的学说和认识逐渐为学者们所诟病和抛弃。有人开始提出法律规范说，认为从行政的功能来看，行政活动的目的就是将国家制定的法律规范通过行政活动作用于具体的公民法人或者其他组织，否则行政的存在就没有意义，而公民法人或者其他组织的权利义务受影响的状态或者法律效力就是产生于国家制定的法律规范。①

（二）法律效力构成

关于法律后果或者法律效力，学界众说纷纭。在德国主要有既定力说、确定力说、存续力说，以及"三力说"即决定法律效力、存续力和约束力。综观日本行政法学界，行政行为的效力可以基本概括为拘束力、执行力、公定力、不可争讼以及变更力，没有德国的存续力说。我国先期没有引起重视，到了20世纪90年代末期，行政法学界对行政效力问题越来越重视，特别是叶必丰教授和章志远教授当时博士毕业关于行政行为效力的毕业论文，对行政行为效力的研究达到了一个较为成熟的时期和状态。② 对于我国行政行为的法律效力，大致可以归纳为：其一，公定力，即行政行为一经作出，就具有推定有效的法律效果，相对人和行政机关都应当遵守，除非被有权机关撤回或者撤销；其二，存续力，就是行政机关的活动做出以后，主要是告知以后或者所附条件成就以后，持续产生效力，又可分为对相对人进行约束的形式存续力，即行政行为因为相对人的救济行为被驳回或者法定期限内不提起救济而有效，以及实质存续力，即行政机关对于已经生效的活动不得任意变更或者撤销；其三，执行力，即已经生效的行政活动具有要求相对人自觉履行，或者不能自觉履行情况下强制执行的作用力。当然还有其他认识如法律要件效

---

① 章剑生：《现代行政法基本理论》，法律出版社2014年版，第284—286页。章教授认为，行政活动作为媒介对特定不特定的事件作出处理，将立法所要实现的法秩序付诸实践，将法律所要实现的目的通过行政决定传导到行政法现象之中，法安定性基础上所形成的秩序应当维护，所以法律规范是法律效力产生的渊源。

② 章剑生：《现代行政法基本理论》，法律出版社2014年版，第286—289页。

力以及确认效力、拘束力、先定力学说，这些大都可以包含上述三种效力。

第二节　世界自由贸易园区管理机构职权运行分析

一个自由贸易园区运行的好坏，重要的判断标尺就是管理，或者自贸区管理机构的职权运行。这里的管理，指的是一个国家或者地区在自由贸易园区层面所设立管理机构的管理活动，当然也有宏观管理活动。但是限于本书的主题，本书对于宏观管理活动不做详细讨论和分析，这里仅摘取发达国家和发展中国家或者地区的代表进行具体分析，然后对世界上自由贸易园区管理机构的职权运行状况进行比较和归纳总结。

一　美国自由贸易园区（对外贸易区）管理机构职权运行分析

对美国自由贸易管理机构的设置、职权和运行，美国在 1934 年制定了《对外贸易区法》（*The Foreign Trade Zone Act*），后来在 20 世纪 50 年代以及 80 年代对法案进行了修改。美国也制定了《对外贸易区管理委员会条例》，对对外贸易委员会的职权和运行等问题进行了详细规定。[①] 美国对外贸易委员会负责对外贸易区的设立和管理工作；负责制定行政法规，对于自由贸易相关的制度在自身法律授权范围内制定规章制度，类似我国的行政立法，在美国准确来说应该是委任立法；当然也存在行政机关的职权，不用取得国会的授权，就可以依职权行使。自由贸易园区的重要事项，需要对外贸易委员会做出决策，其根据各方利益，平衡各方面因素以后，做出行政决策。自由贸易园区的相关生产加工活动有的必须取得对外贸易委员会的许可或者批准才能够进行，否则就会面临相应的处罚。同时，对外贸易委员会定期不定期开展检查活动，对对外贸易区内的运行情况以及企业的生产加工活动进行检查，做出相应的处

① 上海财经大学自由贸易区研究院、上海发展研究院编：《全球自贸区发展研究及借鉴》，格致出版社、上海人民出版社 2015 年版，第 62—63 页。

理。对于商务部部长助理的相关决策活动存在法律争议的，可以提出上诉。

从政府管理和企业管理的地位和作用来看，美国是典型的企业管理型。在美国，虽然对外贸易委员会也负责对对外贸易区进行管理，但是其并不直接拥有对外贸易区，而且美国对外贸易区那么多，委员会也无暇管理，其采取的办法就是授权申请设立对外贸易区的主体进行管理。申请人或者被授权人可以是公营公司或者私营公司，提供基础设施，并对基础设施进行维护，向对外贸易区内的经营主体提供服务、进行收费。如果需要成立一个新的运营商，则需要得到被授权主体的批准或者许可，但这并不是最后的程序。运营商与被授权主体根据合同履行管理职责，主要是从事许可或者监督活动。根据美国对外贸易法案，对外贸易区的运营管理或者维护既可以由国家设立的公营公司来承担，也可以由获得授权或者许可的私人公司来进行，不论是公营公司还是私营公司，都有申请设立对外贸易区的权利，[①] 申请被批准以后同时也由其进行管理运行和维护。被授权人同时也成为运行商和维护商，应当提供或者维护足够的基础设施服务，不论是在港口还是内陆设立的对外贸易区都是如此。在适当监管的情况下，提供运输服务、能源供应服务、水资源以及排水设施服务、为需要在对外贸易区进行监管的公共部门及其工作人员提供工作场所和办公设施，以及主管部门要求的其他设施或者职能的提供和维护服务。

表7-1　　美国对外贸易区管理机构职权运行方式及其具体内容

运行方式	具体内容
委任立法	对外贸易区的设立和管理工作，负责制定行政法规，对于自由贸易相关的制度在自身法律授权范围内制定规章制度

---

① 美国对外贸易法案同时规定，在公营公司和私营公司同时申请设立对外贸易区时，许可应当优先授予公营公司（Preference to public corporations In granting application, preference shall be given to the public corporations）。

运行方式	具体内容
行政决策	自由贸易园区的重要事项，需要对外贸易委员会做出决策，其根据各方利益，平衡各方面因素以后，做出行政决策。自由贸易园区的相关生产加工活动，有的必须取得对外贸易委员会的许可或者批准才能够进行
行政调查	对外贸易委员会定期不定期开展检查活动，对对外贸易区内的运行情况以及企业的生产加工活动进行检查，做出相应的处理
受让人自主管理	授权受让人（公营公司或者私营公司），提供基础设施，并对基础设施进行维护，向对外贸易区内的经营主体提供服务、进行收费

二　韩国自由贸易园区（自由经济区）管理机构职权运行分析

关于韩国自由贸易园区管理机构职权运行的法律，主要是《韩国自由经济区设立和运行法案》以及《韩国自由经济区设立运行实施条例》，当然也有总统令。为了执行自由经济区的相关政策，设立自由经济区委员会，隶属财政与经济部，同时设立自由经济区企划团作为自由经济区的工作机构，协助委员会的工作，设立专门行政机构，直接执行特定事务的管理职权，该行政机关归市长或者其他行政首长领导。韩国自由经济委员会，负责研究和处理经济自由区的基本政策和相关制度，负责自由经济区的设立、撤销以及变更审批，批准经济自由区开发计划，为外国商业机构提供在韩国运营所需要的服务，负责自由经济区的开发事项，负责协调中央政府部门和地方政府首长之间的意见分歧，以及其他总统令规定的有关经济自由区设立和运行事项的处理。

韩国实行的是政府主导型的管理体制。在经济自由区层面，由市政或者道知事负责有关自由经济区行政事务的处理，包括建筑提供方面的行政服务事项，负责建设管理的审批事项，水资源、森林山地利用与保护开发的审查和批准等事务。地方政府首长应当建立专门行政机构负责处理这些事务，跨行政区域的设立联合行政机构。行政机构的首长在征询财政经济部的意见后，由地方政府首长任命，涉及多个地方的，共同

协商决定。国家在财政上支持自由经济区的部分必要财政支出，以保障
该行政机构的正常运转。同时在该行政机构设立行政监察专员负责解决
纠纷，以及在该行政机构内设立任何商业性质争端解决的法人团体分支
机构，迅速有效解决纠纷，维护经济秩序。① 韩国根据总统令和经济自由
区设立运行法案实施条例的规定，可以设立开发项目或者实施项目的运
行商来进行管理。这些运行商可以是公司，也可以由港务局、国家旅游
组织、集装箱码头管理局以及符合条件的私人。②

表7-2　　　韩国自贸园区管理机构职权运行方式及其具体内容

运行方式	具体内容
制定规范性文件	通过总统令或者自由经济区委员会决定的形式，对自贸园区及其管理机构的设立、运行和维护进行规定
行政审批	负责自由经济区的设立、撤销以及变更审批，批准经济自由区开发计划
行政协调协商	协调中央政府部门和地方政府首长之间的意见分歧，跨行政区域的设立联合行政机构，行政机构的首长在征询财政经济部的意见后，由地方政府首长任命，涉及多个地方的，共同协商决定
行政监察与法人团体争端解决	在该行政机构设立行政监察专员负责解决纠纷，以及在该行政机构内设立任何商业性质争端解决的法人团体分支机构，迅速有效解决纠纷
社会主体自主管理	公司、国家旅游组织、符合条件的私人来承担特定事务的管理

① *Act on Designation and Operation of Free Economic Zones* (*Republic of Korea*), http://unpan1.un.org/intradoc/groups/public/documents/apcity/unpan011500.pdf (accessed February 14, 2016).

② *Enforcement Decree of the Special Act on Designation and Operation of Free Economic Zones*, http://elaw.klri.re.kr/eng_mobile/viewer.do? hseq=29972&type=lawname&key=free%20economic%20zone (accessed February 14, 2016).

第三节　中国自贸试验区管委会职权运行

通过对中国自贸试验区管委会职权运行的方式进行类型化分析，对自贸区管委会实务部门来讲，可以将纷繁复杂的职权运行方式进行系统分类，开展行政活动更具有针对性和有效性，使得行政活动有条不紊有序推进。传统的行政法学原理所不能包含或者解释的职权运行现象又推动着行政法学理论的进一步发展，甚至对传统理论产生突破式的影响，发现新的行政法学理论也未可知，进而指导行政法实践。除了对自贸试验区管委会的职权行为方式的类型化研究，对其运行的依据、条件、程序和法律效力进行分析更具有现实的理论和实践意义。

一　中国自贸试验区管委会职权运行的方式

中国自贸试验区管委会的职权运行可以划分为管委会立规行为，以及管委会行政决定行为。管委会立规行为就是管委会根据法律、法规和规章的规定，制定其他规范性文件的行为。管委会行政决定，是管委会对特定事件作出具体处理的行为，针对的是特定人，具有一次适用性，当然还有行政私法行为。这是自贸试验区管委会职权运行的特色之一，使得管委会在处理改革发展创新、实现自贸试验区的试验创新任务方面具有更大的自主性。管委会可以探索，国家和地方性法规规章允许试错，创新行政管理或者服务方式。当然还有在经济社会发展过程中具有重要作用原则上不对外发生法律效力的行政指导，以及一些虽然主观上不以发生法律上的效果为目的之事实行为。

（一）行政立规和行政决定

管委会制定行政规范性文件以及行政决定的行为，是自贸试验区管委会职权运行的基本方式。行政立规，内容是对行政管理各项制度进行规范，表现为通知、方案、意见、办法、细则、规则等，例如上海自贸试验区管委会为了规范上海自贸试验区大宗商品现货市场秩序健康发展，会同上海市商务委员会、金融办共同制定了《大宗商品现货市场交易管理规则》；为了推进自贸试验区信用建设，上海自贸试验区管委会制定了《上海自贸试验区公共信用信息管理使用办法（试行）》。行政决定表现为行政许可①、行政处罚。自贸试验区建立集中行使行政许可权和行政处罚权的体制，由管委会或者管委会下设办事机构集中行使行政处罚权和行政许可权。行政登记，例如自贸试验区对企业名称的登记，除了特殊情况，包括前置审批事项或者法人单位名称的核准与设立登记不是由同一个机关受理的，不再预先进行核准，只要申报就可以。这里的行政登记有行政确认的性质，是程序性的确认，而不是实质性的审查，当然也有例外。对于某些事项还需要预先核准，这就使得登记或者备案具有行政许可的性质，或者虽然不是法定意义上的许可，但是除了法律依据和形式外，与行政许可没有多少区别，都是对相对人权利限制的解除。行政征收，主要是税收征收以及费用征收行为。征税实质上是对公民法人或者其他组织所有财产的一种无偿征收行为。也有有偿征收行为，例如征地拆迁，需要根据国家法律法规的规定，对被征收人提供合理适当合法的补偿。收费一般是相关机构提供公共服务索要的对价，但是因为服务的公共属性，一般都是按照成本收费，不能够以盈利为目的。从行政过程论的角度来讲，不论是行政决定还是行政规范性文件的制定过程，都是由一个个独立的程序性过程性行为或者片段组成的，例如立项、当事人的申请、职权主体或者受理单位的审查、调查、听取意见、讨论过程等都是行政过程论意义上的行为，这些行为构成一个整体而单独存在。除了某项具有独立性的行为外，大多没有独立性的实质性意义。当最终决定已经做出，当规范性文件已经制定并实施，所有的这些过程性行为，都被最终性的行为吸收成为一个有机整体。不过有些学者从行政行为的范畴和传统理论出发，将之界定为"行政相关行为"，也能在一定程度上说明问题，但是相比行政过程论来讲还是不

---

① 我国现在的管委会对行政许可以及行政许可相关事项的称谓还是存在问题。本来行政审批是一个历史包袱，涵盖了那些来不及设立行政许可，或者还不能够满足行政许可设立条件，但是不想放弃能够放弃的事项，也就是作为现在行政审批制度改革主要对象之一的非许可类行政审批。经过两三年的行政审批制度改革以后，虽然改革还是存在着一定的问题，但是改革的方向还是对的。非许可类行政审批事项应该成为历史。可能是因为地方政府行政审批制度改革还没到位，或者旧有的思维习惯的影响，一时间难以转变过来，在行政文件或者行政决定等内容中仍然使用这一称谓。

够充分。①

（二）行政私法行为

行政私法行为，是管委会为了更好地促进自贸试验区的建设和发展，综合运用多种管理或者服务模式，引入合作协商等私法精神和私法上的行为模式，创新管委会的职权运行的途径，以实现管委会目标任务的最优化落实。这种行政私法行为，主要表现为合同行为，如政府采购合同、委托合同、谅解备忘录等。管委会为了完成法规或者上级政府所确立的改革创新任务，将一些专业性强的、技术性强的行政事务通过招投标的形式，交由特定的企业或者其他专业性技术社会组织或者机构来承担，一方面减轻了管委会的负担，另一方面充分发挥专业机构或者社会组织的优势，有效完成行政任务和目标。例如上海自贸试验区管委会与中国通用咨询投资公司在2015年11月签订战略合作协议，通用咨询公司将会借助上海在金融、物流等方面的优势，协同集团下属业务单位加大在上海自贸试验区内的投入和业务拓展，建立相关业务公司；上海自贸试验区将会协调相关部门和相关资源，为企业提供高效优质的服务和环境。自贸试验区特别是广东自贸试验区，还探索设立专门的法定机构，通过授权或者委托的方式由其行使适合其承担的管理职责。当然，对于某些适合企业化运作的事务，自贸试验区还通过设立专业化的公司，由政府投资控股，通过现代企业的管理制度和模式对某方面专业化的事务实行市场化的管理。管委会的影响是存在的，但是这种影响或者发生作用的方式已经不是传统的行政法所能够解释的。政府实际上作为股东而存在，所有权和经营权完全分离，也不失为管委会实现公共职能的有效方式。当然，深圳前海蛇口管委会是在前海管理局的基础上整合而来的，虽然前海管理局是事业编制，负责人也是经由任命产生，任期五年，但是在运作层面还是具有私法的性质的。所谓谅解备忘录（Memorandum of Understanding），是国际协议的一种称谓，是对英文名称的一种直译，意思

---

① 行政决定除了这些已经列举的表现形式之外，还有其他表现形式，例如行政复议、行政调解、行政仲裁等具有司法性质的行为，主要是为了解决行政机关与相对人之间、公民法人或者其他组织之间的行政争议或者民事纠纷。行政现象复杂多变，几乎没有一个人可以将其穷尽，而且还有很多没有类型化的行政法现象，所以没有必要穷尽也不可能穷尽。这里列举的意义在于对行政行为的表现形式以明显的呈现。

是双方通过协商达成谅解形成共识，在正式协议签订之前，不具有任何法律效力；但是在谅解备忘录中，保密条款、终止条款、法律适用、纠纷解决条款等还是具有约束力的，双方应当遵守。

（三）行政指导与事实行为

行政指导原则上来说，对相对人不产生法律上的强制约束力，仅仅是管委会针对经济社会等领域的情况，利用掌握的资源和信息，通过分析引导相关各方理性投资经营、合理安排生产加工或者其他经营性或服务性活动，避免恶性竞争，促进相关产业、相关主体之间的良性发展的活动。公民、法人或者其他组织可以选择接受或者不接受，完全由其根据自身的意愿和判断作出决定。管委会不对社会或者市场主体的经营失败行为承担法律责任，但是如果管委会通过强制性的要求，迫使其采取符合行政指导确定的措施情况下，相对人的合法权益受到了侵害，而且这种侵害如果不采用管委会的强制性行政指导措施，则不会发生损害后果，也就是事实上的强制性行政指导与相对人损害后果之间存在因果关系，则由管委会承担相应的法律责任。此时，所谓的行政指导仅仅是披着"行政指导"外衣的其他强制性行政行为。行政事实行为，不是行政法意义上的行政行为，但是与行政职权的行使有所关联，对公民、法人或者其他组织的法律上的权利义务状态产生相应的实质性影响，应当纳入法律的调整范围之内。行政事实行为包括：执行性行政事实行为，即为了实现已经做出的行政决定而实施的行为，可以表现为强制性执行，也可以表现为非强制性执行；即时性事实行为，是执行公务过程中，为了正常履行公务而对人或者物实施的行为[1]。事实行为还包括服务性、建议性和协商性事实行为以及告知性事实行为。[2]

---

[1] 如《集会游行示威法》第二十七条规定，有法定限制行为，不听制止，可以命令解散，拒绝解散的，需采取必要手段强行驱散，拒不服从人员可以采取强行带离现场的措施。这里的强行驱散、强行带离现场就是对人的即时执行性事实行为。

[2] 章剑生：《现代行政法基本理论》，法律出版社2014年版，第345—353页。行政事实行为是程序性行为，是行政机关告知相对人相关程序性事项的行为，例如听证程序中告知听证权利、举行听证的时间地点和主持人等信息的行为，以及行政复议中告知复议期限延长的行为等。

表 7 – 3　　　　　中国自贸园区管委会职权运行方式及其具体内容

运行方式	具体内容
行政立规	对行政管理各项制度进行规范，表现为通知、方案、意见、办法、细则、规则等
行政决定	行政处罚、行政许可、行政登记、行政征收、行政补偿等
行政私法行为	综合运用除了传统的单向性强制性的管理或者服务模式，引入合作协商等私法精神和私法上的行为模式，创新管委会的职权运行和职责履行的途径，表现为合同行为，如政府采购合同、委托合同、谅解备忘录等
行政指导	针对经济社会等领域的情况，利用掌握的资源和信息通过分析引导相关各方理性投资经营，合理安排生产加工或者其他经营性或服务性活动
行政事实行为	包括：执行性行政事实行为，可以表现为强制性执行，也可以表现为非强制性执行；即时性事实行为。事实行为还包括服务性、建议性和协商性事实行为以及告知性事实行为

二　中国自贸试验区管委会职权运行的依据

从组织和行为二分的角度来看，中国自贸试验区管委会职权运行的依据是组织法和行为法；从法律的表现形式来看，自贸试验区管委会职权运行的依据是法律，行政法规，地方性法规，国务院的决定、命令、部门规章，以及地方政府规章。这些都是立法法意义上的法律表现形式或者特别法规定的法律表现形式。

（一）间接组织法依据

那是不是一定要有组织法依据？任何行政行为的有效和生效必须满足职权的要求，也就是说必须拥有职权，这种职权的来源必须是合法的。但是，我国的宪法和地方组织法都没有规定自贸试验区管委会这一类组织形式，将管委会定性为政府派出机构不具有解释力，解释派出机关又于法不合，似乎找不到管委会职权运行组织法依据。也就是在这个意义上有学者建议修改我国的宪法和组织法，将管委会这一种组织形式法定化。① 笔者认为修改法律成本高昂，况且是修改宪法，能不修改就不修改。能通过法律解释或者法律授权来解决的，就不修改法律，以免过分争论，阻碍改革进程。但也不是不争论，甚至违法改革。法律解释和法律授权也是需要一定的理论基础的，在成本收益考量之下是最有效的。从宪法和组织法的规定来说，一切权力属于人民。人民按照法律规定，通过各种途径和形式，管理国家事务，管理经济文化事业和社会事务。我国的地方政府可以新设调整其组成部门以及组成部门的职权，可以在必要的时候设立派出机关和派出机构，地方政府领导所属行政区划内的所有行政事务。由此看来，地方政府领导所属辖区内所有行政、经济、社会文化等事务的管理，在必要的时候，可以把职权授权给专门设立的组织来行使。目前这种组织主要表现为派出机关和派出机构。而人民管理国家事务、经济文化社会事务的方式是多种多样的，不可能亲自行使职权，所以有代议制的存在，在必要的时候亦可以设立法律列举以外的其他组织形式管理公共事务。这是在地方组织法和宪法的立法目的和宗旨范围之内的，可以通过法律授权或者法律解释的途径解决。也可以这么理解，即我国管委会组织机构职权运行没有直接的组织法依据，但是有间接的组织法依据。我国的职权运行更多的是强调行为法的依据，行为法依据固然重要，但是组织法依据是前提，也不能忽视。

（二）法律依据的排他性

在我国，管委会职权的运行是不是一定要有法律依据？也就是说，表现为法律、法规、规章之外的规范性文件可不可以作为职权运行的依据？有学者认为职权运行涉及公法人或者其他组织合法权利的调整，必须有法律依据，至少是广义的法律依据。我认为这是两个问题，一个是立法权在不同的机关之间的分配问题，另一个是权力运行表现形式的法律效力问题。对于前者，我国立法法已经规定得很清楚，这里无须赘言；后者则是一个严肃的问题，因为后面要专门研究法律效力问题。这里仅仅表明笔者的结论，笔者认为行政机关作出的行政规范也好，行政

---

① 王丽英：《海关与经贸研究》，《论中国（上海）自由贸易试验区管委会的法律地位》2015 年第 6 期。

决定也好，都是职权的运行表现形式，其做出的其他规范性文件虽然不是法律的表现形式，但是依据宪法和组织法执法法律法规对所属公共事务进行管理的表现形式，背后所体现的是国家的强制力，相对人和行政机关都应当尊重和遵守。所以除了法律、法规和规章，其他规范性文件也应当是其职权运行对公共事务进行管理的依据。

三　中国自贸试验区管委会职权运行的条件

自贸试验区管委会职权运行，首先应当成立一个行政行为，当然可以不是一个行政行为，只要有职权的运用或者体现即可，这也是职权运行的表现形式，只是不产生法律意义上的效果，这是一个事实判断问题。然后必须符合法律的强制性规定，不违背公序良俗才能够有效，这是一个价值判断问题。这些在前面的行政行为的成立条件和有效条件中都已经分析过，自贸试验区管委会职权运行的成立条件和有效条件大致相同，这里仅仅分析自贸试验区职权运行的生效条件。这也是作为一个公民、法人或者其他组织对职权运行最切身、最真实的感受，因为这些行为相对人看得见，而且参与其中，切实影响到相对人的法律上的权利义务。民事法律行为的有效和生效也不同，有效的民事法律行为不一定生效，如附条件或者附期限的民事法律行为，只有在条件成熟或者期限到来之时，民事法律行为才能够生效。而有效的民事法律行为也不一定生效，例如依法设立的遗嘱是有效的，但是如果遗嘱在生前将其财产另作处分，或者继承人先于被继承人死亡的，遗嘱就不发生效力。[①] 行政法上也是一样的，有效的行政行为不一定马上生效，也存在附条件的行政行为或者附期限的行政行为。如果条件不具备或者期限没有到来，是不会产生法律效力的，例如行政机关对当事人法定期限内不提出行政复议或者行政诉讼的，才可以强制执行，而且强制执行前还会有一个催告履行期限，在这两个期限消灭之前，行政机关是不能够立即强制执行的；再比如针对突发事件的应急预案，该应急预案只有在紧急事件出现或者发生以后，

---

① 马俊驹、余延满：《民法原论》，法律出版社 2010 年版，第 187 页。该书认为民事法律行为的有效和生效既存在联系也存在区别，有效是民事法律行为生效的前提，前者是后者的一般生效条件。

而且达到一定的条件才能够启动，采取应急预案所规定的各种措施。有效的行政行为也不一定生效，例如行政行为所针对的对象死亡、涉及的标的消失，或者行政机关另作处分的，则作出相应的行政决定未必生效。

四　中国自贸试验区管委会职权运行的程序

相较一般行政行为所经过的行政程序，自贸试验区管委会职权运行所经程序并无不同，适用同样的程序性法律规定，所不同的是自贸试验区在程序内容上所作出的整合、简化或者其他承诺。某些结构性的整合对自贸试验区管委会职权的运行具有根本性影响，使得自贸试验区管委会行使行政职权更加具有效率。自贸试验区管委会的职权运行不同之处在于程序整合、程序简化方面，当然也存在着某些必不可少的程序。程序整合方面，自贸试验区建立行政许可集中行使制度和行政处罚集中行使制度，自贸试验区管委会集中行使行政许可权和行政处罚权，这样就使得行政机构内部纷繁复杂的程序增加外部相对人负担。本来公民法人或者其他组织从事某些活动，跟政府发生法律意义的关系，需要进行批准或者审核的事项应当一次性列清，相对人只需要一次性提供完毕即可，不需要在几个行政机关之间奔波。行政机关内部的分工或者前置审批关联审批是行政机关内部的事情，机关机构对于相互之间职权划分或者先后审批顺序都难以界定清楚，对于一个政府工作之外的普通公民，更加难以分清专业人士都分不清楚的纠结或者混乱的程序。这在某种程度上增加行政成本，反而降低了行政效率，只会造成机关之间相互扯皮，或者权力寻租问题的出现。所以为了降低行政成本，提高行政效率，减轻公民法人或者其他组织的负担，特别是在自贸试验区，行政成本是很高的，应当设计效率最高的行政程序。对于相对人的事务，一个窗口受理，需要审批的，一次审批即可。程序简化，主要表现为法律授权、法律法规或者规章设定行政服务程序、其他行政程序暂停实施或取消。相应立法机关根据国际上自由贸易竞争的最新发展形势，对法律进行相应的修改，对接国际规则和标准，对程序进行简化。当然也还有一些程序不能简化，只能优化，例如涉及垄断行为、国家安全的行为，涉及相对人重大权利义务状态调整的行为，或者重大公共利益的行为。必经的程序不能取消，反垄断调查、国家安全审查、检验检疫、听取陈述申辩等程序还会继续存在，对每一个相对人都平等适用，法定程序面前人人平等。

五 中国自贸试验区管委会职权运行的法律效力

行政行为的效力，前面已经介绍过，包括先定力、公定力、确定力、拘束力、执行力等。自贸区管委会职权运行的表现形式，当然也受行政行为法律效力的影响，不过也有例外，管委会行使职权或者职权的运行方式多种多样，一般都是具有法律效力的行政行为，也有没有法律效力的。这里主要涉及与职权行为法律效力相关的无效职权行为、效力待定职权行为和可撤销的职权行为三个问题。再次需要强调的是，职权行为具有法律效力的前提是职权行为事实上成为一种行政行为，而且职权行为有效，也不代表职权行为生效或者立即生效。所谓无效的职权行为，是指管委会做出的已经成立，但是欠缺法定有效要件的行为而自始当然确定无效。欠缺法定有效要件主要是因为违反了法律、法规、规章的强制性规定，或者违反了重大公共利益，从职权行为成为一个事实行为开始就没有法律效力，不因行政机关的意志而发生改变，当然无效，除非法律另有规定，否则法院或者复议机关或者其他主体可以主动宣告行为无效。如果管委会或者相对人，对职权行为的法律效力存在争议，可以提起无效确认诉讼，请求人民法院予以确认。这种无效除非法律另有规定，不仅其成立时无效，而且以后也绝无发生法律效力的可能。这里的无效职权行为与职权行为无效不同，无效职权行为肯定是不发生法律效力，是职权行为没有法律效力的原因之一。除了无效职权行为，还包括可撤销职权行为，可撤销职权行为也是原因之一。除此之外，还包括行政主体单方解除职权行为，可导致职权行为无效。职权行为无效不受诉讼时效的限制，但是职权行为无效的法律后果还是要受到诉讼时效的限制。可撤销的职权行为是指职权行为已经成立，但是欠缺法定有效要件，在撤销权人行使撤销权时，除非法律另有例外规定，溯及职权行为成立时当然确定无效。可撤销职权行为的存在主要是因为行政主体，这里指的是管委会意思表示有瑕疵，真实意思与外在表示不一致，只有撤销权人一人享有撤销权，其他主体不得主张或者认定无效，主张撤销。行为的撤销权主要由管委会来行使，但是是否行使该权利，由管委会根据自己的意愿自由决定；在撤销之前还是存在法律效力的，撤销之

后，自成立时当然确定无效。因为法定事由撤销权消灭的，例如法定
除斥期间经过撤销权消灭的，不得主张撤销权。还有一种就是效力待
定的职权行为，就是已经成立，但是因为欠缺行为能力、代理权限或
者处分权，法律效力是否发生不能够确定，还需要其他事实或行为使
得该行为具备完全法律效力的行为，表现为无行为能力主体作出的行
为。按照民法学观点除了纯属获利的或者与其行为能力相适应的行
为，经过法定主管机关追认，行为有效，但是相对人有催告权和撤销
权。法定代表人或者负责人超越权限作出的职权行为，除非行为相对
人知道或应当知道法定代表人、负责人超越权限作出的职权行为以
外，该职权行为有效。无行政处分权的主体，对相关的行政事务作出
处分或者处理的，在处分权归属主体追认以后，或者行为做出以后获
得处分权的，该职权行为有效。[①]

第四节　小结

　　与中国自贸试验区管委会职权运行理论相近的，是行政行为理论，
类似民法上的民事法律行为。但是，行政行为理论存在自身难以解释的
现象和难以解决的问题。后来为了弥补行政行为理论的此种缺陷，开始
有行政事实行为、行政相关行为、行政过程论等学说对行政行为理论进
行完善和补充，或者进行重构。行政行为理论受民事法律行为理论影响
至深，但是对民法学的学习还不够深入；但是综观行政法学论著，精通
民法学理论和行政法学理论的人凤毛麟角。

　　管委会职权的运行主要涉及职权行为的形式、成立、有效、生效条
件、依据、程序和法律效力等。职权行为主要表现为行政行为，当然也
有与职权行使相关的行政事实行为，不具有法律效力的行政指导、行政
协调等行为，这些行为也是职权运行的表现形式，有时甚至比行政行为
更能够达到管委会所要达到的目的或者宗旨。职权行为的成立是个事实
判断问题，主要是管委会或者管委会与相对人两者之间的意思表示真实。
职权行为的有效是个价值判断问题，主要是是否违反法律、法规、规章

---

　　① 马俊驹、余延满：《民法原论》，法律出版社 2010 年版，第 214—217 页。

的禁止性规定或者违反社会公共利益。职权行为成立是有效的前提，职权行为有效但是不一定生效或者立即生效，例如附条件和附期限的职权行为，只有在条件成熟时或者期限届至才生效。与职权行为有效和生效相关的还有无效的职权行为、可撤销的职权行为以及效力待定的职权行为。职权行为运行一般是行为法依据，通常都会忽略组织法依据，但是我国的组织法上又很难找到直接的组织法依据。根据我国的宪法、地方组织法的规定，管委会职权运行可以根据法律解释或者法律授权确定组织法依据，或者至少间接的组织法依据；另外，职权行为运行不一定非得是法律依据，法律法规规章之外的规范性文件也是职权主体依据宪法确定的职权对公共事务处理，由国家强制力作为保障，职权主体与相对人都应该尊重和遵守。管委会职权运行的程序，原则上与一般的行政程序没有实质性的冲突，但是在管委会内部组织间或者对外的程序整合、程序简化等方面存在着不同。当然也有一些必经程序，不存在简化而只存在优化的问题。

第八章

中国自贸试验区管委会职权的变更

中国自贸试验区管委会职权的变更是一个组织法问题，而不是行为法意义上的变更；行为法意义上的变更乃职权行为运行问题。职权变更是除了职权来源意义上的设定、授权和委托之外的职权变化的过程，也不包括职权的撤销。换句话说，就是第一次获得职权以后撤销之前的职权变动的过程。本章旨在对权力变更基本理论进行分析的基础上，对世界和中国自由贸易园区管理机构职权变动的规律进行分析，顺便研究与管委会职权变更相关联的自贸试验区管委会大部制改革问题。

第一节　权力变更基本理论

只有获得了权力以后，才会存在权力的变更，不包括一项新职权的产生过程，也不包括权力的消灭过程，仅仅是指已获行政职权的变动问题。从职权的产生意义上讲，一项职权可能会产生的先后顺序，是一个从无到有的过程，而职权的消灭是从有到无的过程。所谓权力的变更，简单说，就是已经获得权力发生的非实质性的变化过程。

一　民法意义上的权利变更理论

行政法上的职权和职权行为是不一样的，但是有时两者会被学者们混用。两者的理论体系都相当复杂，将两者混淆，只会使得问题更加复杂。权力变更，受民法上权利变更问题的启发，例如物权的变更、债权的变更等。

（一）概述

在民法上还有一个概念叫作权利的变动，包括权利的设立、变更以及消灭。① 所谓权利的设立又叫权利的产生。为自己设立权利的，叫作权利的取得，为他人设立权利的，叫作权利的设定。权利的取得包括原始取得和继受取得。所谓原始取得，是不以他人的意思表示作为依据，而直接根据法律取得权利的方式。所谓继受取得，是指根据他人的意思作为依据而取得权利。继受取得又可以分为创设取得和移转取得。前者是指在自己的财产上为他人设定一定的权利，而他人因此获得相应的权利的过程。后者是指权利享有人将自己所享有的权利通过法律行为的方式移转给他人，他人因此而获得相应权利过程的行为。权利的变更，是指权利客体或者权利内容的部分变化。权利客体的变化，是权利所指向的对象所发生的部分变化。权利内容变更，是在权利内容整体不发生实质变化的情况下，权利范围或者行使方式等方面发生的部分变化，例如期限的长短变化、地役权行使方式发生的变化等。权利主体的更迭以及权利内容和权利客体发生的实质性变化，实际上产生了权利的取得或者权利的消灭，不属于权利的变更。权利的终止又叫作权利的消灭，是指，对权利人来说，丧失了原来享有的权利，包括绝对消灭和相对消灭；前者是指权利已经不存在，后者是指权利从一个主体手中转移到另一个主体手中的过程，作为权利本身并没有消灭，例如通过买卖和赠予发生的权利的消灭。权利变更发生的原因有三个：法律行为、非法律行为以及某些公法行为。

（二）物权变更

物权变更的原因，类似权利变更的原因，同样有法律行为、非法律行为以及某些公法意义上的行为，例如征收。同时物权变动还应当遵循公示原则，因为物权具有对世性和排他性，目的在于保护权利人的权利以及善意第三人的合法权利，维护交易秩序和交易安全。

在导致物权变更的原因行为之中，法律行为是最重要的。因为法律行为导致权利变更的立法表现形式主要有三种。其一，形式主义。物权形式主义认为，负担行为仅仅产生债权变更的法律效果，目的仅仅是发

---

① 马俊驹、余延满：《民法原论》，法律出版社 2010 年版，第 296—297 页。

生变更债权，只有在当事人之间达成物权变动的合意、不动产完成登记、动产完成交付、物权的合意和外部特征的变动相结合才发生物权的变更，而且物权行为或者处分行为的效力不受原因行为、负担行为的影响，物权行为或者处分行为具有独立性和无因性①。其二，意思主义。在物权变动方面，该模式认为，物权的变更来源于当事人双方债权变更的意思表示，物权变更的法律效果是债权合同发生法律效果的内容之一，而且不需要登记或者交付，登记或者交付只是对抗第三人的要件，不是物权变更的成立或者生效要件。其三，债权形式主义。是指权利变更，只需要双方当事人达成合意即可。在物权变更领域，债权变更的意思和物权变更的意思合二为一，不存在独立的物权合意行为，也就没有物权独立性一说。物权变更如果要成立或者有效，还需要进行登记或者交付等才会成就。② 我国采用的是债权形式主义，只需要订立发生物权变更的债权合同即可，物权变更是债权合同生效的表现形式，不需要另外达成物权变更的合意。不动产采用物权变更登记成立模式。动产采用交付成立主义，登记或者交付只是一种公示方法。但是变更物权的合同生效，不一定发生物权变更的效力，如果当事人拒绝履行登记或者交付义务，另一方当事人可以诉诸法院要求强制履行或者请求承担违约责任。非基于法律行为的物权变更，主要包括继承或者受遗赠、强制执行、判决、法律规定、取得时效以及特定的事实行为等而发生的物权变更。这里的行为有些不以登记为生效要件，如征收、继承等，但是因为发生权利的变更，应当申请权利变更登记。

（三）合同变更

合同变更有广义和狭义之分。这里的合同变更，是指在合同主体不变的情况下，对合同内容所作的部分非要素性修改或者补充。合同变更是不包括合同主体变更的。合同主体变更实际上产生一个新的合同关系。合同变更只能是在合同成立以后、完全履行之前。如果合同尚未成立，合同关系还未产生，就不会有合同变更的问题；如果合同已经完全履行，也不会产生合同变更的问题，对于已经履行的合同部分继续发生法律效

---

① 朱启莉：《物权行为无因性之探究》，《当代法学》2003 年第 4 期。
② 马俊驹、余延满：《民法原论》，法律出版社 2010 年版，第 303—304 页。

力，合同变更只是针对尚未履行的部分。合同变更的内容不能是要素性变更，即对合同的构成要素作出实质性变更，而只能是补充性的修改或者非实质性的变更，例如履行的方式、履行的期限。合同变更应当是当事人协商一致的结果，当然也可因为法律的直接规定而发生变更，例如合同法规定在合同成立以后出现了合同成立当时不可能预见到的不是因为不可抗力造成的客观情况，继续履行合同已经不可能或者继续履行合同对一方当事人不公平，而且这种客观情况不是商业风险，那么当事人可以向人民法院请求变更合同内容，人民法院根据客观情况和公平原则决定是否变更合同内容。合同变更要与合同更新相区别。合同更新是合同内容和合同主体的实质性变更，意味着原有的合同关系消灭，而新的合同关系产生，前后合同之间几乎没有什么关系。合同的更新没有法律规定原因而导致合同更新，是当事人合意的结果。如果法律、法规规定变更合同内容需要经过批准或者行政审批手续的，还需要报经批准或者许可，没有报批、报批没有被批准或者许可的，合同不发生变更的法律效力。合同变更以后，对将来的权利义务产生相应的影响，对于已经生效的合同权利义务不产生法律意义上的影响。合同的变更不影响当事人请求赔偿的权利。合同变更对当事人造成损害的，当事人可以请求赔偿；但是因为合同变更，除了法律规定以外，还是双方当事人协商一致的结果，如果合同当事人对于赔偿问题另有协议或者特别规定的，从其协议约定。

二　行政法意义上的权力变更理论

公法意义上的权力变更理论和私法意义上的权利变更理论，从法学理论基础的层面来说，逻辑上还是一致的。但是因为我国公私法的划分以及各自的不同特点，相互之间还是存在着一定区别的，不论是在方式、依据、程序还是效果上都存在着或多或少的差别。

（一）概念与特征

行政法上的权力变更主要是组织法意义上职权变更。这是宪法和地方组织法规定的上下级之间，以及某一行政机关对内设机构间、公权力组织和社会组织间职权内容的非实质性变更，不包括行政诉讼法意义上的司法变更权①。权力变更这里同样有广义和狭义之分。所谓广义的权力变更包括权力主体的变更、权力内容的变更，可能是实质性变更，也可能是非实质性变更。狭义的权力变更是指一项职权成立以后，在完全消灭之前，对职权内容所作的补充性增加或者非实质性的修改。如果一项事务还不构成为一项权力，那么就不会存在权力变更的问题，同样，如果权力已经完全消灭，则不存在权力变更的问题。权力变更不同于私法意义上的权利变更，它的特点在于权力具有单向性和强制性。权力行为的成立与相对人的意志之间一般不存在协商一致的关系，当然也有例外，例如行政合同②或者行政协议。所以，具有单向性的权力变更只需要以行政机关的单方意思作为依据就可以了。

（二）权力变更的要件

首先，权力变更需要有相应的权力关系存在作为前提。如果权力关系已经被有权机关撤回或者撤销，权力关系无效或者溯及权力关系成立时无效，也就不会发生权力变更的问题。其次，权力变更要求有法律的依据。例如，我国的宪法和地方组织法都对国务院、中央行政机关和地方国家行政机关的权力划分，中央行政机关对自身和其职能部门之间的权力关系，地方政府对下级地方政府以及同级政府组织部门之间的权力关系的调整做了规定，上级人民政府和国务院在调整相应的权力关系时具有决定权。再次，权力变更的内容是权力关系内容的非实质性变更。权力关系的主体发生变化，或者权力关系内容发生实质性变化，属于权力关系的更新。权力关系变更已经难以解释所有的这些法律权利义务关系的调整。权力更新实际上意味着原来的权力关系消灭，重新产生了一个新的权力关系，前后权力关系之间没有连续性和同一性，而且权力更

---

① 所谓行政诉讼意义上的司法变更权，是指经过审理，人民法院认为行政处罚明显不当的，或者其他行政行为设立对款额的确定或者认定确实存在错误倾向的，人民法院判决变更，不得加重原告的义务或者克减原告的法定权利。不过，利害关系人同时也是原告而且诉求完全相反的除外。

② 在修改1989年的《行政诉讼法》时，有学者极力主张将行政合同纳入行政诉讼的案件受理范围之内，这一建议最后得到了采纳，不是叫行政合同而是叫行政协议。但是很多行政法学者对此存在着不同意见，也有很多民法学者对此不解，认为行政合同或者行政协议不应当由行政法或者行政诉讼法来规范，行政合同只不过是合同法意义上的合同表现形式之一。这里对于这种争论暂时不作评论，但是也值得关注。

新是更新主体单方意志决定的产物，体现的是行政主体的意思。最后，需要经过法定程序，权力变更如果是立法程序，还需要遵循立法法或者规章制定程序、其他法律法规规章规定制定程序；如果还需要报相关机关审查和批准，应当报批，经过批准以后或者经过行政立法、立规程序以后，以最后的决定向社会公布。

（三）权力变更的效力

权力变更是对权力关系的部分内容进行变更。变更以后，相关权力拥有主体，应当按照变更后的权力关系行使权力。如果不按照变更后的权力进行行政活动，则涉及不作为或者滥用职权，有权机关应当对越权行为进行处理，相关的负责人将会承担相应的法律责任、行政责任或者纪律责任。权力变更以后，没有发生变更的权力关系部分继续有效，变更之前的已经履行的权力行为也继续有效，不受变更后的权力关系的影响。为了保持权力关系的可预测性和法律秩序的安定性，在这里也应当排除溯及既往原则的适用，已经发生的权力关系向未来发生法律效力。权力的变更是行政主体单方意志的体现，但是并不意味着其对变更行为所导致的损害后果，以及变更之前行为不承担法律责任。如果变更之前的行为以及变更之后的权力行为，导致相对人或者被调整机关受到损害或者不利的影响，特别是建立在双方协商一致基础上的行政协议，有些协议主体双方的地位是平等的，不存在所谓的上级和下级的隶属关系，这时更不应该排除或者限制受损害一方请求赔偿，甚至其他违约责任或者其他责任形式的追究。[①] 当然，如果协议双方有例外约定的，就不存在这个问题，也就是说，损害被忍受或者责任因为约定而得到了免除。

第二节　世界自由贸易园区管理机构职权变更分析

世界自由贸易园区对于管理机构的职权变更有着比较成熟的制度设计，一般包括对于职权变更的方式、实质性变更和非实质性变更的具体

---

① 这里存在一个很有价值的问题，就是如果下级人民政府或者政府组成部门因为权力变更导致机关或者部门的公法权力被损害，其是否有寻求公法救济的权利和可能？

表现形式（当然，这里的职权变更是非实质性变更，实质性变更是职权更新的问题）、职权变更的程序、职权变更的标准以及职权变更的法律效力等。

一 美国

美国《对外自由贸易区管理条例》（15 CFR Part 400 – FTZ Regulations）规定，原则上申请对外贸易区的扩张，或者对自由贸易园区做出其他职权的变更，应当向美国自由贸易区委员会提出申请，并获得授权或者批准。在美国，对外自由贸易区委员会下设执行秘书处。执行秘书处在与相关部门进行沟通协商，征求其相关意见以后，应当对申请修改的内容是否属于实质性修改作出决定。如果是对自由贸易园区实质性内容的修改或者是主要内容的修改，就意味着新设立一个自由贸易区，或者是自由贸易区的更新，包括主体的变化、实质性规划内容的变更等，与自由贸易区的权力或者职权的变更是两回事。前者应该走设立程序，满足对外自由贸易区设立所应满足的特殊条件，而该种条件一般都比较复杂和严格。在实质性内容变更中，除非是经济领域，而且具备合理性，在特殊情况下，也可以不用遵循自贸园区设立的程序。美国自由贸易园区的变更属于非实质性变更，对于变更申请应当以书面形式提交。申请、请求的内容应当包括方便执行秘书局分析决定的必要信息或者文件，秘书局应当审查建议变更的内容是否属于非实质性内容的变更。变更的内容还有其他方面，例如对于对外自由贸易委员会对自贸园区的行为限制，以及授权限制内容的修改等。这些修改申请或者请求也应当以书面的形式提交，方便执行秘书局进行审核。如果同样的修改内容具有实质性，应该遵循关于实质性变更申请的评估和审查程序；如果不是，则原则上适用非实质性变更程序。美国的对外自由贸易区非实质性变更，属于首先由秘书执行局作出决定，而且所申请变更的内容不属于对外自由贸易委员会需要作出单独决定的行为。例如，自贸园区的边界变更，区位的调整，并且在特定的期限内以书面决定的形式通知申请人，是否符合特定的变更条件，申请人应当及时将申请或者请求文件的副本，提交给美国的海关和边防局。海关和边防局除非在特定情况下，应当将对申请或者请求文书的意见反馈给执行秘书局。

　　设立自由贸易区分区，除了另有其他规定以外，受让人的申请文书应当包括：设立以后的对分区进行运行管理与运行商、在建议设立分区内行为的性质、设立分区的地址等地理物理信息、符合要求法律规定的一张或者多张自贸园区地图，同时如果法律有特别规定的，设立自贸园区分区的申请还应当满足法律的要求。对外自由贸易园区的扩张、自贸园区分区的设立以及园区其他内容的修改或者变更应当符合特定的标准，方便受让人准备材料，按照要求申请相关的变更行为。在考虑是否批准变更行为时，贸易委员会应当考虑下列因素：其一，在考虑现有的或者正在协商中的贸易相关行为或者就业影响的情况下，在进口口岸设立园区服务的必要性；其二，每一个建议设立的片区及其设施的合理性，包括现有的计划内建筑、园区相关的行为以及片区发展的时间框架；其三，特殊园区变更的特殊需要和合理性；其四，以州或者地方政府支持的延伸；其五，因为建议设立的自贸园区，辖区内的或者相邻的公民法人、其他组织的合法权益受到影响，还应当听取这些利益相关方的意见；其六，如果包括加工生产行为，还应当符合相关生产加工行为的标准。同时在作出变更决定前，审批者还应当进行评估，考虑法律规定的相关因素是否满足，包括组织或者参加执行秘书局计划的听证会，审查纪律包括公共意见，要求提供相关信息或者证据，以及自由贸易区法案、条例所规定的发展中信息或者证据。

表8-1　　美国对外贸易区管理机构职权变更方式及其具体内容

变更方式	具体内容
扩区与边界调整	对现有的自贸园区外围边界向四周扩展，对自贸园区的边界进行调整
设立分区	在现有的自贸园区附近或者其他沿海沿江边境地区，设立一个自贸区分支区域
其他变更方式	除扩区、边界调整，以及设立分区之外的非实质性变更方式，例如对于对外自由贸易委员会对自贸园区的行为限制，以及授权限制内容的修改等

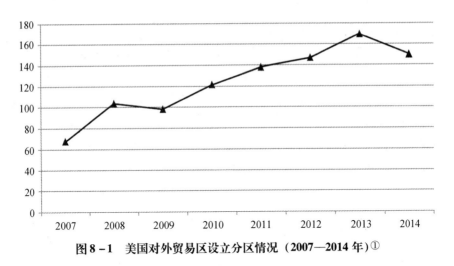

图 8 - 1　美国对外贸易区设立分区情况（2007—2014 年）①

二　韩国

韩国自由经济区设置管理法案中规定，财政和经济部部长可以依职权、依照市长或者知事的请求，改变自由经济区发展项目的细节，通过自由经济区委员会的审查和处理。如果是实质性的事项变更，应当按照实质性事项变更的程序进行，必须经过自由经济区的审核和同意，否则不能实施。至于非实质性的事项变更，则不用经过自由经济区委员会的审核和同意就可以进行改变。但是，该法案对于哪些事项属于重要的事项、实质性的事项，哪些属于非实质性的事项，并没有做出详细的规定，而只是规定非实质性事项由总统令来规定。对于设立自由经济区需要考虑的事项该法案有所规定，通过排除法或者其他解释方法可以得出实质性事项的非实质性变更。原则上实质性事项之外的事项就属于非实质性事项，包括吸引外资或者外商入驻的可能性、地区经济和区域平衡发展的事项、发展成本以及必要自由经济区的安全保证事项、自由经济区的基础设施建设管理事项、自由经济区的称谓区位以及范围、自由经济区内部发展计划的承担者、发展计划实施的方法、保证财政收入来源的方式、土地利用项目或者主要基础设施建设项目、人口调整或者居民服务设施的升级服务、交通管制项目、工业吸引项目的管理、环境保护项目事项

---

① 资料来源：美国对外贸易区—年度报告栏目，2015 年 12 月 26 日（http：//ia. ita. doc. gov/ftzpage/annualreport/ar‐2014. pdf）。

的管理、吸引外资或者建设外商设立的环境项目以及总统令规定的其他事项。一般来说，自由经济区委员会职权范围之内事项的非实质性变更或者自由经济区委员会职权范围之外的事项变更，都属于非实质性变更，要经过严格申请、审查和决定程序，包括自由经济区基本政策制度的非实质性部分以及非基本制度和政策、自由经济区设立、设立的撤销以及设立的改变等之外的事项，涉及自由经济区发展计划内的事项之外的事项，外国公司运行公司业务所需要的行政服务事项非实质性部分以及之外的事项，自由经济区的发展事项之外的事项等。贸易工业和能源部部长修改发展计划的细节，应当公开修改的依据和事项，公开的载体是政府公报。在认为必要时，贸易工业和能源部部长可以请求相关的市长或者知事，将其他必要的事项纳入自由经济区发展计划中。自由经济区所在地的市长或者知事、发展项目运行商可以提交变更职权的申请。该请求或应当向贸易工业和能源部部长提出。部长应当在三个月内告知是否修改的结果，除非有意外事件或者不可抗力的出现。但是对于自由经济区的范围的变化，在韩国特定的面积属于非实质性事项，特定面积之上的变更就属于实质性事项了。韩国经济自由区设立和管理特别法案实

表8-2　　韩国自由经济区管理机构职权的变更方式及其具体内容

变更方式	具体内容
实质性变更	自由经济区基本政策制度的实质性部分以及基本制度和政策、自由经济区设立、设立的撤销以及设立的改变等事项，涉及自由经济区发展计划内的事项，外国公司运行公司业务所需要的行政服务事项实质性部分，自由经济区的发展事项
非实质性变更	自由经济区基本政策制度的非实质性部分以及非基本制度和政策、自由经济区设立、设立的撤销以及设立的改变等之外的事项，涉及自由经济区发展计划内事项之外的事项，外国公司运行公司业务所需要行政服务事项的非实质性部分以及之外的事项，自由经济区发展事项之外的事项

施条例规定的非重要事项变更，是指因为行政区划变更而导致自由经济区名称的变化、特定面积自由经济区的变化、特定面积内土地利用计划和基础设施建设计划的调整、一个单位区域为了发展项目而进行不超过十分之一的人口调整、因为土地和土壤本质而产生的基础设施建设变化、产业转型计划的修改、特定征询事项反馈的变更、道路水网污水处理计划的调整、发展计划实施期限的减少或者最高一年的延期、特定行业收费在十分之一范围内的上下浮动、发展项目运行商的替代以及其他非实质性事项。

第三节　中国自贸试验区管委会职权变更

因为中国没有统一的自由贸易园区国家立法，所以自贸试验区管委会职权变更问题相对国际上的管理经验来说，法律资源供给不足，制度设计比较零散，变更规则、方式、程序和标准等不是很明确。所以，需要对中国自贸试验区的管委会职权变更问题进行细致研究，以便为将来在自由贸易园区国家立法中有所体现。这对于自贸试验区的制度改革创新和先行先试，也具有重要的理论参考价值。

一　中国自贸试验区管委会职权变更的概念与特征

中国自由贸易试验区管委会职权的变更，是指根据管委会或者管委会的设立机构以书面方式提出申请，对管委会职权的非实质性内容进行变更，相关主管机关依法进行审查，并进行简易审查和批准的行为；或者是主管机关依职权主动根据自贸试验区的建设情况、职权运行情况，对管委会职权非实质性内容部分进行主动变更的组织法行为。首先，管委会职权的变更可以是依申请，也可以是主管机关依职权主动提出。如果依申请，应当是以书面形式提交。其次，变更的内容应当是非实质性内容，实质性内容的变更只能是职权更新的问题，类似民法上的合同更新，包括合同主体的变动以及合同构成要素的实质性变动。之所以将实质性变更和非实质性变更分割开来，是因为两者的内容和属性不一样，重要性也就不同，相应也就会对职权变更的标准程序产生决定性的影响，而且这种影响差别比较大，最终的结果就是导致不同的职权变更程序和标准，一个程序和标准相对简单和宽松，一个则相对复杂和严格。再次，职权变更的程序要相对简单一些。申请书的内容和证明文件、审查和批准的步骤以及方式相对简化，这也是受实质性变更和非实质性变更相对分割的影响。同时职权的变更标准也相对简单一些，相比职权的更新，审查幅度和审查强度都会相对较小。最后，职权变更只是发生对将来的法律效力，对于没有发生变更的职权及其行为继续有效。对于依据变更前的职权所作出的行为效果，原则上不受变更后职权的影响，除非溯及既往对相对人更为有利。从法学原理上来说，职权变更不影响相关监督机关依职权、依申请启动监督或者责任追究程序，不会因为职权变更而对职权变更前的行为所应当承担的法律责任而得到豁免。但是，因为我国自由贸易试验区建设经验缺乏，为了鼓励制度创新，免除改革者一定的后顾之忧，所以又设计了责任豁免或者宽容制度，允许试错，宽容失败，保护制度创新的积极性和主动性，为自由贸易试验区的改革营造一个良好的、比较宽松的制度环境。

二　中国自贸试验区管委会职权变更的形式与依据

自贸试验区管委会职权变更的表现形式首先是扩区或者设立分区。在中国，自贸试验区管委会有权向国务院或者自贸试验区管委会的设立机构，申请扩区或者设立分区也就是设立自贸试验区相关片区。例如，原来国务院批准设立的上海自由贸易试验区主要有 4 个特殊海关监管区域，一共 28.78 平方公里。2014 年，国务院将上海自贸试验区面积扩展至现在的 120 平方公里。这里的扩区，实际上是设立相关片区，也就是分区。如果宽泛来说"扩区"其实也还可以，但是严格来说，扩区应当是原来完整的自由贸易试验区区域外围边界的扩展、设立分区，即在原来的自贸试验区范围之外划定一定区域，实施特殊政策，作为原来自由贸易试验区的分支，或者作为原来自由贸易试验区的组成部分。其他非实质性变更表现方式，主要为向相关主管机关申请对于自贸试验区的行为或者经营活动限制、对于相关机构的授权内容（包括授权对相关行为的限制和补充）的修改，以及将来通过批准以后，对设立自由贸易分区进行的运行商或者使用人的名称，所要申请设立、扩展的分区或者扩展区的详细地址以及地理位置的调整。此外，还有因为行政区划的变更而导致相关自由贸易试验区相关名称的变更、一个发展计划所涉及单位的区域面积调整、以及因此而导致的土地利用计划和主要基础设施的利用计划的调整、产业转型升级等经济计划或者规划的调整、城市环境保护方面的计划或者规划的调整、自贸试验区相关规划计划所确定的项目发展时间表调整①、环境影响评价征询意见中的非实质性细节调整、相关行政事业性收费的小幅度的调整、对相关发展计划或者特定区域运行商的调整②等。因为我国的制度建设还相对比较滞后，而且自由贸易试验区的建设也就是五年时间，还没有太多相对比较成熟的经验，但是地方立法的实践还是有一些共性的。借鉴国际上的立法和职权变更的经验，大致也就是上诉几种类型。而这些大都来自全国人大常委会、国务院及其部门、

表 8 - 3   中国自贸园区管委会职权变更的方式与具体内容

变更方式	具体内容
扩区	自贸试验区管委会有权向国务院或者自贸试验区管委会的设立机构申请扩区
设立分区	在现有的自贸试验区附近或者沿江、沿海、沿边地区设立自贸试验区相关片区
其他变更方式	对于相关机构授权内容的修改、以及将来通过批准以后对设立的自由贸易分区进行运行商或者使用人的名称的变更，所要申请设立扩展的分区与展区的详细地址以及地理位置的变更，因为行政区划分的变更而导致相关自由贸易试验区相关名称的变更、自贸试验区相关规划计划所确定项目发展时间表的调整、环境影响评价征询意见中非实质性细节的调整、相关行政事业性收费小幅度的调整等

① 一般来说，对自贸试验区内的发展计划或者规划所规定或者承诺的时间或者期限，如果是对相对人有利的可以增加或者减少，没有特殊的限制；但是如果这种调整因此对相对人造成不利影响的法律后果的，则应当有所限制，对于承诺期限的调整应当控制在一定的幅度之内。

② 对运行商的调整，包括取消对运行商的授权，以一个新的发展计划运行商替代已经存在的运行商，或者对运行商的授权进行特定范围内的调整。

地方人大常委会、地方政府及其部门的职权设定或者授权委托。作为职权的来源，一般来说允许自贸试验区自身对职权进行相应的调整，但是这是影响非常小的变更。地方政府或者自贸试验区所在地市级自贸试验区推进工作领导小组，或者自贸试验区省级推进工作领导小组，国务院部级联席会议就可以对职权内容进行调整了，不需要复杂严格的程序，不需要制定法律、法规和规章，也不需要对法律、法规和规章进行实质性的修改，一般表现为决定批复、命令或者其他规范性文件。作出这些行为的依据就是法律、法规、国务院的决定、部门规章和地方政府规章。这些是试验区职权来源的依据。调整也是在职权存在以后，才会有调整的问题，所以也要以之作为调整的依据。

三　中国自贸试验区管委会职权变更的标准

相关主管机关审查自贸试验区管委会的职权变更申请，应当考虑必要的因素或者标准，然后做出最后的决定，以批准自由贸易试验区扩区、设立分区以及对自贸试验区管委会其他职权进行非实质性的调整。这里的标准主要是对自由贸易试验区职权变更内容的"非实质性"进行认定，一般有三种方式。其一，列举式。所谓列举式，就是对于那些属于非实质性变更，或者非实质性变更的外延、表现形式，在立法的时候或者做出决策的时候，采取一一列举的办法。列举式的好处就是可以一目了然，对于法律规定非实质性变更，可以直接适用，一般不会面临着被质疑或者否定的风险，但缺点就是对于没有列举的事项如何判断缺乏统一的标准，相关主管机关在审查时要么裁量权很小，不敢行使应有的职权，或者裁量空间过大，将实质性的变更当作非实质性变更对待。其二，概括式。概括式就是对于如何判断非实质性变更，在立法上规定抽象的判断规则，不对职权变更的表现形式进行列举，方便了主管机关做出具体裁量，有一个原则、规则指导或者约束，缺点是不利于主管机关清晰明确地把握职权变更现象，可能会产生诚惶诚恐、畏首畏尾的状态或者结果。其三，列举加概括式。这种方式笔者认为是最好的方式，兼具了列举式和概括式的优点，一方面清晰直观明确，另一方面也有原则和抽象规则指导。在此基础上，按照非实质性变更的立法集中或者分散程度，又可以分为分散立法式和集中立法式。分散立法式是不同的法律对于非实质性立法的标准分别进行了规定，形成了一个完整的体系，可能也是因为立法技术不断完善和自贸园区的发展变化，积累了一定的实践经验以后，上升为立法。集中立法式，是在立法时就考虑了各种情况，对实践中出现的各种问题统一进行了列举和概括，能够满足自贸园区职权变更的制度需求。① 主管机关在审查时，一般还要在结合国际贸易相关的行为或者就业影响、职权变更的适应性、兄弟自贸试验区的职权变更情况、相关的政府支持以及因为职权变更可能会受到影响的利害关系人意见的基础上，进行综合判断，得出合理客观科学的结论。

四 中国自贸试验区管委会职权变更的程序

职权变更一般经过三个程序，包括职权变更的申请、职权变更申请的审查以及对职权变更的决定。首先，自贸试验区管委会或者管委会设立和管理指导机构，先就自贸试验区职权变更的必要性、可行性形成书面报告，提交相关的主管机关。在我国，这些主管机关相对来说比较庞杂，对自贸试验区管委会下放过经济社会管理权限的机关都是相关事务方面的主管机关。如果涉及其他部门还应当征询其他部门的意见，决定是否属于重大事项的变更。在我国市级层面、省级层面、国家级层面制定批准的自贸试验区发展建设总体规划中都有规定，对于重大的改革事项，自贸试验区应当及时向建设总体方案的机关请示报告，但是在自贸试验区上面有直辖市和国家两级，或有所在地的市、省级政府和国务院三级，这就有着对重要性问题进行层次划分的必要，或者将来也可以考虑以后自贸试验区管理机构由国务院统一设立、统一管理，职权变更也统一由国务院或者国务院的专门机构管理和批准。这样就减少了条条块块的管理体制对自贸试验区管委会的改革创新建设任务所形成的杂乱制约。申请设立分区的书面文件应当包括片区运行商的情况、片区行为的性质、地理信息和地区等信息。对申请的评估程序相对比较简单，只需

---

① 这种情况发生在发展中国家的比较多，因为发展中国家一般都是先设区后立法，所以实践经验相对比较丰富。发达国家因为法治建设比较健全，一般都是先立法后设区，所以立法会随着自贸园区的发展而发展，而且是立法引导改革，立法先行。

要主管机关的相关内设机构作出决定就行了，不需要主管机关启动其职权程序作出相应的职权行为。该主管机关的内设机构或者相关办事机构所作出的决定应当是书面形式，最终决定及时送达相对人，告知审查的结果。如果涉及其他部门的职权的，申请人还需要将申请文件副本送交相关部门；或者由牵头部门的内设机构转交相关部门征求意见，其他部门提出的意见应当反馈给牵头机构，牵头机构根据相关方面的意见综合考虑作出最后的决定。因为是非实质性变更，就不需要经过评估、听证、主管机关集体讨论、公开征求社会意见等类似自贸试验区设立的申请和实质性变更审查的程序。

五　中国自贸试验区管委会职权变更的法律效果

自贸试验区管委会职权变更依法成立以及符合法定有效条件以后，受到国家法律认可和保护，具有相应的法律效力。首先，职权变更行为一经成立就被推定为合法有效的，除非经过法定有权机关作出相应的审查和决定，认定职权变更无效，包括自始无效、效力待定的职权变更行为的效力被有关主管机关否定，意思表示与职权变更审查机关的真实内心意思相矛盾的，或者不真实、不一致的，有撤销权的机关可以行使撤销权，撤销以后溯及职权变更行为成立时无效。如果职权变更审查主体，或者有着撤销权的主体，不行使撤销权，再或者经过一定的除斥期间不行使撤销权，则职权变更行为继续有效。其次，具有确定力，依法成立被推定有效的职权变更行为是确定的、不受挑战的，任何机关团体和个人都应当予以尊重，相对人对该行为不可以提出变更或者撤销的请求，同时作出职权变更行为的机关也应当受到自己做出的法律行为效力的约束，不得任意撤销或者变更自己作出的职权变更行为。最后，经过推定有效的职权变更行为，因为具有确定力，相对人和行政主体都受其拘束，不得任意变更或者撤销，或者提出变更、撤销的请求。这就要求该职权变更行为确定的内容应该得到执行。如果没有得到落实，那么职权变更行为就是一纸空文，所谓法律效力也就失去了最重要的作用。当然有效的职权变更行为，不一定生效或者立即生效。例如，对于成立时根本无效的变更行为，或者因为职权变更的主体不存在，标的已经消失，就不会发生生效的问题，对于效力待定的行为被否定效力也就没有法律效力了。当然还存在已经生效的法律效力发生效力消灭的问题，例如，可撤销的职权变更行为被撤销、职权变更行为的期限已经终止、任务已经完成等。这里仅仅简单提及，本书第九章会专门论述自贸试验区管委会职权的终止或者消灭问题。对于依据变更前的职权作出的行为，继续发生法律认可的效力，不因为职权的变更而无效，自贸试验区管委会和相对人都应当尊重和遵守，不得任意变更和撤销，或者以其他方式对法律效力的确定性、合法性进行质疑和挑战。当然这也不是绝对的，如果职权变更行为的内容目的就在于溯及既往，而且这种溯及既往对公共利益或者相对人来说都没有不利影响，应该允许职权变更行为效力溯及之依据变更前的职权所作出的行为。但是职权变更溯及既往，或者不溯及既往，都不影响法律责任的追究。如果职权变更前的行为违法或者变更后的行为违法，相关的监督机关可以依法启动责任追究程序，追究因为职权变更行为，对公共利益、相对人、利害关系人的合法权益造成不利影响的相关机构的法律责任和纪律责任或者政治责任。

第四节　小结

在民法上，类似职权变更行为的是物权变更以及合同变更等权利变更行为。物权变更，是指在物权主体不发生变化的情况下，对物权内容和客体等进行的非要素性变更。这种变更发生在物权行为成立以后，以及效力完全消灭以前。物权法上还存在着物权变动的概念。所谓物权的变动是指物权的产生、变更和消灭的问题。变动是变更的上位概念。发生物权变动一般有三个原因。一个是法律行为，如移转、赠与等行为；一个是非基于法律行为以外的事实行为；最后，还有某些公法上的原因，例如征收。物权发生变更以后，需要进行公示，包括登记，但是也不一定，有些行为不需要进行公示，仍然可以发生物权变更的效果。物权变更以后的效力，应当得到尊重和遵守。对于变更前的物权行为继续有效，物权的变动影响追究相关责任人的法律责任。合同变更，是指在合同主体不发生变化的情况下，对合同内容和客体进行的非实质性变更。合同变更的原因，有法律行为，也有非基于法律行为以外的事实行为，以及某些公法上的行为。合同更新的特点、原因和效果与物权变动大致类似。需要指出的是，合同变更不同于合同更新。合同更新是合同主体和内容的实质性变化，实质上是产生一个新的合同关系，前后合同关系之间没有连续性。行政法上职权变更行为，稍显不同，是因为受民法影响，但是对民法的理论和实践又认识和掌握得不够，所以对于职权变更行为有着不利于跨学科交流的现象，不过也有学者参照民法，对行政法的权力变更行为理论进行调整。这应当是一个趋势，在强调公法特殊性的同时，基本的法学理论还是应该坚持的。

国际上对于职权变更的立法模式，有列举式、概括式和列举加概括式；有集中立法模式，也有分散立法的模式。建议在我国将来制定的自由贸易园区国家立法中，对自贸园区管委会职权变更进行规定，界定清楚职权变更的概念，将职权变更界定为职权的非实质性变更，将非实质性变更和实质性变更分割开来，适用不同的制度。实质性的职权变更与自贸园区管委会职权的来源类似，应当将实质性变更和自贸园区的设立设定成统一的程序和标准。至于非实质性变更，仅仅指的是职权主体不变的情况下，对职权内容和客体做出的非要素性变更，包括扩区、设立分区、名称的变化、经济发展城市规划和基础设施建设以及环境保护、相关项目或者规划承诺的时间或者期限的变化、行政收费的适当变化等。建议将来的自贸园区以及可能继续批准设立的自贸园区，统一由国家进行管理，由国务院设立专门的机构或者委员会，或者归口到相关职能部门进行管理，消除设立运行管理等过程中条条块块对自贸园区建设发展的杂乱限制和制约，提高自贸园区改革创新的效率积极性和主动性。建议非实质性变更由将来的自贸园区中央管理机构执行或者秘书办事机构来进行审核和批准，授权其必要的权限，设置简易的程序和宽松的标准。自贸园区变更以后的职权受到国家承认和保障，对将来发生法律效力，对于依据变更之前的职权做出的行为继续有效，对公共利益和相对人有利的，也可以溯及既往，但是并不因此而减轻或者豁免职权变更主体的责任。因为我国自贸试验区建设经验缺乏、时间短暂，为了提高改革创新的积极性，需要允许试错、宽容失败，对于因为一般过失、轻微过失或者无过错造成的失败应当容忍。因为故意或者重大过失造成的不利后果例外，此种情况下，不影响监督机关依法追究相关机构法律、政治和纪律责任。①

---

① 具体可参见 2016 年 6 月江苏省委出台的《关于建立容错纠错机制激励干部改革创新担当作为的实施意见（试行)》，该文件强调在全面从严治党的背景下，为敢于作为的领导干部提供良性的制度环境。

第 九 章

中国自贸试验区管委会职权的消灭

　　行政法学上的权力消灭理论和民法学上的民事权利消灭理论不太一样。行政法学的分析相对比较简单，只是将已经生效的合法行政行为效力的消灭叫作撤回，已经生效的违法行政行为法律效力的消灭叫作撤销，但是这并不能解释所有的问题。在民法上，民事法律关系消灭与民事法律关系消灭的原因是不同的；引起民事法律关系消灭的客观现象叫作民事法律事实，包括行为和事件。国际上自贸园区职权的消灭，一般是实质性事项的消灭，包括职权关系的主体和职权关系的内容的消灭，程序也比较严格，有利于我国未来制定相关法律或者处理职权消灭实践问题作参考之用。

第一节　权力消灭基本理论

　　权力的消灭是一种结果，而不是一种行为。这里不能将一次性的行为和状态相互混淆。也就是说，权力消灭不是行为，导致权力消灭的客观现象才是行为。当然客观现象不只包括行为，还包括不以人的意志为转移的事件，行为和事件共同构成权力消灭的原因，或者叫行政法律事实，经过法律认可以后产生权力绝对消灭或者相对消灭的法律后果。在民法上与此相近的是民事法律关系消灭或者失效理论，包括民事权利的消灭。民事法律关系的消灭理论，特别是民事权利的消灭理论，对于公法上的权力消灭理论具有重要的借鉴价值。

一 民法学上的权利消灭理论

民事法律关系有产生、变更和消灭之说。民事权利是民事法律关系的基本构成部分，民事法律关系的消灭理论同样适用于民事权利的消灭。这些理论或者原理主要包括民事权利消灭的原因，也就是民事法律事实，以及民事权利消灭的法律效力等。

（一）概念与特征

民法上存在着民事法律关系的消灭或者终止理论。民事法律关系的消灭是指特定的民事权利义务关系的终结或者终止，包括绝对消灭和相对消灭。所谓绝对消灭，是指民事法律权利义务关系因为客体的消灭而消灭，不复存在。相对消灭是指民事法律关系发生了转移，只是民事归属主体发生的变更，民事法律关系的内容并没有消失。民事法律关系的内容包括民事权利，也包括民事义务。职权类似民法上的民事权利，职权的消灭类似民事权利的消灭。这里最相近的是物权的消灭，以及合同的权力义务的终止理论。导致民事权利发生消灭的客观情况叫作民事法律事实。民事法律事实是引起民事法律关系产生、变更和消灭的原因，既包括行为，也包括事件。[①] 民事法律事实的认定是以民事法律规范为依据的，并不是所有的客观情况都是民事法律事实，只有民事法律规范所认可的客观情况才是民事法律事实。导致民事法律关系消灭这样一种状态或者结果，不是没有依据的，只有依据民事法律规范，符合民事法律规范所规定的构成要件，才会产生消灭的效力。只有民事权利产生以后，法律规定的消灭事由或者民事法律事实发生的情况，才会产生民事权利消灭的法律效果，否则就不会发生权利消灭的问题。同时，如果民事权利已经消灭，也就不会存在"消灭"之"消灭"的问题了。权利消灭以后，原来已经存在的民事权利要么绝对消灭，在客观上已经不存在了，或者民事权利发生了移转，从一个主体转移到另一个民事主体手中，权利主体以外的人，包括原来的权利人都应当尊重民事权利发生移转的后果，例如债权的让与就是如此。

---

① 王轶：《论民事法律事实的类型划分》，《中国法学》2013 年第 1 期；李沫：《民法学法律事实的概念梳理》，《中共山西省委党校学报》2011 年第 3 期。

（二）要件

民事权利消灭，首先需要民事权利已经产生，而且合法有效，同时存在为法律所认可的，能够引起民事权利绝对消灭或者相对消灭的行为、事件发生，两者互相结合，否则，不产生民事权利消灭的效力。

1. 民事权利合法有效

民事权利的消灭，是以民事权利的存在以及合法有效作为前提条件。如果民事权利根本就没有产生，或者被宣告无效、被撤销或者被解除，那么就没有权利消灭的问题。如果导致权利消灭的行为无效，则行为人应当对合法权益因此而受到损害的当事人承担相应的法律责任。

2. 民事法律事实存在

民事法律事实是依据法律规定能够引起民事法律关系产生、变更和消灭的客观现象，是引起民事法律关系变动的原因。因为民事权利是民事法律关系基本构成部分，所以民事法律事实也是引起民事权利消灭的原因或者客观现象。这种客观现象主要表现为行为和事件。行为是以人的意志为转移的客观现象。事件是引起民事权利消灭的客观现象或者与人的意志绝对无关；是由于人的意志所引起，但是不受人的意志所控制，其发展和变化不以人的意志为转移的客观现象。① 行为是受人的意志控制的行为，或者至少是有意识的行为，才会是民事法律事实意义上的行为，没有意识的行为不是行为。例如，梦游，在不受自己意志控制的状态下所做出的动作，就不是行为；吸毒醉酒状态下所做出的动作，则不属于无意识的行为。行为人是否饮酒和吸毒是能够控制的，对于吸毒和饮酒以后可能导致的结果是有一定认识的。认识到吸毒和饮酒可能会产生一定不利后果，仍然选择或者自愿选择吸毒和饮酒，就意味着主观上存在着过错，客观上做出了一定的动作，引起一定的不利后果。在该行为和后果之间存在着因果关系，行为能够引起后果的发生，就应当由对其主观过错和受主观意志控制行为所导致的不利后果，承担法律上的后果。根据法律对行为的性质或者主观判断，可以分为合法行为和不合法行为。

---

① 李敏、张檀琴：《民事行为和法律行为的概念内涵》，《山西大学学报（社会科学版）》2010 年第 1 期；王冠玺：《法律行为、民事行为、民事法律行为概念辨析——及对民法总则制定的启示》，《求是学刊》2015 年第 5 期。

合法行为，是指符合法律规定的有效要件的行为。不合法行为，是指不符合法律规定有效合法要件的行为。根据行为人的意识状态，可以分为表示行为和非表示行为。前者是指民事法律行为以及准民事法律行为；非表示行为又叫作事实行为，即行为人没有引起法律上的权利义务产生消灭的意思，但是因为法律的规定该行为导致了权利消灭的法律效果。表示行为和非表示行为都存在着合法和非法之分。根据行为的积极程度，又可以分为作为和不作为。事件有相对事件和绝对事件之分。所谓绝对事件，是指该事件的发生不以人的意志为转移，也不是由于人的主观意志所引起的，而是自然现象，例如自然灾害、人的生老病死、时间的经过等；相对事件是指，事件是由于人的主观意志所引起的，但是事件的出现在相应的法律关系中，是不受人的主观意志控制的。相对事件的存在就意味着事件和行为的分界不是特别明显，受人主观意志控制的行为，对其直接引起的法律后果来说是行为，但是对于其间接引起的结果来说就是事件了。这里的客观现象是能够引起民事权利消灭后果的客观现象，如果不能够引起民事权利的绝对消灭或者民事权利的相对消灭，则不是民事法律事实，没有法律上的意义。

3. 符合法定程序和法律规定的形式

因为，民事权利消灭涉及相关原权利所有人的权利绝对消灭或者移转给他人，例如债权转让因为涉及债权人的债权得失问题，所以应当征得债权人的同意，以及在法律规定的时间范围内及时通知债务人①，否则不发生债权让与的效力。民事权利消灭道理是一样的，同样需要遵循法律规定的征得当事人同意、告知利害关系人等程序，需要国家相关部门批准的还需要报经批准，需要登记的报经登记，否则不发生民事权利消灭的效果。对于民事权利消灭的有偿性问题，我们国家原先规定合同转

---

① 在债权让与活动中，对债务人产生了一定的影响，应当对债务人的合法权利进行保护，限制债权人的债权让与行为。有的国家规定债权让与实行同意主义，即转让债权应当征得债务人同意才发生债权让与的效力；也有些国家实行通知主义，即债权让与只需要通知债务人即可，不需要征得债务人的同意，即可发生债权让与的效力。我国民法通则原来规定，债权让与应当征得债务人同意，后来合同法修改了民法通则的规定，债权让与只需要通知债务人即可发生债权消灭的效力。当然，一些证券的让与我国法律规定不需要采取通知的形式。对于债权让与，如果是达成书面协议的债权合同应当是以书面形式通知，但是口头形式也应当是被允许的。如果法律、法规另有规定的从其规定。

让不得以有偿为目的，否则转让合同无效。但是民事主体在民事权利消灭活动中，是正常的市场经济活动，获得合理的报酬是应当允许的，不然经济活动就失去活力。可以说，绝大多数市场经济活动都是逐利的，限制民事活动的逐利性就失去了市场经济活动发展的活力。但是对于某些没有实质交易内容，而非法买卖合同，赚取非法暴利的，应当认定转让行为无效或者原因行为无效，不发生民事权利消灭的法律后果。

（三）法律效力

民事权利消灭发生绝对消灭和相对消灭的法律效力。所谓绝对消灭是指，作为民事权利的客体已经不存在，而民事权利没有存在的载体或者对象，也就没有任何民事权利可言。对于相对消灭而言，则有对内效力和对外效力两部分。对对内效力而言，民事权利由原所有人转让给受让人，如果是全部让与，则受让人取代原所有人成为民事权利的所有人；如果是部分让与，则受让人和原所有人共同拥有民事权利的所有权。民事权利的相关证明文件应当全部移交给受让人，如果是部分让与，则依据当事人的约定而定。民事权利移转于受让人的同时还应当将主权利的从权利一并移转于受让人，但是具有人身属性的从权利除外。民事权利让与人对让与的民事权利负瑕疵担保责任，有偿转让的让与人不负责任。如果当事人协议免除该责任，在让与人故意不告知的时候无效，无偿让与的，让与人不负瑕疵担保责任。但是因为故意不告知受让人的，对因为民事权利的瑕疵所造成的损害负赔偿责任，在民事权利让与成立时，受让人有过错的，也就是明知道权利有瑕疵的，让与人同样不承担担保责任，同时除非另有约定，让与人对民事权利义务人的义务履行能力不负担保责任；让与人不得对民事权利重复让与，对于让与民事权利的通知不得撤销，但是经过受让人同意的可以撤销。对外效力，就是民事权利让与人、受让人和民事义务人之间的关系，民事权利发生让与以后，让与人不得向义务人行使权利，义务人不得向让与人履行义务，受让人成为新的权利所有人或者共同所有人，可以主张权利，民事权利让与时，义务人对让与人的抗辩事由也可以向受让人主张，不论该权利让与是否成立和有效。

二 行政法学上的权力消灭理论

行政法学上的权力消灭理论是不完整的。行政法学上认为行政行为效力的消灭，包括行政行为的撤销和行政行为的撤回。这只是对已经生效的行政行为合法或者违法层面上的理论探讨，并不周延，难以涵盖所有权力消灭的所有原因行为情形，相比民法上的权利消灭理论还比较浅显和粗糙。

（一）概念与特征

行政法学上的权力消灭理论是指，公权力被认定为无效、被撤销或者被解除，所设立的公法义务已经完全履行或者法律法规规定的其他行政法律事实的出现，所引起的法律后果方面的理论。权力消灭发生在权力已经成立并且合法有效，或者被推定为合法有效以后。如果权力尚未成立，并不为法律所承认，根本不存在权力，也不存在权力被推定为合法有效的问题，本身就是没有权力依据，是越权行为。但是公法行为具有已经成立就被推定为合法有效的法律效力，也就是公定力。只有合法有效或者被推定为合法有效，之后才会有法律效力消灭的问题。产生权力消灭的法律效果，必须有一定的原因存在。民法上，将法律规定的依据法律能够引起民事法律关系产生变更的客观现象叫作民事法律事实。在行政法上，也存在着依据法律法规能够引起公权力产生变更和消灭的客观现象，也可以称为法律事实，即行政法律事实，包括行为和事件。法律、法规规定权力消灭必须遵循一定的程序或者方式，应当按照法律、法规规定的程序和方式，例如规定需要报经审批的，应当报经审批，认为需要进行公示或者告知相关利害关系人的，应当及时以合理的方式进行公示或者告知相关利害关系人。权力变更分为两种：一种是绝对消灭，也就是权力关系客观上不复存在；另一种是相对消灭，就是权力转让给其他主体，作为权力关系的内容还继续存在。

（二）构成要件——推定为合法有效

一般情况下公权力是合法有效的，或者被推定为合法有效。行政法理论认为如果一个行为自成立时起，就不符合法律规定的有效要件，那么就是无效行政行为，无效行政行为自始无效、确定无效而且绝对无效。因为无效就不会发生法律效力消灭的问题。单从应然的角度，这个说法是有道理的，但是法律的审查以及理论者的研究总是滞后的。权力行为产生以后，相关主管机关或者司法机关不可能同时进行审查。行政行为不同于其他行为，为了维护行政权力的权威，保障行政行为的效率，其已经作出就被法律推定为合法有效，只要没有被有权机关确认无效。但是在被确认无效之前，还是被推定有效，还是有推定的法律效力在事实上存在着。即便是合法有效的，如果没有经过认定，恐怕也不好说是合法有效的。从认定合法有效的机构权威性角度来说，不论是事实上合法有效，还是即使不是合法有效，但是被推定为合法有效，都可以理解为是推定的法律效力事实存在着，所以确认无效也是导致权力消灭的原因。其实有些学者可能还犯了一个错误，就是将无效行政行为等同于行政行为无效，无效行政行为肯定无效，但是行政行为无效的原因不仅仅是无效行政行为。除此之外，还包括行政行为的撤销以及被解除，行政事实行为以及相关的事件。① 这个问题接下来会分析。

（三）构成要件——行政法律事实

行政法律事实是指能够引起行政法律关系产生、变更或者消灭的客观现象。权力消灭是行政法律关系消灭的一种表现形式。所以行政法律事实也是引起权力关系消灭的客观现象，前者是后者产生的原因。行政法律事实包括行为和事件，区分的标准就是是否受人的意志支配。行为是受人的意志支配的活动，至少是有意识的活动，没有意识的活动不是行政行为。按照法律对行为的价值判断，有合法有效的行政行为，有违法无效的行政行为。根据行为主体是否有导致法律上权力关系消灭的效果的主观意识，可以分为当事人主观上想以自己的行为发生权力消灭的结果，该行为根据法律也发生相应权力消灭的结果之表示行为，以及非表示行为。所谓非表示行政行为，是指行为人主观上并不想产生权力消灭的法律后果。但是结果因为该行为的产生，根据法律的规定，却引起了法律上权力关系的消灭。不论是表示行政行为还是非表示行政行为，都有可能因为符合法律规定的强制性要求以及符合公共利益而合法有效，或者相反而违法无效。根据行为人主观上的积极状态，可以分为行政作

---

① 章志远：《现代行政法基本理论》，法律出版社 2014 年版，第 300—304 页；马俊驹、余延满：《民法原论》，法律出版社 2010 年版，第 202—203 页。

为以及行政不作为。行政作为是指有法律上的行为的义务，积极主动履行该义务的活动；行政不作为，就是有法律上作为的义务，却不积极履行法律上的义务的行为。在行政法上，对于行政行为效力的消灭认为有两种原因行为；一个是行政行为的撤销，另一个是行政行为的撤回。所谓行政行为的撤销是指，违法的行政行为推定有效以后，经过有权机关按照一定程序和职权消灭其法律效力的行政决定；行政行为的撤回，是对已经成立的合法行政决定作出的消灭其法律效力的行政行为。此处的撤回与撤销与民法上的撤回和撤销概念不同。民法上的撤回，是指意思表示还没有到达对方之前，或者到达对方的同时取消该意思表示的通知，例如承诺的撤回（此时承诺不发生效力）和要约的撤回。所谓撤销，是指在特定的意思表示发生效力之后，想要使得该意思表示的法律效力消灭的意思表示，例如要约的撤销。相比之下，行政法上的撤销和撤回实际上都是民法上撤销的意思，除了撤销还有其他行为导致权力消灭，例如前面提到的被确认无效以及被解除，还有权力存在的目的已经实现、期限已经届满等。除了行为之外，还有事件，这里的事件不是人的行为引起的事件，而是人的意志所引起的，但是不因人的意志为转移的事件，包括我国引起的、针对我国的战争行为，核恐怖活动以及内部的暴乱等这些因为人的行为所引起，但是不受人的意志所控制的事件。

（四）法律后果

因为引起权力消灭的原因行为的不同，相应的法律效果也不同。被确认无效的行为被视为自始无效、绝对无效和当然无效，也就是自成立时起就不发生效力。推定为合法有效的法律效果，被有关机关所推翻，因此而发生的变化应当恢复原状，因为推定行为而导致合法权益受到损害的，利害关系人可以请求赔偿，但是应当受到法定期限的限制，被撤销的行为也被视为自成立时无效。这与无效行政权力行为的效力大致相同，因为被解除而导致权力消灭，已经生效的权力关系要么客观上不存在，要么移转给其他主体，因为期限届至，已经丧失了继续行使职权的法律依据，因此而导致权力消灭。还有就是法律规定权力存在的目的和宗旨已经完全实现，权力自动消灭。权力消灭，对内而言，被取消权力的人不得继续行使权力，需要移交相关证明文件的应当及时移交，因为权力消灭之前依据该权力而作出的行为继续有效。涉及权力归属的主体的后续行为，由作出权力消灭行为的主体或者继受权力的主体参与、承担相应的法律效果。对外而言，其他相对人和组织或者团体应当尊重这种权力消灭的效果；但是对于行政机关的监督机关而言，不发生此种效力，反而可以对该权力消灭行为是否合理合法进行审查。按照权力消灭的范围，又可以分为全部消灭和部分消灭。全部消灭，即权力关系整体客观上不复存在，或者整体移转其他主体；部分消灭，即其他主体获得移转的权力而成为权力的共同行使者，或者权力关系的一部分在客观上不复存在。按照权力客观上是否存在，分为绝对消灭和相对消灭。所谓绝对消灭，是指权力关系的客体已经不存在；所谓相对消灭，是指权力关系的客体和内容仍然存在，只是权力归属主体或者行使主体发生了变动。权力关系的消灭不影响对相关责任人追究责任，如果权力消灭前，依据职权所做出的行为对公共利益产生了不利影响，或者对相对人或者利害关系人的合法权利造成了损害，再或者存在对公共利益以及相对人或者利害关系人合法权利造成损害的可能。有关机关或依职权或依申请，可以相应地启动责任追究程序，对相关责任人追究相应的法律、政治或者纪律责任。

第二节　世界自由贸易园区管理机构职权消灭分析

国际上自由贸易园区管理机构因为性质的不同，管理机构职权消灭的方式也就不太一样。政府主导型的管理机构就表现为政府所获授权的消灭；企业主导型的管理机构，则表现为相关主管部门对运行商许可证的取消。不论怎样，这种职权的消灭都可以归结为对职权内容实质性的变更，或者职权主体的替换，即职权的更新以及职权的绝对消灭。因为职权客体的消灭而不复存在，所遵循的程序一般适用自贸园区的设立程序，相对来说比较严格和复杂。

一　美国

在美国管理机构所获得的授权，不允许进行买卖、让与和委派等。但是在获得联邦授权的情况下，州政府或者地方政府可以和私营公司签订协议，将政府的经营管理职权转交给或者让与私营公司，由私营公司统一对自由贸易园区进行管理、运营和维护。① 在特定情况下可以取消对对外贸易园区管理机构的授权，如果受让人违反了法律规定的职责，包括任何一条职责，主管机关都可以取消部分授权内容，或者取消全部授权内容。这种取消不是任意的，应当经过法定的正当程序，授权机关应当给予 4 个月对外公示的期限，4 个月以后才能够做出相应的决定，进行以后的程序。受让人有权提出听证，授权机关也应当向受让人提供听证程序和机会，同时通知自贸园区内的所有运行商，如果受让人提出申请或者主管机关认为必要的时候举行听证会。然后根据案卷排他性原则做出相应的决定。如果在此之前已经提交相关证据材料，主管机关应当将该证据进行整理以后记录在案，随授权取消决定一并送达受让人。在主管机关因为法定原因取消对自由贸易园区的授权程序当中，应当有相关利害关系人的参与，听取利害关系人的意见，设置行政证据的提出和认定程序，合理合法认定行政证据，在证据的基础上作出相关的决定。为了客观依法举证质证认定证据，必要时还可以寻求相关法院的帮助。主管机关对受让人的取消授权决定应当是终局的，除非在法定时间内，受让人向上诉法院寻求救济，这种诉讼行为，应当是书面形式提出的，因为该诉讼程序，使得已经作出取消授权的决定暂时被搁置，也就是停止执行，也可以概括为诉讼停止执行原则。法院的办事员或者书记员应当立即将案件相关材料复件通知送达被告，也就是相关的主管机关。之前主管机关收集认定的证据，经过法院的相关证据审查和认定程序，可以转化为法院据以作出判决的证据。如果最终的决定是肯定性的，即确定取消授权，那么还应该将全部或者部分取消授权的公告发布在联邦政府公报上。如果其他有利害关系的自由贸易园区或者分区受让人，认为有关自由贸易园区或分区受让人违反了相关法律授权规定，也可申请主管机关作出取消其授权的决定。

---

① 例如，纽约市就是这样。先前由市政府进行开发、运营和管理，后来经过联邦授权，经过纽约市政府与私营公司签订协议，由私营公司统一行使纽约市政府对自由贸易园区的开发、运营和管理职权。上海保税区管委会研究室编：《世界自由贸易区研究》，改革出版社 1996 年版，第 172 页。

表9-1　　　美国对外贸易区管理机构职权消灭方式及其具体内容

消灭方式	具体内容
让与	获得联邦授权的情况下，州政府或者地方政府可以和私营公司签订协议，将政府的经营管理职权转交给或者让与私营公司，由私营公司统一对自由贸易园区进行管理、运营和维护
取消授权	受让人对违反了法律规定的职责，包括任何一条职责，主管机关都可以取消部分授权内容，或者取消全部授权内容
其他消灭方式	除了职权让与、取消授权之外美国对外贸易区职权的消灭方式

二　韩国

在韩国，对职权的消灭分为重要事项的消灭和非实质性事项的消灭。重要事项的消灭程序和韩国自由经济区的设立程序是相同的。也就是说如果要取消重要职权，适用设立程序；如果不是重要的职权的取消，则适用简单程序。韩国的财政和经济部部长，可以依职权、依据市长或者道知事的申请，对自由经济区管理机构的授权全部进行取消，或者将自由经济区管理机构的职权的部门内容进行替换。但是这种取消或者替换应当是在自由经济区委员会的审查和决定之后。也就是说自由经济区对相关消灭管理机构职权的一部分或者全部的申请，或者依职权进行调查和审查，作出消灭自由经济区管理机构职权的决定是前提。没有这个决定，财政和经济部部长就不能够单独作出消灭管理机构职权的决定。如果是对重要事项的变更（这里的变更其实就是消灭的意思，本书讨论的变更是非实质性变更，这里的消灭实质上是实质性的变更，也就是自由经济区管理机构的绝对消灭、替换，自由经济区管理机构职权内容的要素性变动或者绝对消灭），则适用自由经济区设立和管理法案中的设立程序，包括地方政府首长提出申请、提交或者做出书面取消的授权报告（写明取消授权的内容、理由和依据）、自由经济区委员会初审、韩国财政和经济部部长最终作出决定（部长做出决定的时候，应当听取相关利害关系人的意见，包括相关地方政府首长的意见），不论是部长依职权主动消灭或者依申请消灭管理机构职权，都应当提出消灭之后自由经济区的发展替代计划，同时将消灭职权的决定在政府公报上进行公布，并及时通知相关地方政府首长。这些是重要事项的消灭程序。如果不是重要事项的消灭，则不适用既有经济区的设立程序，而是适用简易程序，不需要经过自由经济区委员会的初审，财政和经济部部长直接就可以作出相应的决定，告知相关的利害关系人，进行公示即产生自由经济区管理机构非重要职权事项的消灭的法律效力。这里的划分是有道理的，也是必要的。对于某些重要的事项，为了保证决策的科学性以及合理性，应当设置严格审核程序，保障公共利益，同时限制行政职权的滥用。但是对于某些非实质性事项，对于公共利益和相关利害关系人的影响相对比较小，从鼓励创新、提高行政效率以及节约行政成本和方便自由贸易园区运行和管理的角度来说，应当简化程序，大可不必浪费公共资源，不然会得不偿失。在韩国，除了主动作为对自由经济区管理机构的职权进行消灭的情形以外，法律还规定了特定情况下职权消灭的法律拟制，产生法律上职权消灭的同样的效果。如果自由经济区的地方政府首长想要排除这种法律拟制的适用和生效，应当在法律拟制职权消灭的期限或者其他条件届满或者完全实现以前，以书面的形式性向贸易工业和能源部部长提出申请，阐明相关请求和理由依据。部长在接到申请以后，应当及时作出决定，然后通知提出申请的地方政府首长是否批准其申请。

表9-2　　　　韩国自由经济区管理机构职权消灭方式及其具体内容

消灭方式	具体内容
主动消灭	主动作为对职权进行消灭的有关情形
法律拟制消灭	特定情况下职权消灭的法律拟制，产生法律上职权消灭的同样的效果，例如期限届至、任务完成等。如果自由经济区的地方政府首长想要排除这种法律拟制的适用和生效，应当在法律拟制职权消灭的期限，或者其他条件届满或者完全实现以前，书面向贸易工业和能源部部长提出申请，阐明相关请求和理由依据。部长作出决定，然后通知是否批准其申请
其他消灭方式	除了主动，作为消灭以及法律拟制消灭之外的韩国自由经济区管理机构职权的消灭

三　迪拜——阿拉伯联合酋长国

在迪拜自由区，相关的管理机构是自由区内设立的公司（自由区管理公司）。自由区管理公司必须指定特定的自然人作为自己的代表对自由区的相关事务进行开发、维护和管理。相关的自由区管理公司如果想要在迪拜自由区进行开发、维护和经营相关的业务，就需要相关的主管部门申请许可证。迪拜自由区一般由几个管理公司进行管理。各个管理公司相互之间都是有着自己的业务范围界限和分工的。如果一个管理公司想要经营两项或者两项以上的业务，按照迪拜的法律规定，其应当申请两个或者两个以上的许可证。迪拜自由区的许可证主要有：物流许可证，主要从事特定的物流服务，包括存储、运输、分拨、发运和清理等活动；工业许可证，主要从事特定的轻工业加工活动，包括混合、流水线作业、再包装等，这些活动主要是借助于手工或者轻型机械，并不会产生烟尘、废气、光电或者其他能够造成环境污染的行为，如果没有提供环境影响评价报告是不能够发放相关的许可证的；贸易许可证，主要从事进出口、出卖、零售等活动，但是在特定的自由区，持有该许可证的管理公司只能够销售整件产品，而不是配件或者零部件；服务许可证，允许从事在特定自由区的服务活动，主要是那些支持物流产业的服务活动，以及咨询软件培训、保险和人力资源等服务活动；教育许可证，主要从事教育相关的社会服务、教育培训和咨询服务等活动。申请人只有有效注册为自由区企业，占有相关的办公场所、开发用地或者仓库等空间，任命或者维持一个自由区管理人，有能力证明该公司的贸易账户有充分的流动性，经营计划提交批准以后不发生实质性的变动，才能够获得申请。所有的自由区运行商，都应当任命和维持一个管理人。这个管理人的居住地应该在阿拉伯联合酋长国。这个管理人负责自由区运行商的日常运行和其他所有的活动，或者叫作主管。该主管是自由区管理公司处理与自由区管理部门以及自由区区内企业之间关系的首席代表。

自由区管理机构是自由区管理公司，或者自由区运行商。自由区管理机构职权的消灭，实际上就是自由区运行商职权的消灭，主要表现为许可证限制的取消、许可证更新以及许可证的取消和搁置。自由区管理部门可以根据颁发的许可证，为了自由经济区的利益，对自由区的运行商施加一项或者几项限制。如果形势发生了变化，例如采取了任何补救措施、预防措施或者和缓措施，这种情况下，自由区运行商可以向管理部门提出书面申请，取消该种限制，只要该种限制所依据的条件已经不复存在或者忽略不计即可。[①] 自由区的许可证只有一年的有效期，所以在每年许可证到期一个月前，许可证持有人应当提出更新的申请，一些行政服务是不能够也是不会提供的。如果没有有效的许可证，例如办理移民或者其他进出境手续，没有有效的许可证，是不允许受理和审核的，更不用说作出允许移民或者其他进出境的决定。申请自由区的更新，自由区运行商应当提供相关租让协议规定的担保条款所规定的相关文件复印件、土地开发利用、仓库的所有或者使用等相关证明文件、相关的运行活动、服务经营活动、没有负债的证明以及海关规定的进行许可证更新所需要的相关费用。自由区管理部门可以随时取消运行商所获得的许可证。这种取消可以是根据运行商的申请行为而作出，也可以是根据与法院的判决或者相关行政机关的决定所作出的取消许可证的决定。自由区管理主管部门可以据此作出取消许可证的行政命令。许可证可以被中止或者闲置或者搁置。如果被发现提供虚假或者误导性的业务运营信息，开发建设和管理行为与许可证的规定互相矛盾或者违反许可证的禁止性规定，违反了相关法律法规的禁止性规定，获得许可证但是并没有开展相关开发建设和运营的活动，所开展的活动对自由区内相关企业或者其他管理运行商其他自由区的合法权益造成了不利影响，自由区管理部门可以要求相关运行商在给定的期限内，改正相关的违法行为。如果没有及时改正，那么就可以作出决定，许可证暂时被搁置直到相关的违法状态得到消除为止。如果经过了 30 个工作日，违法状态还没有得到自动纠正，主管部门就可以启动取消许可证的程序，取消相关运行商所获得的开发建设和运营许可证。不论发起取消程序的是运行商还是相关管理部门，因为取消许可证所导致的所有未解决问题，都可以通过与相关主管部门进行沟通协商的办法进行解决。

[①] 如果取消限制的条件还不能够满足，但是客观情况确实发生了变化，自由区运行商可以申请变更，也就是非实质性变更。

表 9 - 3　　　阿联酋自贸园区管理机构职权消灭方式及其具体内容

消灭方式	具体内容
限制的取消	对自由区的运行商施加一项或者几项限制。如果形势发生了变化，例如采取了任何补救措施、预防措施或者和缓措施，这种情况下，自由区运行商可以向管理部门提出书面申请取消该种限制
许可的更新	自由区的许可证只有一年的有效期，所以在每年许可证到期一个月前，许可证持有人应当提出更新的申请
许可的取消	自由区管理部门可以随时取消运行商所获得的许可证，这种取消可以是根据申请而作出，也可以是根据与法院的判决或者相关行政机关的决定作出取消许可证的决定
许可的搁置	许可证可以被中止或者闲置或者搁置，如果被发现提供虚假或者误导性的业务运营信息，开发建设和管理行为与许可证的规定互相矛盾或者违反许可证的禁止性规定，违反相关法律法规规定，获得许可证但是并没有开展开发建设和运营的活动，所开展的活动对自由区内相关主体合法权益造成了不利影响
其他职权消灭方式	除限制的取消、许可的更新、取消与搁置之外的自贸园区职权消灭

第三节　中国自贸试验区管委会职权消灭

中国行政法上的行政行为的撤销与撤回，是针对已经生效的行政行为，以及合法或者违法行为效力的消灭。这一理论和制度本身就存在着封闭难以与其他法律学科进行交流的问题，除此之外，该理论和制度的解释力也是有限的，不能够包含所有的职权消灭的现象，除了行为能够导致职权消灭的效果以外，法律所规定和承认的事件也能够引起职权消灭的法律效果。所以，需要借鉴民法学上的理论对行政法学和行政法实践现象进行重新认识，借鉴国际上自由贸易园区的管理机构职权消灭的标准、范围和程序等法律制度，分析我国自贸试验区管理委员会的职权消灭现象。

一　中国自贸试验区管委会职权消灭的概念和特征

所谓中国自贸试验区管委会职权的消灭，是指根据管委会申请，或者相关主管机关依职权启动消灭程序，对管委会职权的运行情况进行评估和审查，认为符合法律规定的消灭事由，也就是违反了授权规定或者法律的禁止性规定，通过严格的程序，作出自贸试验区管委会职权全部消灭或者部分消灭的决定的行为。中国自贸试验区管委会职权消灭程序的启动，既可以由管委会提出申请，也可以由相关主管机关依职权启动。管委会依职权申请的情况还是比较多，一般职权都具有扩张性，主动消灭自身所拥有的职权，需要进行一定的成本收益分析，当收益远大于成本的时候，管委会就会有取消自身已经获得的授权的动力，以推动相关领域的改革创新，推动政府职能转变，建设分工明确、管理高效、公开透明以及运转协调的管理体制，这在简政放权特别是行政审批制度改革的过程中体现得相对比较明显。相关主管机关，主要是对自贸试验区管委会下放经济社会管理权限的机关，可能也会在必要时，启动职权消灭程序。职权消灭的启动应当有一定的前提，也就是引起职权消灭的事由，而且这种事由是法律、法规所承认的，在该事由和职权消灭之间有相当强度的因果关系，也就是存在着引起与被引起的关系。如果法律规定了相关的批准程序，还应当报经相关部门进行批准；如果法律规定必须经过听证的，主管机关认为必要的或者申请人提出听证申请的，主管机关应当主持听证会，根据案卷排他原则作出相应的决定。该决定应当送达申请人，同时保证申请申诉、复议或者诉讼的权利，送达即生效。同时，该决定还应当对社会公布，方便相关当事人及时了解管委会职权的变化，为自身在自贸试验区的开发建设和经营活动进行调整做准备。

二　中国自贸试验区管委会职权消灭的原因

2015 年 12 月，最高人民法院审判委员会通过了于 2016 年 3 月 1 日起实施的《最高人民法院关于适用〈中华人民共和国物权法〉若干问题的解释（一）》①。其中，关于物权法中规定的"债权消灭"，包括被认定无效、被撤销、被解除以及权利人放弃债权四种方式，但是这些都是法律行为，除了行为还有事件，不以人的意志为转移的事件同样能够引起自贸试验区管委会职权的消灭。

（一）被确认无效

确定行政行为无效的权力属于作出行政行为的机关、行政机关的监督机关以及人民法院。这些都没有问题。行政主体本身作出行政行为，认识到行政行为欠缺成立的要件，或者虽然已经成立但是不符合法律的强制性规定，而认定行政行为无效。行政监督制度有层级监督和监察监督等制度。相关的监督主体在作出监督决定时，必然审查监督对象的行为是否已经成立，成立的行政行为是否违反法律的禁止性规定或者公共利益，是否侵害相对人的合法权益而无效。如果相对人对行政行为不服，可以提起行政复议和行政诉讼。复议机关和人民法院也因为其监督救济的职能获得认定行政行为是否无效的权力。1989 年的行政诉讼法并没有确认无效的判决形式，是最高院关于行政诉讼法的司法解释中增加了确认无效的判决形式。虽然司法解释中规定了该种判决的形式，但是规定得比较原则，在司法实践中运用得也不多。在 2014 年修改的新的行政诉讼法中，对这一判决形式进行了规定，将司法解释中的确认无效判决规定得更加具体。确认无效判决的作出只能够以原告的申请作为前提条件。如果原告没有提出确认无效的诉求，人民法院不得主动作出确认无效的判决，提出确认无效的诉讼的起诉期限，仍然还是遵守修改后的行政诉

---

① 该司法解释还涉及近期（2016 年 2 月 25 日左右）广受公众热议的街区制。2016 年 2 月 21 日中共中央和国务院联合发布了一个关于城市规划建设管理的意见，其中提出要推广街区制，原则上新建成的住宅小区不再建设成为一个封闭的空间，已经建成的住宅小区和单位大院要逐步打开，将内部的道路对外开放，实现公共化，解决道路资源一方面供给不足，另一方面又封闭浪费的问题，充分利用现有的道路资源。但是很多人认为就是要推倒住宅小区的围墙，执行的依据就是中共中央和国务院联合发布的意见。这个认识是存在问题的。一方面该意见只是规范性文件，并不具有强制性约束力，不能够作为执行的依据；另外，我国物权法规定住宅小区的建设规划的道路和绿地属于业主共有，如果要实现住宅小区的道路公共化，还需要修改物权法。另一方面也说明我国的规范性文件制定以后的解释工作没有做到位，应该对相关可能会引起公众争议或者质疑的事项进行提前解释说明；或者对于没有预见到的公众争议，但是已经出现了，而且引起了不必要的恐慌，此时规范性文件的制定机关应当及时进行解释，而不是任其发酵，甚至等到一些法制意识淡薄的部门果真以之作为执行的依据，就会带来恶劣的影响。

讼法规定的起诉期限。被告负举证责任，但是限于对行政行为的合法性和合理性，原告对行政行为无效的主张负举证责任，判断的标准是重大且明显的违法，"重大"与"明显"违法两者必须兼具，才能够确认行政行为无效。如果仅仅是一般的违法被驳回，将对国家、利害关系人造成不利影响的，可以判决撤销。[①]

（二）被撤销

现行的自贸试验区管委会职权的撤销属于传统的行政法范畴，具有另立山头，与其他学科互相隔绝，有些偷学了点儿功夫就孤芳自赏刚愎自用的感觉。现有的撤销职权制度，是对已经成立有效而且生效的违法行政职权作出取消或者消灭决定的行为，认为行政职权的设定或者授予之后，即被推定为合法有效，在经过法定救济期限以后，行政机关对认为违法的行政行为作出消灭其法律效力的行为，就是撤销。这种制度的缺陷前面已经讲过，应当进行改造。未来制定的自贸园区设立和管理法律、法规中对职权被撤销应当定义为，对于已经成立但是欠缺法定有效要件，得由具有撤销权的主体，在行使撤销权以后，使得该职权溯及至成立时就无效的行为。行政职权的撤销是指行政职权已经在事实上成立，但是不符合法律的价值判断。职权消灭的法律效果，只有在特定主体行使撤销权的时候才会产生。如果特定主体作出了职权授予所规定的义务行为，或者承认职权授予内容中的权力，则视为对撤销权的放弃或对职权授予行为的承认，此时职权就是一个有效的职权。当然，经过了除斥期间，撤销权也就消灭了。具有撤销权的主体可以选择行使撤销权，也可以选择放弃撤销权，相关的义务履行行为可以视为撤销权的放弃，但是沉默不应当作为法律上撤销权放弃拟制的依据。撤销权的行使方式，可以由职权来源主体为之，也可以由相关的仲裁机构、复议机构、监察机构以及人民法院为之。不应当限于行政体制的范畴，特别是职权来源主体的狭隘领域。

（三）被解除

自贸试验区管委会的职权被解除，指的是职权设定或者授予行为有

---

① 潘昌锋、孔令媛：《行政诉讼确认无效判决的适用——基于修正后的行政诉讼法第七十五条展开》，《人民司法》2015年第7期。

效成立以后，在尚未履行或者完全履行之前，基于约定、法律的规定，享有解除权的主体，可以以解除权享有主体的解除职权的意思表示，使得职权关系被溯及消灭的行为。首先，职权的解除应当是针对已经成立并且有效的职权。如果职权成立但是无效，则不可能成为职权解除的对象。其次，职权关系的解除既可以是因为约定，也可以是因为法律规定，也就是说存在着两种解除权，一个是法定解除权，另一个是约定解除权。约定解除权可以由双方单独约定，也可以在行政协议中进行约定。职权解除应当具备一定的条件，职权关系一经成立有效，相关的主体就应当履行相关的义务，只有发生解除的约定条件或者法定条件时，才可以行使解除权。解除权的行使既可以行使，也可以放弃，但是应当受到除斥期间的限制。除斥期间经过以后，解除权也就归于消灭。如果职权关系已经完全实现，就没有解除权行使的必要了。

（四）职权的放弃（抛弃）

一般来说，职权在行政法上是一种义务，对于自贸试验区管委会来说同样如此，所以原则上是不允许放弃或者抛弃的。事实上，对职权的放弃或者抛弃是一种违法行为。义务对于其承担者来说具有强制履行的义务，背后的依据或者保障是国家强制力，放弃或者抛弃职权就是一种失职或者渎职行为。不过职权的放弃或者抛弃也有例外，未必在所有情况下都构成违法。在职权对于管委会来说是一种权利时，如果管委会认为没有必要行使该权利，通过其他方式同样能够达到自贸试验区管理或者服务的效果，或者效果还会更好，这时就可以放弃、抛弃所获的职权。这种抛弃或者放弃是合法的，是应当被允许的。所以职权的放弃或者抛弃有两种情况，一种是法律价值上的肯定的判断，另一种是法律价值上的否定的判断。说职权不允许被抛弃或者放弃，是法律价值层面上的否定判断；说职权允许被抛弃或者放弃，是法律价值层面的肯定性判断。违法放弃的判断标准是法律、法规或者相关主管部门的强制性规范。如果违反了该强制性规范，就是对职权的放弃或者不履行，合法的放弃或者抛弃有时也由法律规定放弃的条件，但是对于权利型职权，一般不应当规定限制或者禁止性条件。管委会有随时放弃的权利，只要通知主管部门即可，不需要征得主管部门的许可或者批准。不论是违法职权放弃行为，还是合法职权放弃行为的意思表示，既可以采用明示的方式，例如以书面或者口头的方式向职权来源主体明确表示将不履行职权等，也可以采用推定的方式，以自己的行为表示将不履行职权或者放弃职权，例如长期不进行相关的行政活动等。

（五）作为行政法律事实的"事件"

在法学理论上一般都认为，除了行为能够导致法律关系消灭的效果以外，还有事件。这里的行为不只是法律行为，也包括准法律行为和事实行为，除了合法行为还包括违法行为，除了作为还包括不作为。事件是不以人的意志为转移也不是由人的行为所引起的，或者虽然是由人的行为所引起但是不以人的意志为转移的客观现象。除此之外，还有因为人的行为所引起，但是不以人的意志为转移的行为，例如大面积的瘟疫或者传染病的爆发、引起或者遭受的侵略战争或者武装冲突。

表 9 - 4　　　　　中国自贸试验区管委会职权消灭原因与具体内容

消灭原因	具体内容
被确认无效	行政主体本身作出行政行为，认识到行政行为欠缺成立的要件，或者虽然已经成立，但是不符合法律的强制性规定，而认定行政行为无效
被撤销	对已经成立有效而且生效的违法行政职权，作出取消或者消灭决定的行为
被解除	自贸试验区管委会的职权被解除，指的是职权设定或者授予行为有效成立以后，在尚未履行或者完全履行之前，基于约定或者法律的规定，可以以解除职权的意思表示，使得职权关系被溯及消灭
职权的放弃	在职权对于管委会来说是一种权利时，如果管委会认为没有必要行使该权利，通过其他方式同样能够达到自贸试验区管理效果，可以放弃所获的职权
事件	不以人的意志为转移，也不是由人的行为所引起的，或者虽然是由人的行为所引起，但是不以人的意志为转移的客观现象，包括绝对事件；相对事件如大面积的瘟疫或者传染病的爆发、引起或者遭受的侵略战争或者武装冲突
其他原因	除了职权的被撤销、被解除、被确认无效、放弃以及事件之外其他能够引起职权消灭的原因

三　中国自贸试验区管委会职权消灭的标准和依据

做出中国自贸试验区管委会职权消灭的决定，需要依据一定的标准。这个标准的设定，主要是为了明确职权消灭的条件，防止职权来源主体任意取消授权，限制职权来源主体权利的行使，防止对稳定的职权关系构成侵害，使得管委会在履行职能时无所适从。法秩序的安定性和明确性，对于职权的行使主体，以及职权作用对象都具有重要的作用，职权行使主体明白自己拥有哪些职权，职权能够存续多长时间，然后依据所拥有的职权，在职权的有效期限内，作出相应的建设、开发、运行和管理规划。职权作用的对象，也可根据法定职权的内容和有效期限，结合自身的特点，制订相关的发展规划，寻求政府服务。如果管委会的职权变动不居，职权作用对象就会无所适从，无法预期自己在什么时间能够获得什么收益，也就是说市场主体的经营活动，政府不能够提供稳定可预期的服务和管理，市场主体即便入区经营也会缺乏安全感。这对一个国家的贸易投资服务等经济活动的发展都是不利的。职权消灭的标准实际上是围绕重要性问题而展开的。职权消灭实际上也是职权的更新，就是职权的主体和职权的构成要素发生了变化，类似民法上的合同更新。所谓职权主体的变化，是指职权主体客观上不复存在，以及职权从一个主体手中转移到另一个主体手中，也包括在职权关系的构成要素所依据的客观情况发生了变化，而相应地产生的要素性替换，否则不是职权内容的消灭。总体来看，判断职权消灭的标准主要是主体标准和内容标准。这里需要指出的是，对于自贸试验区管委会的管辖范围，也就是自贸试验区的扩区以及自贸试验区分区的设立，在不同的国家是不同的。有些国家将之作为非实质性事项的变更。有些国家做了二分，认为一定范围内的扩区或者分区的设立是非实质性事项，超过了一定范围的扩区或者分区的设立就是重要事项了。二分法，笔者认为是有道理的，对于扩区或者分区的设立一般不涉及法律规定的职权内容变化，而只是将职权的适用对象或者范围扩大，并不是重要的事情。但是如果超出了一定的范围，例如扩大的区域或者设立的分区范围加起来，比原来批准的自贸试验区总体部分还要大，甚至大得多，这个时候性质就发生了变化，这里的变更实际上等同于一个新的自贸试验区的设立了。这时就需要认真考虑各方面因素确定设立这么大范围的分区或者如此大范围地扩区的必要性，考虑是否违反法律的强制性规定，违背公共利益，或者符合法律法规规定的权力消灭的条件。职权取消的依据，一般是在职权来源的依据当中就已经作出了规定。相关的立法主体或者规范性文件制定主体，通过立法或者指定规范性文件的方式进行授权，将经济社会管理的权限下放给自贸试验区管委会。在进行授权时，一般就将授权的内容、范围、条件、有限期限等做了详细的规定，或者能够通过授权依据推导出授权取消的依据。例如，授权依据规定了被授权主体的职权范围或者应当履行的义务以及有效期。如果管委会不履行授权依据确定的义务，或者授权的有效期限届满，授权会自动取消，职权将被收回。例如，全国人大常委会在四个自贸试验区，授权国务院暂时调整实施有关行政审批的决定；地方性法规，例如，上海市人大常委会通过的调整实施有关地方性法规规定的行政审批规定，都有有限期限的规定，虽然不是直接的职权取消依据，但也是间接地能够作为职权取消的依据。

四　中国自贸试验区管委会职权消灭的程序

中国自贸试验区管委会职权消灭的程序，类似中国自贸试验区的设立程序。因为职权的取消主要是职权主体的绝对消灭或者职权主体的替换，以及职权关系的构成性要素的变动，是要素性变动，都是重要的事项。在国际上，例如美国、韩国等都是走的自贸园区职权的设立程序。这样的设置是有道理的，体现了职权消灭的重要性，保证职权消灭的相关决定能够经得住科学性、合法性、民主性等考验。启动职权的消灭，有两种形式，一种是依申请启动的形式，另一种是依职权启动的形式。能够提出申请的主体，一般是职权所授予的对象，主要是管委会，但是也存在利害关系人，也就是第三人提出职权消灭申请的情况。例如，职权的授予或者职权在行使过程中，对其他相关主体的合法权益造成了严重的影响或者不利的侵害，那么受侵害或者具有受侵害可能性的相关主体，或者叫作其他利害关系人、第三人，提起职权消灭的请求。这种第三人既包括组织，也包括个人。组织，既有公权力组织，也有私法意义上的组织，包括事业、企业单位或者其他组织。个人，既包括具有中华人民共和国国籍的公民，也包括具有外国国籍或者无国籍的自然人。但是个人和组织、组织与组织之间，申请的效力是不同的。具有公权力的组织所提出的申请，一般要求是要受理的，对于其他组织或者个人提出的申请，一般没有必须受理的要求。当然，这样的规定考虑了相关因素的同时，可能也忽略了重要因素，或者应不应该考虑非相关因素，仍然还是有讨论的空间。我认为对于这个问题应当在不同的程序中有不同的体现，在组织与个人，或者组织之间应当原则上平等保护。但是因为各自的能力有差异，这种平等保护在制度设计上就不应该体现为绝对的形式平等，而应当考虑个体的差异。立法程序中，这种区别就体现出来了。具有提案权的主体提出的申请应当受理，其他组织或者个人的申请可以作为参考，这是民主和科学性的结合，在行政程序或者诉讼程序中的差异就会小一些，但还是应当具体问题具体分析。提出职权消灭的申请，应当以书面形式，将职权消灭的内容、范围、理由和依据等论证清楚。如果依职权，法律、法规规定应当走相应的内部批准手续，应当办理相关的审批手续形式。主管机关负责审查，在审查的过程中，应当充分听取申请人或者利害关系人的意见，必要时还应当公开征求社会公众的意见，涉及相关部门的，应当会同相关部门协商解决。因为职权的消灭是非常重要的事项，主管机关应当在认为必要时或者申请人申请听证时给予听证的机会，将听证内容记录在案，根据案卷排他性的原则作出相应的决定。决定作出以后，应当在法定的期限内送达申请人或者拟取消职权的对象。决定送达后生效。最后作出的决定，如果不涉及国家秘密、商业秘密和个人隐私的应当公开；如果是可分的，应当将可以分离的不涉密的事项向社会公开。

五　中国自贸试验区管委会职权消灭的法律效力

被确认无效的职权，在职权成立的时候就是无效的，而且是当然确定无效的。被撤销的职权，溯及职权产生行为成立时就是无效的，除非法律有规定，原则上可以对抗第三人。如果当事人知道或者应当知道职权撤销事由的，应当恢复原状。对职权撤销之前依据职权所作出的行为，由行使撤销权的主体承担相应的权利义务和责任。至于撤销权行使所产生的法律效力，原则上可以对抗第三人，但是法律、法规另有规定的除外。职权被解除以后溯及职权关系成立时无效，当事人履行职权或者部分履行职权的，应当恢复原状。但是不因此影响当事人要求损害赔偿的权利，当然在我国职权授予主体与被授予主体之间是否存在着损害赔偿的可能，还值得探讨。笔者认为，承认私人行政，应当承认平等主体之间，特别是不平等主体之间因为合法权利受到损害，而请求损害赔偿的权利。虽然我国是单一制国家，但是在经济税收财政体制上，我国类似联邦制国家，中央和地方的财权是有划分的，在未来的税收法定原则落实的过程中应当考虑这一问题。职权的放弃，客观上包括职权不履行或者被悬空被搁置的状态，或者职权被收回，或者职权流于形式。如果是违法的职权放弃，则会因为法定义务的不履行，而承担法律规定相应责任。如果是合法的职权放弃行为，则导致职权被收回。但不是因此而受到法律的否定性评价，也不会因此而承担相应的法律责任；相反，有时还会因此而受到法律的肯定性评价，例如，因为节约行政成本提高行政效率取得良好的制度改革创新成果而受到相关主管机关的鼓励或者奖励。总体来说，中国自贸试验区管委会职权的消灭有两种，一种是绝对消灭，即职权的客体已经不复存在，职权无所依附，也就没有存在的必要；另一种是相对消灭，即因为公权力主体的意思表示行为或者非表示行为、合法行为或者违法行为，作为或者不作为以及事件等所导致的职权主体替换或者变动。根据职权消灭的范围，可以分为全部消灭和部分消灭。如果职权内容是可分的，就会存在对可以消灭的职权部分进行取消的结果；如果不可分，就不会存在部分消灭的问题。

第四节 世界自由贸易竞争新形势与自贸试验区管委会职权消灭时间节点

目前国际自由贸易竞争日益激烈，主要表现在规则职权制定权的争夺上。在经济全球化受阻、经济区域一体化蓬勃发展背景下，国际经济发展一方面呈现出深度开放性的同时，另一方面又表现出严重的封闭化倾向。特别是 TPP（Trans-Pacific Partnership Agreement）、TTIP（Transatlantic Trade and Investment Partnership）的出现，使得中国感受到了一股较大的外部压力，这种外部压力也倒逼中国内部的开放，经济的开放也就冲击着中国现行的管理服务体制。很多迹象①表明中国自贸试验区的设立，很大程度上就是为了试行 TPP 等国际规则。目前，TTIP 以及中美 BIT（U. S. -China Bilateral Investment Treaty）谈判都在进行中。如果将来中国承认了这些国际规则，中美 BIT 谈判成功，中国加入 TPP 以及 TTIP，那么中国自贸试验区所积累的经验，跟国际规则是接轨的。当这些规则已经因为中国加入而得到承认，所有的这些国际规则都在中国境内实施时，中国的自贸试验区便没有太大存在的必要性，甚至在一定时期内根本不可能或者不必要存在了。相应地，作为中国自由贸易园区的管理机构——自贸试验区管委会，也就没有存在的必要了。

一　TPP、TTIP 和中美 BIT 谈判

TPP、TTIP 以及中美 BIT 谈判是目前中国对外自由贸易面临的重要挑战或者非常关键的问题。特别是 TPP，甚至有人称 TPP 是中美争夺国际规则竞争中国失败的结果，中国将来加入 TPP，就要承认所有的 TPP 规则，而且得到所有成员国的同意，这无异于中国的"二次入世"。下面将通过对国际规则的个案式具体分析，以管窥国际经济发展的新形势。

（一）TPP

1997 年亚洲金融危机以后，亚洲经济一体化的进程明显加快，主要表现就是各种双边或者多边的贸易协定不断涌现。中国也长期致力于加入双边或者多边的贸易体系中，特别是加入世贸组织以后这种进程就加快了。在中国和东盟等的推动下，各种自由贸易协定交织在一起，一方面蓬勃发展，但是另一方面也呈现出"意大利面式"的状况和结构。需要注意的是，所有的这些自由贸易协定都是将美国排除在外的。美国为了增强其在亚洲的影响力，就需要寻求一个能够将亚洲所有国家融合到一起的一个平台或者机制。② 2004 年，亚太经合组织下面的一个工商咨询理事会提出开始建设亚太自贸区的建议，但是因为亚太组织制度的软性

---

① 例如，所有的中国自贸试验区都在提出要建设与国际投资贸易规则相衔接的规则制度体系，珠海横琴自贸试验区片区建设实施方案还提出紧密跟踪 TPP 等国际贸易投资规则，甚至中央还提出要把上海建设成为世界上最开放的自由贸易园区的目标。

② 彭支伟、张伯伟：《TPP 和亚太自由贸易区的经济效应及中国的对策》，《国际贸易问题》2013 年第 4 期。

或者缺乏强制性约束力的特征，建立具有强制力、具有约束性的亚太自由贸易区，与该组织的活动原则相背离。所以在该倡议提出之际，也就没有得到相关成员的响应，没有实质性推动起来。[①] 2006 年，美国开始推动亚太自由贸易区的建设，为了尽量排除亚太地区现有自由贸易安排的影响，美国致力于建立一个全新的、高标准的 FTAAP（Free Trade Agreement of the Asia Pacific）。但是事与愿违，因为国内保守势力组织以及推进过程中相关国家参与的积极性低下，并没有实现美国的愿望。在这种背景下，美国发现由新加坡、智利、文莱和新西兰四国所签署的"Trans-Pacific Strategic Economic Partnership Agreement，P4"比较符合美国所要实现的目标和标准。所以，美国在 2008 年高调宣布加入，并于 2009 年提出扩张计划，将该协议名称改为现在的 TPP。但是进展并不顺利，后来随着澳大利亚、秘鲁的加入，马来西亚、越南、墨西哥、加拿大，特别是日本的加入，使得这一区域性自由贸易协定的声势越来越大。2015 年 10 月5 日，美国、加拿大、日本、越南、新加坡等 12 个谈判国家，在美国佐治亚州的亚特兰大达成了基本协议，同意自由贸易安排，并在投资、知识产权、环境保护、劳工保护等方面进行统一规范，实行统一的规则。2016 年 2 月 4 日，在新西兰的奥克兰，TPP 所有的谈判国家正式签署了这一协议。

TPP 有三十章。第一章是关于基本原则和一般定义的，涉及协议总体框架的提供和组织，解决 TPP 与其他自由贸易安排之间的关系，对相关的技术性术语进行界定。第二章阐述的是货物贸易的国民待遇和市场准入措施，主要包括关税以及核心义务、进出口限制、行为要求、进口许可证、特别的体制安排公开透明、农业的出口补贴、农业出口信用证、农业的出口限制、国有贸易公司的规定、现代农业的生物科技规定等。第三章是关于原产地规则的，规定了原产地的判断标准和规则实施机制，保证原产地规则所引起的收益能够流向 TPP 的成员国，而不是其他国家，能够帮助协定的成员国可以不用将公司外迁到其他国家，从而增加本国的就业机会，主要包括原产地的定义、原产地的货物、累计规则、再加

[①] 彭支伟、张伯伟：《TPP 和亚太自由贸易区的经济效应及中国的对策》，《国际贸易问题》2013 年第 4 期。

工的货物、相关原产地规则实施程序、因为技术和供应链发生变化的应对等。第四章是关于纺织品和服装的贸易规则的，包括关税减让、原产地规则、在逃税和欺诈领域进行海关合作、特殊的保障程序、相关规则的执行等。第五章则是关于海关执法和贸易便利化，包括相关法律法规和程序的公开透明、货物的通关、规则的改进、快递和装运、处罚措施、海关合作等措施。第六章是关于贸易救济，保障提供充分足够的救济，包括贸易保护、反倾销措施、反补贴等规定，同时保障贸易救济的正当程序，该程序应当是公开透明的。第七章是关于卫生和动植物检疫的措施，通过现代化以及以科学为基础的保障措施，保障相关动植物的健康和安全，主要包括检验检疫、风险评估、应急措施、公开和争端解决等。第八章是关于贸易技术的壁垒，包括技术规范、合格评定、公开透明、承诺期限等。第九章是投资规则，强调了亚太地区法律规则的重要性，消除投资歧视或者不合理的限制，保护正当的公平的投资权益，因此可以诉诸有效的投资救济程序，包括投资者和东道国之间的投资纠纷解决，寻求中立的国际争端救济。第十章是关于跨境服务的贸易，例如软件、云计算、工程、建筑、仓储物流等服务，相互之间开放市场，保证公平透明规范的待遇，保障成员国发挥各自的服务优势。第十一章是金融服务，各成员国相互之间开放金融市场，主要包括金融服务开放的范围、主要的核心义务、最低待遇标准、跨境金融服务、金融机构在特定区域内新的金融服务、保密信息的处理、主要义务的例外、保险服务等。第十二章是商务人士临时入境，有效的入境许可程序和透明度，包括申请程序以及程序的公开等制度。第十三章是电子通信，保证在成员国之间建立有效的电子通信服务规则框架，在电子通信领域鼓励竞争，包括能够访问其他服务提供商的设施和服务、公平获得政府掌握的资源、制定规则的透明度要求、对国内外的技术服务的限制应当是公平的、市场准入规则、国际移动漫游的合作等。第十四章是电子商务，主要保护网络公开、信息流动更加便利、保护信息自由流动、保护网络使用者的安全和个人隐私。第十五章是政府采购，包括及时充分提供政府采购信息、公平透明的采购程序、政府采购禁止歧视制度等。第十六章是竞争规则，保证公平竞争、消费者权利保护以及规则的透明、禁止垄断行为、预防和减少欺诈等侵害消费者权益的行为。第十七章到第二十四章分别是关于国有公司、知识产权保护、劳工保护、环境保护、合作和能力建设、发展和小微企业的内容。第二十五章到第三十章分别是监管合作、透明度和反腐败、管理机构和组织框架、争端解决机制、例外条款以及最终条款等。

（二）TTIP

2013 年 6 月，美国宣布启动 TTIP（跨大西洋贸易和投资伙伴关系协定）的谈判，表现上看 TTIP 谈判与中国无关，实则不然。美国和欧洲实现自由贸易和投资的想法在 20 世纪 90 年代就出现过，但是因为美欧各自对世界贸易组织的关注，没有什么实质性的推定。本来跨大西洋国家之间的关税水平就不高，但是取消关税，以及提高通关便利化和其他投资与贸易的安排，仍然具有重大的经济发展促进作用，不论是对双方经济增长率、就业充分率以及出口增加额，都会有一个较大幅度的提升或者增加。2008 年，美国和欧洲都受到金融危机的影响，尚未完全复苏，TTIP 的谈判如果能够成功，对于双方经济的复苏都具有重要的作用。① 美国主导 TTIP 谈判的目的并不仅仅是降低关税这么简单，也不是促进经济复苏这么表面和肤浅，美国有着自身的战略、野心，或者也是全球秩序的建构者和主导者地位的体现。除了关税，还包括通关便利化、投资与贸易安排便利化、高标准的知识产权保护等领域。与 TPP 谈判互相策应，通过跨大西洋和跨太平洋国际自由贸易谈判的达成和落实，进而影响其他国际经济规则，达到其吸收或者改造国际经济规则，特别是在世界贸易组织规则谈判进程受阻的情况下，对世贸规则的影响，这种影响主要通过高水平高标准的投资贸易等规则来实现。有学者认为，美国的最终目标所在还并不只是经济领域，而是将北美自由贸易区作为主干，通过 TPP 和 TTIP 的谈判，重新夺回其国际规则的制定权和主导权；通过控制太平洋和大西洋的规则制定权，进而影响欧亚大陆的政治和经济格局，最终实现美国的全球战略。

经过了十多轮的谈判，目前来看 TTIP 已经达成了一些共识，形成了一些初步成果，包括零关税的立即或者限期实现，市场准入措施的放宽、监管，以及监管合作领域等。这些成果是初步的，离最终双方所要实现

---

① 钮维敢：《TTIP：中国面临的又一挑战》，《唯实》2016 年第 1 期。

的谈判目标还有很远的距离，双方在某些方面的分歧还比较大。在这十多轮的谈判中，双方分歧主要集中在市场准入、监管及监管合作、争端解决机制、关税之外的限制性措施等方面。许多新兴发展中国家因为与美国的地位相差悬殊，而且急于达成协议，在谈判的过程中话语权并不多，最后不得不接受美国的谈判方案，这在争端解决机制方面就是一个很好的体现。但是欧盟不一样，经济比较发达，其作为一个整体在与美国进行谈判，它有着自己的争端解决机制。欧盟要求建立一个新的争端解决机制，取代美国提出的争端解决方案，增加争端解决机制的民主性，这给美国带来了不少的困扰和麻烦。但是双方搁置了这一内容的协商，进而转向能源合作领域。欧盟希望美国能够放松出口限制，解决欧洲能源短缺问题，如果最终谈判达成协议，将会对俄罗斯的能源出口构成一定的限制和打击。在第十一次谈判会议上，双方交换了关税减让对价，在监管领域取得了谈判进展，并且同意未来启动在金融领域规则统一安排的谈判，而且在某些领域，例如政府采购方面采取了积极的态度，在市场准入措施谈判方面美国也释放了诚意，表现较为积极。双方同意将加快谈判进程，争取在奥巴马任期内达成最终协议，完成谈判。但是受到了欧盟内部以及美国内部的一些阻碍，双方目前谈判在实质性内容方面面临着一些争议和分歧，欧盟成员国以及美国都面临政府换届的时期，各种敏感因素不确定性因素交织。甚至欧盟成员国内部认为，TTIP 的收益不是对每一个成员国都是一样的，只是少数欧盟成员国收益最大，如果要谈判应当是每一个欧盟成员国共同与美国进行谈判，而不是欧盟作为一个整体与美国进行谈判。所以虽然 TTIP 谈判取得一些实质性重要成果，也为未来双方的谈判打下了一个重要的基础。但是在知识产权、金融服务开放以及争端解决机制领域，仍然面临着不小的挑战。如果双方抱着诚意，而且努力克服各自国内的反对因素或者困难，估计能够在预计的时间内达成一个初步而且是比较粗糙的协定，可能这还会需要一定的时间进行修改完善，才正式签署，各自再通过国内批准程序，然后生效。[1]

---

[1]　钮维敢：《TTIP：中国面临的又一挑战》，《唯实》2016 年第 1 期。

(三) 中美 BIT

自 20 世纪 80 年代起，美国就开始对外商谈双边投资协定，中国也曾经想要跟美国签订双边投资协定，但是因为双方的争议分歧过大，最终没有实质性进展。时隔 20 年以后，也就是在 2008 年美国金融危机之际，中美同意重启双边投资协定谈判。但是之后也没有什么实质性进展，谈判一度中断，直到 2012 年双方才重新启动谈判，后来经过了几轮的对话和谈判，完成了文本澄清等相关工作，为双边投资协定谈判奠定了重要基础。2013 年 7 月，中美双方同意以准入前国民待遇加负面清单的模式作为基础，开启投资协定的实质性谈判。后来又经过了十多轮的谈判，确定了谈判的时间表。双方围绕文本内容进行了实质性密集协商，双方都同意加快谈判进程。终于在 2015 年 3 月，结束了文本谈判的阶段，开始了负面清单的交换出价，正式启动负面清单谈判阶段。后来习近平主席访美，以及在一些重要的国际会议上，中美也都表达了希望加快谈判进程的愿望。如果按照奥巴马任期内结束谈判，不考虑中美 BIT 经过双方国内批准程序的时间，将有望在不久的将来结束实质性谈判；如果加上双方国内立法批准程序的时间，时间可能要长一些。[①]

美国是对国家经济贸易规则影响最大的国家，与美国谈判签署双边投资协定，意义并不仅限于中国或者美国，还具有示范效应，成为中国与其他国家协商谈判双边或者多边投资协定的模板。[②] 在世贸组织多哈回合谈判受挫，以及各国在多边框架下签订投资协定进程停滞不前的情况下，发达国家开始寻求双边投资协定或者区域性的投资安排，作为其主导国际规则的新表现形式。例如，TPP 和 TTIP 就是典型的表现形式，这两个区域性的协定进展迅速，中国显得非常被动，目前在世界贸易组织的框架下，扩展出口的可能性或者空间已经很小了。如果要寻求新的市

---

① 田丰、谢宜泽：《中美双边投资协定谈判进程与基本立场》，《中外投资》2015 年第 12 期。

② 签订中美双边投资协定，对于美国也具有重要意义。近年来，美国在中国的投资总额以及新设立的企业数量在中国外商投资总额以及所有新设的企业数量的比例有所下降，一方面表明中国积极履行加入国际条约以后所承担的公平提供投资的义务，越来越多的其他国家的资本和企业流入中国；另一方面也说明，中美之间没有双边投资协定，对美国在中国的投资进一步扩大也存在着一定的制约因素。

场，增加中国在国际投资贸易规则领域的话语权，通过双边投资协定来实现这一目标是一个重要的路径。中国是世界上最大的发展中国家，美国是世界上最大的发达国家，中美两国签订双边投资协定，对于中国以后参与双边或者多边投资、其他自由贸易安排也具有重要的示范作用和参考价值。① 中美谈判的焦点或者基础就是投资领域的"准入前国民待遇 + 负面清单"模式②，这也是美国双边投资协定范本所确立的。如果中国拒绝接受该模式，那么中美双边投资协定谈判就无法实质性展开，所以双方同意以该模式为基础进行投资协定谈判，也就是扫除了谈判进程中的最大问题以及障碍。所谓准入前国民待遇，就是在企业的设立、取得或者变更、扩张的阶段，给予其同东道国的企业相同的国民待遇制度或者安排。所谓负面清单制度，是指在某些方面的不符合措施或者不允许进入，再或者限制进入的特殊行业以否定清单的方式列明，在清单以内领域，外资不能够进入或者受到一定的限制；在清单以外的领域，享受与东道国企业相同的待遇。这是法无禁止即可为原则的体现，也提出了更高的要求，各国在该模式下都争取将尽可能多的行业或者措施纳入负面清单中去，以增加主动权，所以负面清单的谈判将是一项复杂而艰难的过程。③

二　自贸试验区管委会职权消灭的时间点

前面讨论的 TPP、TTIP 以及中美 BIT 的谈判背景、进程、内容、意义和面临的困境，不是对中国加入 TPP 或者加入 TTIP 的论证，笔者的目

---

① 孙海泳：《中美投资协定谈判：进程、焦点、意义》，《国际融资》2014 年第 12 期。

② 美国的双边投资协定的范本确定的就是"准入前国民待遇 + 负面清单"的模式，于 1982 年首次公布，规定了全方面高标准的国民待遇，以及对于投资领域的例外措施以负面清单的形式进行列举，此后在 1994 年、2004 年和 2012 年进行了修改，但是并没有实质性的变动。同时美国的双边投资协定范本既用于双边投资安排中，也用于多边的自由贸易安排之中。美国双边投资协定的目标在于保护其海外投资以及东道国采取公开透明非歧视的投资政策和为了实现这些政策所设立的制度和采取的措施。孙海泳：《中美投资协定谈判：进程、焦点、意义》，《国际融资》2014 年第 12 期。

③ 中美 BIT 谈判与中国自贸试验区负面清单制度的实施具有很大程度的重合。现在来看，虽然中国自贸试验区负面清单经过修改以后已经削减了不少，但是仍然是一个比较长的清单，未来达成的中美双边投资负面清单，将会比中国自贸试验区适用的负面清单要更加短一些。孙海泳：《中美投资协定谈判：进程、焦点、意义》，《国际融资》2014 年第 12 期。

的不在于中国一定会加入这两个目前来看在投资贸易等领域都是高水平、高标准的新区域性规则或者制度安排，而在于中国可能会加入这两个高标准的区域性投资贸易安排，重点在于可能性，从法学，特别是公法学行政法学的角度来看公权力消灭的时间节点，特别是中国自由贸易试验区管委会职权消灭的时间节点。中国自贸试验区管委会职权消灭的事由有很多，归纳起来主要有被确认无效、被撤销、被解除、职权的放弃，以及不以人的意志为转移的事件发生。这些行为做出指示或者事件发生之时，就是管委会职权消灭的时间节点，中国加入 TPP 以及 TTIP，这两项协议因为扩展适用至中国全境，自贸试验区的政策因此不具有特殊性，全国不存在投资贸易对内对外在中国境内不同领域的差异，导致自贸试验区的职权被解除。不论是部分解除还是全部解除，解除之时就是自贸试验区职权消灭之时，但是这也仅仅是自贸试验区职权消灭的情形之一，仅仅是被解除的表现形式而已。分析 TPP 以及 TTIP 的意义在于，其对中国的影响比较大，不论中国是否加入，可能性还是有的。在 TPP 谈判国家与新西兰正式签署协议时，中国政府就表示正在对 TPP 的影响进行评估，这就说明隐含着加入的可能性。考虑到中国加入这一高标准区域性投资与贸易安排之中，因为其高标准和高水平，就削弱了其他政策的存在价值，使得其他投资贸易的国内外双边或者多边安排存在的价值都大打折扣。甚至加入 TPP 以后，其他制度安排已经没有太大意义，其制度产生的经济社会发展效应已经全部被 TPP 所吸收。同理，中国自贸试验区的存在也就没有必要了。这里需要说明的是，中美即便达成了双边投资协定，中国离 TPP 近了一步，TPP 对中国的挑战和影响在一定程度上被化解，投资领域的准入前国民待遇加负面清单制度在全国范围内实施，中国自贸试验区管委会的职权依然存在，一般不会消灭，只是其他所有的管理机构都拥有了同样的职权。但是也有例外，就是将该职权调整给相应的人民政府及其职能部门来行使。因为 TPP 的其他内容自贸试验区还在跟踪，而且将继续跟踪，除非中国完全加入 TPP，中国自贸试验区管委会的职权仍然会存在。加入以后，在一定时间内，中国自贸试验区因为不可能再有更高的制度安排，所以不会有设立自贸试验区的必要。但是，随着中国的进一步开放和世界经济的进一步融合，在原有的国际经济贸易安排中，中国保留或者限制的领域，仍然有进一步开放的可能，也就会有改革相关管理的需要，设立新的自贸试验区也不是不可能。

　　导致中国自贸试验区管委会职权消灭的原因行为不同，原因行为的主体以及生效的时间不同，相应的自贸试验区管委会职权消灭的时间节点就不同。相对于被确认无效而言，因为确认无效的权力主体以及利害关系人提出确认无效的请求，与相关主体做出的确认无效的时间不同而不同。有权做出确认无效的主体有立法机关、相关的行政机关。① 相关的利害关系人提出请求或者有权机关依职权启动职权消灭程序，作出相应的职权消灭的决定。该决定送达被撤销职权的自贸试验区管委会的同时生效，此时也就是确认无效情况下的职权消灭的时间节点。相对于被撤销而引起的职权消灭情形而言，职权来源主体的意思与表示不一致，这里存在着合法的问题，也存在着违法的问题。享有撤销权的主体，一般是职权来源主体，可以行使撤销权，使得职权关系自成立时归于无效。一般来说，职权消灭的效力是溯及成立之时的职权关系，但是撤销权在特定情况下是可以消灭的，例如，放弃和除斥期间的经过。撤销权是否行使，由具有撤销权的主体自愿作出决定。如果其行使撤销权，就发生溯及成立时就归于无效的效力，职权被认为成立时就是无效的。如果放弃撤销权，则职权关系一直就被视为合法有效，直到其完全消灭。相对于因为被解除而导致职权关系被消灭的有两种情况，一种是法定解除，另一种是约定解除。所谓法定解除，就是发生法律规定的条件而引起职权关系的效力。例如不可抗力，一方以行为表示将不履行职权，延迟履行职权经过催告以后仍然不履行，其他违法行为导致职权无法实现以及其他法定事由发生时，权力来源主体可以作出解除职权关系的决定，该决定应当通知对方，自该通知到达管委会时决定生效。所谓约定解除，是指因为发生双方决定的解除事由，享有解除权的主体主张解除职权，

---

　　① 这里不包括人民法院，虽然新修改的行政诉讼法规定，人民法院在审理案件的过程中，可以对规范性文件进行审查，当事人认为行政行为作出的时候所依据的国务院部门以及地方政府及其部门制定的规范性文件不合法的，可以一并请求人民法院进行审查，但是人民法院审查认为不合法，不作为行政行为合法的依据，并向制定机关提出相关的处理建议。人民法院并没有进行变更或者消灭其法律效力的权力。一般来说职权授予关系是内部关系，从我国的行政诉讼法受案范围中看，内部行政行为是不能够受理，但是行行为的有效要件之一，必须是有合法有效的职权，人民法院在审查行政行为的合法性时，就会涉及对职权是否合法有效进行审查，但是没有处理的权力，只能够提出相关的处理建议。

依据是双方主体的约定。约定解除权和法定解除权可以并存，但是一般情况下双方不得约定排除法定解除情形的适用。因为解除而导致职权关系消灭的情形，可以预见的是中国加入 TPP、TTIP 等高标准国际投资贸易安排而解除自贸试验区的存在是一种表现形式。因为放弃职权而导致职权关系消灭的，不需要经过相应的主管机关批准或者审批的，自该放弃的意思表示到达相关主管机关备案时生效。如果需要经过法律规定的主管机关批准的，自该职权放弃的申请得到批准之日，批准的决定送达申请人之时，职权关系消灭。相对于事件而言，因为自然灾害等事件不以人的意志为转移，或者虽然是由人的行为引起的，但是不以人的意志为转移的战争、大范围严重的传染病的爆发等，都会导致管委会机构存在的载体或者职权关系的客体不复存在，或者主权发生替换、绝对消灭或相对消灭。客体消灭之时，或者主权归属主体发生移转之时，该职权关系消灭。

第五节　小结

民法上民事权利的消灭，是民事法律关系消灭的表现形式之一。所谓民事权利的消灭，是指民事权利被确认无效、被撤销、被解除等引起的法律效果或者状态。依法能够引起民事权利消灭的客观现象叫作民事法律事实，民事法律事实是民事法律消灭的原因。依据民事法律事实是否与人的意识有关，可以分为行为或者事件。行为是，依据法律规定，因为人的意识而引起民事权利消灭的客观现象。符合法律的强制性规定的叫作合法行为，不符合法律的强制性规定或者违反公共利益公民法人、其他组织的合法权益的叫作违法行为。与人的意思表示行为相关的，叫作表示行为，包括民事法律行为和准法律行为，以及不与人的意思表示相关的民事事实行为。积极有意识的行为叫作作为，相反叫作不作为。表示行为以及非表示行为、作为以及不作为都有是否符合法律的价值判断即是否合法的问题。除了行为，学者或者实务工作者容易忽视事件。事件是不以人的意志为转移的客观现象。有些事件不是由人的行为所引起的，例如自然现象；有些是由人的行为所引起的，但是不以人的意志为转移，例如战争等。行政法上职权关系的消灭，一般被分为撤销和撤回。但是这样的分类是建立在已经生效的合法或者违法的职权关系的基础上，不能够解释所有的问题，应当参照民法上的理论和制度进行改造。

世界自由贸易园区管理机构的职权消灭，与我国民法上的民事权利消灭的理论和制度比较相近。一般都是职权关系的主体或者其他重要构成要素的变动，或者绝对消灭，或者相对消灭。所谓绝对消灭，是指自贸园区管理机构的职权关系客体客观上不复存在；所谓相对消灭，是指职权关系的实质性内容从一个主体移转到另一个主体，或者发生的实质性要素性替换，类似于民法上的合同更新，也可以叫作行政法意义上的自贸园区管理机构职权关系的更新，简称"职权更新"。建议我国未来制定相应的国家立法或者其他相关专门立法，将中国自贸园区管委会职权的消灭，定义为职权关系构成要素的实质性变动，或者绝对消灭，或者相对消灭。充分分析能够引起自贸园区管委会职权关系消灭的客观现象，并进行有序合理的分类，参照民法和国际自由贸易园区的制度和理论，将之限定为职权关系的被确认无效、职权关系的被撤销、职权关系的被解除、职权关系的放弃以及能够引起职权关系消灭的不可抗力或者事件，并将这些行政法律事实的表现方式、程序、依据、标准和法律效果界定清楚。这里需要强调的是不可抗力，或者说是事件，那些有点儿"杞人忧天"的事件暂时在理论上进行探讨即可。也许没有上升为法律的必要，但是对于不可抗力还是应当进行规定的，即便现在不能够想象或者预见，但是难保以后不会出现紧急事件或者其他不可抗力。不可抗力在民法上以及刑法上，都有相应的理论和制度。中国自贸试验区管委会职权关系消灭理论和制度应当考虑周全，在将来的相关立法中有所体现。

第 十 章

中国自贸试验区管委会权限
争议及其解决

中国自贸试验区管委会职权的产生、运行、变更或者消灭过程中，会涉及上下级以及同级行政主体之间、管委会和私法主体之间的权力界限问题。如果发生交叉，或者界限不明，在界限清楚的情况下一方侵越权力界限行使了本不该由其行使的属于其他主体的权力，就会发生权限争议的问题。这种权限争议有积极权限争议，也就是双方都主张拥有职权；和消极权限争议，即双方主张该权力的归属主体都不是自己。解决权限争议的方法有很多，大致有双方协商、权限争议解决行政程序、权限争议立法解决程序以及权限争议司法解决程序。不过，因所归属法律部门的不同或者权限争议性质的不同而有所不同。世界自由贸易园区管理机构权限争议的类型范围、权限争议解决的程序、标准和效力，既有各自的特色，也具有一定的共通之处。中国自贸试验区的建设目标是世界上最开放的自贸园区，致力于建设与国际投资贸易等高标准、高水平的规则相衔接、相适应的制度体系。为此，国际自由贸易园区管理机构权限争议及其解决的理论和制度经验不能忽视。

第一节　权限争议及其解决基本理论分析

在有公法、私法划分传统的国家，职权界限的争议或者权限争议主要是公法问题。但是某些时候公法与私法的界限并不分明，甚至还有公法私法互相学习与借鉴，甚至在部分领域还存在公法私法化倾向与趋势。

这个世界上还存在着在不少某些领域公法私法不分的国家。所以，研究民事争议及其解决的理论与制度还是有意义的。除了研究公法权限争议及其解决理论与制度，还需要研究私法上的权限争议以及解决理论与制度问题。

一 民事纠纷及其解决

随着我国经济社会的发展和公民权利意识的增强，民事纠纷呈现出多样化的样态。但是，我国的民事纠纷解决机制也由以前的单一的诉讼万能的模式，逐步向多元化的纠纷解决机制转变，涵盖私力救济、社会救济和公力救济，纠纷解决制度的供给越来越丰富。[①] 只是这些机制之间的地位和相互关系还需要进一步明确，除了传统的诉讼解决纠纷机制，还需要发挥非诉讼纠纷解决机制的重要作用，形成平衡的有效的系统的民事纠纷解决制度体系。

（一）概念与特征

所谓民事纠纷，就是指平等主体之间的以民事权利、民事义务和民事责任为内容的法律纠纷。首先民法的重要特征，就是强调民事主体之间的平等性。这种平等主要表现为，在法律行为形成的过程中，特别是合同法律关系中，必须经过双方的平等协商，才能够达成一致。如果一方的真实意思与表示的内容是不相同的，那么根据合同法等相关法律的规定，就是可以撤销的民事法律行为。这种平等还表现为法律适用的平等性。在法律面前人人平等，不因其地位、权势或者出身、样貌或者性别的区别而有所区别。其次，民事纠纷是以私法主体之间的权利界限纠纷为内容的。民事法律关系的核心是民事权利，甚至民法的核心就是权利，所以民事纠纷的核心内容也可以归结为民事权利的纠纷，包括关于民事权利的界限、归属、内容、范围和保证民事权利得到落实的民事义务履行，以及民事权利得不到实现的情况的不利法律后果的纠纷等。最后，这种纠纷是法律意义的纠纷，具有为法律所进行肯定评价或者否定评价的必要性和可能性。如果两个人只是斗斗嘴、互相调侃一下，而引

---

① 杨云虎：《多元化民事纠纷解决机制的建立及完善》，《人民论坛》2011 年第 26 期；余瑗：《多元化纠纷解决机制在民事纠纷解决中的适用》，《学理论》2012 年第 24 期。

起了心情的不愉快；或者双方为了月球或者太阳未来到底归属谁而发生争议；抑或是双方为了诸葛亮的故乡到底是襄阳还是南阳而争论不休，因为没有必要进行法律价值判断，或者在法律上进行价值判断暂时不具有可操作性的内容，不是法律纠纷，也就不是民事纠纷。同时，如果属于私法主体与公法主体之间的公法权限争议，在存在公法或者私法划分传统的国家，也不是民事或者私法意义上的权限纠纷或者权限争议。

（二）权限争议的内容与范围

民事权限争议首先表现为民事权利纠纷。按照民事法律关系的构成，可以分为民事法律关系主体的纠纷、民事法律关系内容的纠纷以及民事法律关系客体的纠纷。具体到民事权利领域，就是民事权利主体的纠纷、民事权利内容的纠纷以及民事权利客体的纠纷。权利的主体，包括自然人、法人或者其他组织。所谓自然人，是指依照自然规律产生的具有本国国籍的公民、具有外国国籍的外国公民以及无国籍人士。这类纠纷主要是权属纠纷。权利客体的纠纷，是指关于民事利益的纠纷。关于权利客体，是指民事权利所指向的对象。有人认为是物，有人认为是作为或者不作为的行为，也有人认为是物、行为和知识产权，还有人认为是物、行为、知识产权、有价证券和人身利益等多样性客体。该种列举的方式不能够穷尽所有的权利客体的表现形式，具有局限性，仅仅强调财产权利客体，而忽视了人身权益的客体。所以，应当用更为抽象概括的方式对民事权利所指向的所有对象进行总结归纳和概括，那就是民事权益。民事权利内容的纠纷是指，特定的民事利益与法律上的作用力相结合，产生能够保证民事主体自愿选择作出一定行为，还是不作出一定行为的权利。依据民事权利的客体是否具有财产关系的内容，可以分为人身权、财产权和综合性权利。所谓人身权，是指与人的人格和身份密切相关的，与财产权益相分离的民事权益，包括人格权和身份权。所谓人格权，是与人的人格密切相关的，直接支配其生命、健康、名誉以及其他人格权益的，并不受他人干预的权益，包括生命权、健康权、名誉权、名称权、人身自由权等。所谓身份权，是指与人的身份密不可分的民事权益，包括亲属权、亲权等。所谓综合性权利，是指兼具人身权属性和财产权属性的民事权益，包括智力成果和继承权。按照民事权利的功能，可以分为支配权，也就是直接支配权利客体并不受其他人干涉的权利；请求权，即根据权利关系的内容，请求相对人为一定行为或者不为一定行为的权利；抗辩权，也叫拒绝给付权，也就是对抗请求的权利；形成权，就是依据权利人单方的意思即可使得民事法律关系发生变动的权利。根据民事权利的主从关系，可以分为主权利和从权利；依据权利是否具有特定的具体的义务归属主体，可以分为绝对权利争议以及相对权限纠纷；依据权利是否专属于特定的权利主体，可以分为专属权限纠纷以及非专属权限纠纷。民事义务是与民事权利相对的一个范畴，是义务人应权利人的请求为一定行为，或者不为一定行为的法律课与的相应负担。民事义务是法律规定的义务，其内容根据权利内容的要求分为作为或者不作为，具有强制性。依据义务履行的积极状态，可以分为作为的义务以及不作为的义务；依据义务的主从关系，可以分为主义务以及从义务；依据义务的不履行是否导致法律上的后果，可以分为真正义务以及不真正义务。大部分义务都是真正义务，不履行就会导致相应的不利后果，就要承担相应的法律责任。一些义务不是真正义务，不履行不会导致相应的不利法律后果，也无承担相应的法律责任。民事责任包括缔约过失责任、违约责任以及侵权责任。所谓缔约过失责任，是指在缔结合同的过程中，因为违反合同义务而应当承担的民事责任的形式，表现为损害赔偿。所谓违约责任，就是违反合同约定，不履行或者不完全履行合同义务应当承担的民事责任形式，当事人对于这种责任形式可以进行约定，包括支付违约金、实际履行、损害赔偿等。所谓侵权责任，是指因为行为人过错，或者虽然没有过错但是对他人的人身财产权利造成损害，因此而应当承担的民事责任形式。当事人对于因为重大过失或者故意而引起的侵权责任，不得以合同形式约定免除或者减轻。依据民事责任是否使得承担者负担财产上的不利后果，可以分为财产上的民事责任以及非财产意义上的民事责任，前者包括损害赔偿、财产返还等，后者包括赔礼道歉、消除影响等。此外，还有物权责任形式和债权责任形式、预防性责任形式、恢复性责任形式和补救性责任形式等。

（三）民事诉讼

解决民事权限争议的方式，依据解决权限争议的权力的性质，可以分为三种：一种是私力救济，一种是社会救济，一种是公力救济。私力救济和社会救济下文会论及，这里主要谈公力救济的问题。民事诉讼是解决私法意义上权限争议的重要方式，是公力救济的重要表现方式。所谓民事诉讼活动，就是国家强制力保障的人民法院，依据法定程序和当事人的诉讼行为，居中对当事人的民事权限争议进行审查，并且依法公正地认定事实，客观依法地适用法律，最终公正对当事人的诉求作出合法合理裁决的公法行为。中国的民事诉讼制度在19世纪下半叶出现萌芽，于20世纪初由于清朝末年的修法而正式诞生，在南京国民政府时期因为民事诉讼立法工作而逐步发展成熟。① 在这一时期，我国在20世纪初制定了《大清刑事民事诉讼法草案》，后来制定了各级审判组织章程。在1911年，制定了清朝民事诉讼法律草案以及法院组织法。在1921年，广东地方政府和北京政府制定颁布了民事诉讼法律制度。在20世纪30年代初，国民政府制定了中国的民事诉讼法，其后又对其进行了相应的修改完善，由此中国的民事诉讼法律制度才基本健全和成熟以及系统化。在这一过程中，1921年的民事诉讼条例具有重要的作用，对于后来国民政府的民事诉讼立法工作具有重要的参照基础。② 中华人民共和国成立以后到改革开放前，中国的民事诉讼立法工作是比较薄弱的，而且在这一时期的最后十年，中国法制建设受到了严重的挫折，法制建设不受重视，开始主要制定司法文件建立民事诉讼制度。到后来，因为各种意识形态在中国泛滥，刚刚起步的民事诉讼制度建设停滞甚至有所倒退。最后十年，中国民事诉讼制度因为国家法制建设的破坏而遭受到了毁灭性的影响，但是这一时期的民事诉讼制度建设还是取得了一定的成就，主要是中华人民共和国成立初期的民事诉讼司法文件的制定、我国的人民法院人民检察院组织法、1954年宪法等都对民事诉讼

---

① 何勤华：《中国近代民事诉讼法学的诞生与成长》，《法律科学（西北政法学院学报）》2004年第2期。关于民事诉讼制度史学方面的研究，自从1991年我国的新民事诉讼法制定颁布以后，研究的不多。但是在清末至1949年这一时期的中国民事诉讼制度发展史方面的研究，十分罕见。有研究其他法律部门发展的这一时期历史的，但是对于这一时期的民事诉讼制度发展史，却几乎没有作品问世。何勤华教授的这篇论文对于这一时期的民事制度发展史学研究具有重要的补白和引领作用。

② 何勤华：《中国近代民事诉讼法学的诞生与成长》，《法律科学（西北政法学院学报）》2004年第2期。

规则和程序进行了规定。① 改革开放以后，各项民事诉讼领域的法制开始恢复和建立起来，从 1979 年开始，全国人大就开始起草民事诉讼法，在 1982 年制定了《中华人民共和国民事诉讼法（试行）》。这是中华人民共和国成立以后的第一部专门的民事诉讼法。后来，我国的经济社会领域发生了较大幅度的变化，全国人大开始着手对 1982 年的民事诉讼法进行修订，在 1991 年制定了《中华人民共和国民事诉讼法》。为了完善落实新民事诉讼法，制定了不少司法解释，解决审判方式以及程序规则等问题。为了解决再审以及执行过程的问题，在 2007 年，对民事诉讼法相应的审判监督、强制措施以及执行规则等进行了相应的修改。② 此后，民事诉讼法制度又发生了很大的变化和进步，但有些亟须写进法律的规则还没有写进法律之中。在 2012 年，全国人大常委会进一步修改了民事诉讼法，建立完善我国的调解与诉讼衔接制度、受理、举证、公益诉讼等程序制度、简易程序、法律监督方式和范围、审判监督和执行程序制度等。根据修改后民事诉讼法，最高院为了具体适用修改后的民事诉讼法，在 2014 年制定了最高院关于新民事诉讼法的适用司法解释。中国的民事诉讼作为一种公力救济的方式，因为成本高昂、程序烦琐等，不利于民众理解和接受。但是因为具有国家强制力的保障和使用的严格规范性，使得法院裁决的恣意性受到了限制，保护了当事人平等接受公力救济的机会和权利，也有利于明确预见和实现自己的诉求以及诉求的实现，同时有利于维护稳定的经济社会秩序。③

（四）非诉讼纠纷解决机制

我国中央和地方都在积极探索提供多元化的民事诉讼纠纷解决机制，充分发挥行政机关、社会组织以及其他方面的力量，满足民事诉讼纠纷解决制度方面的需求，减轻人民法院的压力，拓宽民事诉讼纠纷解决渠

---

① 尽管此一时期中国的民事诉讼法制建设遇到了严重的挫折，甚至停滞和倒退，但是所取得的成就也不能够一概抹杀。常怡、黄宣：《新中国民事诉讼法学 60 年的回顾与展望》，《河北大学学报（哲学社会科学版）》2009 年第 4 期。

② 常怡、黄宣：《新中国民事诉讼法学 60 年的回顾与展望》，《河北大学学报（哲学社会科学版）》2009 年第 4 期。

③ 陆晓芳：《对我国民事纠纷解决机制完善的思考》，《内蒙古农业大学学报（社会科学版）》2008 年第 4 期。

道，为充分保障自然人、法人或者其他组织的合法权益提供全面而有效的保障。这些非诉讼民事纠纷解决机制，除了自身制度的建设和完善以外，还存在着与诉讼程序的衔接问题。非诉讼纠纷解决机制的主要问题也就是这两个方面。诉讼外的纠纷解决机制主要有协商和解、民间调解、行政调处、仲裁等表现方式。我国鼓励当事人选择非诉方式解决纠纷。如果对非诉讼纠纷解决机制解决纠纷的效果不满意或者对解决结果不服的，依据我国相关法律可以提出民事诉讼的，不限制其提起民事诉讼寻求解决相应的民事权限纠纷的权利。当事人可以在自愿平等的基础上，进行协商和解，达成解决民事权限纠纷的协议。自愿达成的协议具有法律约束力，双方当事人都应当履行协议确定的义务。如果一方当事人不履行的，另一方当事人可以请求有关机关处理，或者向人民法院提起民事诉讼。当事人可以申请或者要求民间调解组织，对当事人之间的民事纠纷进行调解。在没有申请或者要求的情况下，亦可以积极主动地进行调解。在调解过程中应当充分利用劝导、协商、说服等方式。对于法律规定不能够进行调解，或者调解没有达到预期效果的，可以引导当事人寻求有关机关或人民法院进行处理，这就是民间调解。① 当事人申请行政机关解决民事权限争议，或者行政机关依法应当履行民事纠纷解决职责的，应当利用各种方式解决当事人之间的民事纠纷。不属于行政机关职责范围之内的事项，行政机关应当引导其向有关机关寻求救济。行政机关促进当事人之间达成和解，也可以调解，达成调解结果的，制作书面调解协议。对民事纠纷内容进行行政裁决的，当事人拥有提取复议和诉讼的权利。发生劳动争议，可以向劳动争议委员会申请仲裁，可以依据自愿协商的仲裁协议或者直接申请民商事仲裁机构进行仲裁。法律规定可以提出诉讼的，对于裁决不服的，可以依法提起民事诉讼。此外，人民法院在处理各类案件的过程中，在不违背法律规定的情况下，也可进行诉讼调解，邀请或者委托相关组织、个人开展和解、调解工作，或者协助人民法院进行调解。特定的调解协议或者和解协议，当事人还可以此为依据向人民法院申请支付令或者向法院申请执行。

---

① 民间调解主要表现为人民调解，行业组织、人民团体与企业劳动争议调解委员会的调解，律师调解以及其他社会组织或者个人组织的调解。

二 行政法意义上的权限争议及其解决

行政法意义上的权限争议是不可避免的，绝对的清晰是在理论上，特别是在实践中站不住脚的，难免或多或少会有一些交叉或者模糊的地带。依据不同的标准，行政法上的权限争议有着不同的类型。最重要的以及最需要关注的不是权限争议的存在，关键在于权限争议解决机制的合理设计，以及权限争议解决机制的有效运作。

（一）概念与特征

行政法上的权限争议，也就是行政主体内部或者行政主体相互之间，行政主体和其他公权力组织之间，以及相对人之间的职权的界限所引起的消极争议或者积极争议。这里的争议既发生在行政主体内部，也发生在外部。内部的表现方式有两种，包括行政主体的职能部门或者内设机构之间的权限争议，以及行政主体与行政主体之间的权限争议。外部权限争议是发生在行政主体与立法主体、司法主体、其他公权力组织之间，以及行政主体与相对人之间的权限争议。所谓行政主体与相对人之间的权限争议，是公权与私权之间的争议，除了公权和私权之间的界限争议。行政法意义上的公法权限争议还包括公权与公权之间的争议，这里的公权既有同质性的公权力，也有异质性的公权力。这里的纠纷或者权限争议应当是具有法律意义的纠纷或者争议，如果一项纠纷或者争议不具有法律评价的必要性与可能性，特别是公法评价的必要性和可能性，也就不是行政法意义上的权限争议。首先，行政法律评价不论是肯定的，还是否定的，必须是必要的，就是该事项重要到必须为法律所划分界限，作出解释；否则就会对公共利益造成不好的影响，或者对公民法人或者其他组织的合法权益构成损害。其次，此法律评价应当客观上是可能的，也就是说，如果法律评价在时间上或者空间上不可能实现，即便实现也不是当时法律评价的任务，那么也不是行政法意义上的权限争议。最后，行政权限争议发生在行政权产生以后、履行过程以及完全消灭之前。如果一项行政职权尚未产生，就不会存在行政职权界限争议的问题。如果一项行政职权已经完全消灭，则也不存在职权界限争议的可能性。对于依据消灭之前的职权作出的行为以及因此而应承担的有利、不利的法律后果，或者消灭之前的职权界限争议，则是另外一个问题。同时，在职权的履行过程中，也会发生质疑权限争议的问题。这种对权限的质疑可能来自相对人，也可能来自其他有权机关。

(二) 权限争议的类型

公法上权限争议，主要是指行政机关之间，以及行政机关与其他机构之间的争议。这些权限争议根据争议机关之间主张权属的积极状态，又可以分为消极争议和积极争议。为什么强调行政机关内部和行政机关与所属政府，以及与其他职权机关之间的争议？因为只有界定清楚了公法权限争议概念的内涵，才能够明确其外延，然后进行客观科学合理的类型化研究。依据权限争议的范围，可以分为广义的权限争议以及狭义的权限争议。所谓广义的权限争议，是指同一系统不同机关间，以及不同系统不同机关之间的权限争议。同一系统不同机关之间的争议，财政部和发改委之间的、公安部与国家安全部之间的权限争议就是此类；不同系统机关之间的权限争议，则如政府及其组成部门与司法机关或者与立法机关相互之间的权限争议即是。不同系统机关的权限争议又被称为狭义的机关权限争议。在同一系统的上下级机关之间的权限争议，按照下级服从上级的原则不易发生难以解决的问题，相同级别机关之间的权限争议因为有着共同的上级机关，所以对于解决权限争议也不会产生大的问题。对于不同系统之间的权限争议，有些国家特别是三权分立的国家，不存在共同的上级机关，所以会存在着难以解决的权限争议问题。这些问题可能引发为违法的问题，甚至是重大的宪法问题，但是因为相互之间的制约关系些微得到缓解。我国是人民代表大会制度，一府两院由人大产生，受人大监督。人大常委会是人民大会的常设机构，也有一定的对一府两院监督制约的权力，但是对于机关权限争议的成熟解决机制仍然处在探索和追求过程之中。[①] 依据争议机关对争议权限归属主张的状态，又可以分为消极争议和积极争议。相同系统内或者不同系统间的机关对于争议的机关权限，都认为属于其所有，为积极权限争议；如果都主张权属不归属于自己，则为消极争议。

---

① 张家洋、陈志华、甘国正编著：《行政组织与救济法》，国立空中大学出版社 1994 年版，第 118—119 页。

(三) 权限争议解决路径

因为国家权力之间的分工或者划分，各自的职权在行使的过程中就难免缺乏清晰的分界。而行政系统的其他机关或者其他系统机关一旦侵越权限，使得行政机关的职权行使受到阻碍或者损害，就会影响到行政机关所要承担的任务之实现，也会影响相对人的合法权益的保障。所以在发生争议之前或者能够在权限争议酝酿阶段，建立起权限争议预防机制，或者在权限争议发生之后，有能够迅速有效公平解决权限争议的一套制度设计；那么，对于行政机关落实行政任务实现行政目标保护公共利益以及保障公民、法人或者其他组织的合法权益都是具有重要的价值的。① 解决公法权限争议的路径包括以下方面：其一，修改宪法、法律或者进行宪法解释、法律解释。有些公法权限争议是因为宪法规定不明确、有疑义或者有漏洞所致。这些问题在法律规定中也会存在，所以为了解决宪法、法律制定的问题，就需要对相关的法律规定进行明确或者补充。这种明确或者补充的方式可以是修改宪法、法律或者进行宪法解释和法律解释。但是宪法、法律修改与解释的机关、权限程序和方式是不同的，应当按照相关的制度规定进行，遵从相应的规则。如果不宜通过修改宪法、法律的，可以进行宪法、法律解释，但也不是所有的争议都可以用宪法、法律解释来解决，不能够通过该方式解决的，应当遵从其他解决机制。其二，协商协调。对于发生权限争议的机关之间，或者对于争议机关负有领导之责的机关，可以相互之间进行协商协调，或者组织争议机关进行协商协调，最终达成解决争议的目的。其三，监督机关通过监督程序进行。对于权限争议机关负有监督之责的，在有些国家是立法机关，双方共同的上级机关也负有监督之责，可以通过法定的监督程序解决相应的权限争议。这里的监督程序有主动监督，也有因为被动受理而启动的监督，例如宪法诉讼或者民事诉讼。民事诉讼主要是针对财产权或者其他私法意义上的权限争议。其四，通过机构改革进行解决。对于发生权限争议的机关，也可以在进行机构改革的过程中，统筹解决相互之间的权限争议，或者合并、分

---

① 张家洋、陈志华、甘国正编著：《行政组织与救济法》，国立空中大学出版社 1994 年版，第 128—129 页。

立、取消，进行其他调整安排。①

第二节　世界自贸园区管理机构
权限争议及其解决

世界自由贸易园区管理机构的权限争议解决机制，因为管理模式的不同而稍有不同，有政府主导型的管理机构权限争议解决机制，有企业主导型的管理机构权限争议解决机制，还有政企混合型的管理机构权限争议解决机制。虽然因为国情不同，政治体制不同，以及具体的程序设计不同，但是大致的权限争议解决类型还是一致的，包括协商协调、行政调处、法律的立改废与法律解释，以及司法程序等。

一　美国

依据美国的对外贸易法律法规，负责自贸园区的设立和管理的对外贸易委员会，可以制定相关的与对外贸易区相关的规则；对于自贸园区的设立、分区的设立或者原来的自由贸易园区重要事项、实质性事项变更的申请进行审批，并做出最终的决定；授权在自贸园区或者自贸园区分区进行加工活动，② 对于一些重要事项需要对外贸易区做出决定进行处理的事项，可以由对外贸易区进行处理，做出相关决议；对不服商务部执行合规助理秘书或者执行秘书所做出的决定而提出的申诉进行处理，可以对自贸园区的受让人、运行商以及其他使用者的承诺、运行以及财政执行和实施情况进行调查，要求申请人和运行商向对外贸易区委员会报告自贸园区的运行情况。对外贸易委员会还负责每年向国会提交报告汇报美国的对外贸易区的运行和管理情况；对自贸园区的运行措施和制定进行限制，终止对相关事项提出的申请进行审查的行为；对违反美国对外贸易区法案以及条例的行为施加罚款；指导美国海关与边防局搁置

---

① 解决权限纠纷的依据既有宪法、法律也有法规、规章等，既有原则也有规则和惯例。

② 在美国一般是由公营公司在符合州法以及联邦对外贸易相关法律法规的情况下，向对外贸易委员会申请设立、管理和运行对外贸易区，特定的私营公司也可以申请设立、管理和维护对外贸易区，经过批准以后，就由公营公司或者私营公司对自由贸易园区进行管理和维护，所发生的纠纷一般也是公司与相关公权机关以及公司内部以及公司与管理服务对象之间的权限争议。

相关的授权行为，可以依据一定的理由对相关的授权进行取消；在必要的时候可以做出决定，证明对外贸易区的行为是否符合公共利益或者是否对公共利益、公民健康和社会安全造成不利影响。所以，对外贸易委员会可以对设立、运行、变更以及职权消灭过程中出现的权限争议做出裁决，或者对相关的规范性文件进行修改、废止或者解释，以解决相关事项的权限争议。这里需要强调的还有向对外贸易区委员会提出的申诉行为。该申诉是针对执行合规、助理秘书以及执行秘书所作出的相关自贸园区的事项。一般情况下其作出的决定，都可以向对外贸易委员会进行申诉。申诉人是相关合法权益受到影响的主体，只要有足够合理的依据或者理由，即可提出申请。应当向对外贸易委员会书面提出审查的要求，说明要求审查的内容和基础，附上申诉所针对的决定，并且提供相关的信息和证明文件。经过审查作出决定以后，对外贸易委员会应当以书面形式告知决定内容。除此之外，还有司法程序、立法程序和协商解决程序。所谓司法程序是针对自由贸易园区设立、运行、变更或者消灭过程中所遇到的权限争议，向司法机关提起诉讼的程序。在美国，依据2011年至2016年的行政诉讼或者司法审查案例来看，主要是针对微小的自贸园区边界变更、临时生产、采购变化、范围确定、设立分区、时效终止、零售贸易、分区运营点等。因为某些权限争议是因为法律授权不明或者法律制度存在漏洞，抑或是法律规定之间存在着争议或者歧义，所以解决权限争议的一种方式就是相关的法律法规或者其他规则文件的制定机关，对该法律法规或者其他规范性文件进行修改、废止或者相关的解释工作。除了行政程序、立法程序和司法程序之外，还存在协商或者和解的方式。在发生权限争议之初，双方主动或者第三方组织权限争议双方，对争议的内容进行协调和协商，最终达成解决权限争议的协议，以解决相关的权限争议。对于协商达成的协议，双方都应当遵守，除非是因为违反法律法规的禁止性规定，或者利用欺诈胁迫等方式使得一方甚至双方意思与表示不一致的情况，可以请求有关机关撤销。

表 10 – 1   美国对外贸易区管理机构权限争议解决方式及其具体内容

权限争议解决方式	具体内容
行政调处	对外贸易委员会可以对设立、运行、变更以及职权消灭过程中出现的权限争议做出裁决
立法程序	因为法律授权不明或者法律制度存在漏洞，法律规定之间存在着争议、歧义，相关的法律法规或者其他规则文件的制定机关对该法律法规或者其他规范性文件进行修改、废止，进行相关的解释工作
司法程序	针对自由贸易园区设立、运行、变更或者消灭过程中所遇到的权限争议，向司法机关提起诉讼的程序
协商与和解	在发生权限争议之初，双方主动或者第三方组织权限争议双方，对争议的内容进行协调和协商，最终达成解决权限争议的协议
其他权限争议解决方式	除行政调处、立法程序、司法程序、协商与和解之外的权限争议解决方式

二   韩国

在韩国自由经济区的设立程序中，特大城市市长、大城市市长以及道知事可以请求财政与经济部设立自由经济区。对于设立过程中的权限争议，如果在协商的情况下不能够解决的，由韩国财政经济部负责解决。特别是涉及跨行政区域的自由经济区，发生争议的可能性就更大一些。在批准之前准备设立申请的时候，就应当对相关的自由经济区管理机构的职权进行划分、合理分工及合作。如果在这时还不能够达成协议，就会增加设立自由经济区申请批准的难度。财政与经济部应当作出最终的决定，批准还是不批准。这个决定是建立在自由经济区委员会的审查和处理建议的基础上的。在这一过程中，财政经济部应当征求市长/道知事的意见。设立的取消，或者对实质性事项的修改和替换，由上一章内容来看，是由财政经济部作出决定的。重要的事项要经过自由经济区委员会的初审。不是那么重要的事项就不用经过初审，财政经济部可以直接作出决定。可见，在自由经济区变更、运行或者消灭的过程中，发生权限争议的，韩国财政与经济部有权进行调处。有些事项还涉及其他政府职能部门的职权，此时财政与经济部应当与相关的政府职能部门事先进行协商，但是该协商的内容不得与法律和总统令规定的标准或者规则相违背。其二，总统令。有些事项是需要由总统以总统令的形式作出决定。在总统职责范围内的事项的权限争议，由总统作出裁决。例如，申请财政与经济部对开发项目完成或者建成验收的情形、获得财政与经济部同意在工程验收前就可以投入使用的情形、中央政府对地方政府建设自由经济区进行财政支持的情形、中央政府和地方政府给予外商投资企业在自由经济区开展营业活动的国有和公共财产使用租金的情形、向外国企业提供外语服务的范围和方式、自由经济区以及自由经济区企划团的组成和运行规则等。其三，特大城市市长、大城市市长以及道知事的裁决及其相互之间的协商。市长以及道知事对其职权范围的事务进行处理，以及对自由经济区行政机构①的行政权限争议进行处理。相互之间的协商主要适用于跨行政区域的自由经济区的管理，或者自由经济区与非自由经济区毗邻区的管理，除了设立自由经济区之前的协商之外，还有就是在自由经济区在运行过程中就争议权限所进行的协商，以解决相应的权限争议。其四，相关主管部门的裁决。涉及教育事业的教育部，涉及医疗卫生事业的健康与福利部等，可以对相关事业的设立、运营和管理过程中的权限争议，依据法律总统令等进行相应的处理。韩国自由经济区设立与管理法案规定中央政府机构应当对市长和道知事下放经济社会管理权限，此过程中发生的争议由权力来源部门进行解决。其五，监察专员以及商事仲裁机构。监察专员是在自由经济区行政机构内任职的，主要任务就是处理任何外商投资企业的管理和外国人的生活状况等权限争议；依法由商务产业与能源部设立的负责商事仲裁的法人团体应当在行政机构内设置分支机构，主要负责高效公平地解决商事领域的权限纠纷，维护国际贸易能够依法有序地开展。其六，异议和诉讼程序，如果对相

---

①　这里的行政机构，是市长或者道知事为了管理自由经济区所设立的行政机构，负责环境卫生、医药、水土保持、环境保护、土地征收等事宜。如果行政机构跨行政区域，则由所涉及的两个区域的首长共同设立，市长或者道知事任命该行政机构的首长之前应当征求财政与经济部部长的意见。

关行为不服，可以向有权作出不利决定的工作人员提出异议，该工作人员应当将该事实材料向法院报送，法院通过简易诉讼程序进行处理。

表10-2　韩国自由经济区管理机构权限争议解决方式及其具体内容

权限争议解决方式	具体内容
协商协调	设立过程中的权限争议，特别是涉及跨行政区域的自由经济区在运行维护过程中的权限争议，首先是协商与协调的方式
行政调处	在自由经济区变更、运行或者消灭的过程中发生权限争议的，韩国财政与经济部有权进行调处，总统有权以总统令等形式解决相关权限争议
行政监察与商事仲裁	监察专员是在自由经济区行政机构内任职的，处理任何外商投资企业的管理和外国人的生活状况等权限争议；依法由商务产业与能源部设立负责商事仲裁的法人团体在行政机构内设置分支机构，负责解决商事领域的权限纠纷
异议与诉讼程序	对相关行为不服，可以向有权作出不利决定的工作人员提出异议，该工作人员可以将该事实材料向法院报送，法院通过简易诉讼程序进行处理
其他权限争议解决方式	除协商协调、行政调处、监察、商事仲裁、异议与诉讼之外的权限争议解决方式

三　迪拜世界中心自由区——阿拉伯联合酋长国

解决迪拜自由区管理机构（运行商）的权限争议①的机制有多种。其一，自由区管理局裁决。在迪拜对自由区的相关行政或者商事活动进行管理的，是自由区法人团体，再具体一些，就是自由区法人团体管理局

---

① 需要说明的一点是，任何因为疏忽或者故意而违反迪拜自由区法律条例以及迪拜自由区管理局确定的义务，不论这种义务是法定义务还是通过与自由区管理进行协商所确定的协议中确定的约定义务，或者是自由区管理局所核发的许可证中所确定的义务，都是不被允许的。自由区管理局因此可以作出相应的处理，对此决定相对人也可以寻求相应的救济。

（以下简称自由区管理局），主要负责对迪拜自由区提供相关的服务，包括注册服务、租赁服务和发放许可证、一般性的行政服务。如果一个法人、自然人或者其他组织想要在自由区内进行营运业务，首先需要注册成为一个企业或者其他企业与组织的分支机构，租赁办公场所或者其他设施，申请相关业务经营的许可证，方可开始对自由区内的相关业务进行开发管理和运行。发生在这一服务或者管理活动中的权限争议由管理局裁决。因为迪拜实行的是典型的政企分开型的管理模式，管理局只是负责行政事项的管理，具体的运行也就是注册和从事许可活动过程中发生的争议，一般由管理局协调处理，以解决权限争议。自由区管理局可以依照职权主动进行，或者按照相关的政府部门、自由区企业的股东或董事或者其他利害关系人的申请或者要求，启动对自由区的调查。自由区管理局任命特定的调查人员，该工作人员有权调取相关资料、约谈相关人员，相关方面应当配合，否则可能会因为妨碍公务而受到其他的处罚。自由区管理局依据调查人员的调查，可以作出全权的处理，包括取消报告的内容、将报告内容进行公开、将报告及处理建议向相关的政府主管机关转交，由其作出相应的处理或者其他自由区管理局认为合适的方式作出处理，解决权限争议问题。其二，独立审计和股东会。迪拜自由区法律、法规要求所有的自由区企业都必须有一个或者多个独立的审计员。审计员主要是根据授权查阅相关的信息、材料、文件、记录以及人事资料等，以及其他认为执行职责所必须获取的材料，审计员负责检查自由区的年度财务，负责检查所有的财务来往是否准确合法。这些内容也同时应当在召开股东大会的时候发送到每一个股东手中。股东大会的重要职责就是讨论年度财务情况。其三，立法程序。导致自由区运行商的权限发生纠纷的，立法规定不明确或者立法模糊、立法有漏洞，都是可能的原因。解决这一类问题，就要对相关法律条例等进行修改或者废止，进行补充。如果修改法律的成本比较高，还可以选择对相关法律、法规进行解释的方式，来解决相关的权限争议问题。其四，司法程序。对于迪拜自由区内的运行商注册，以及取得运营许可证开展相关的运行活动过程中，相关合法权益受到侵害的利害关系人，认为对运行商的权限存在异议的，可以向相关法院提起诉讼，经过审理，法院可能会作出一定的裁决，解决相应的权限纠纷。例如，作出注销企业营业执照或者许可证的裁决，依据该裁决自由区管理局就可以作出注销自由区运行商执照和许可证的决定。其五，协商协调。虽然这里将协商协调作为最后一个进行分析，但是它并不是排列最后的选择，有时在启动相关的立法、司法、行政程序之前，这种方式选择的可能性比较大，达成权限争议解决协议的成本也比较低，即便是在相关的立法、行政或者司法程序中，也会有协商协调程序选择的可能性。最后需要说明的是，关于迪拜自由区管理机构的权限争议，因为迪拜的政企分开的管理模式，除了自由区运行商的权限争议解决方式，也就是上述五种。还有关于迪拜自由区管理局的权限争议及其解决方式和机制问题，其实两者是有相通之处的，大致也有协商、行政调处，法律的立、改、废，以及法律解释和相应的司法程序等，这里就不再赘述。

表10－3　　阿联酋自由区管理机构权限争议解决方式及其具体内容

权限争议解决方式	具体内容
自由区管理局裁决	申请相关业务经营的许可证，以便开始对自由区内的相关业务进行开发管理和运行，发生在这一服务或者管理活动中的权限争议由管理局裁决
独立审计与股东会	自由区企业都必须有一个或者多个独立的审计员，审计员主要是根据授权查阅相关的信息、材料、文件、记录以及人事资料等，以及其他认为材料，检查自由区的年度财务，负责检查所有的财务来往是否准确合法。这些内容也同时应当在召开股东大会时发送到每一个股东手中。股东大会的重要职责就是讨论年度财务情况
立法程序	对相关法律、条例等进行修改、废止，或者进行补充，还可以选择对相关法律、法规进行解释的方式来解决相关的权限争议
司法程序	对于迪拜自由区内的运行商注册以及取得运营许可证开展相关运行活动过程中，相关合法权益受到侵害的利害关系人，认为对运行商的权限存在异议的，可以向相关法院提起诉讼

续表

权限争议解决方式	具体内容
协商协调	在启动相关的立法、司法、行政程序之前，即便是在相关的立法、行政或者司法程序中，都会有协商、协调程序选择的可能性
其他权限争议解决方式	除自由区管理局裁决、独立审计与股东会、立法程序、司法程序、协商协调之外的权限争议解决方式

第三节　中国自贸试验区管委会权限争议及其解决

中国自贸试验区管委会也会存在因为权限不明，或者法律规定存在漏洞而导致的管委会权限争议。这些权限争议依据不同的性质，有着不同的分类，相应也就有着不同的权限争议解决机制。这些权限争议解决机制是多元的，主要包括协商协调、民间调解、行政调处、司法审判以及法律的制定、修改、废止与解释。这些纠纷解决机制之间也存在先后顺序以及成本高低的问题。

一　概念与特征

中国自贸试验区管委会权限争议，是指在中国自贸试验区管委会职权的产生、运行、变更以及消灭过程中发生的，自贸试验区管委会内设机构之间、内设机构与管委会之间、管委会与上级机关或者政府之间、管委会与相对人之间以及管委会与立法机关和司法机关之间，因为权限而发生的纠纷。这种纠纷发生在自贸试验区管委会的职权变动的全过程。在职权的产生阶段，在申请设立自贸试验区以及审查自贸试验区的设立过程中，会涉及自贸试验区的职权分配安排，涉及自贸试验区内外部上下之间的权力界限问题。在自贸试验区管委会职权运行过程中，也会存在管委会超越权力界限，侵害到左右上下机构组织权力或者私权利的领地的情形。在职权的消灭过程中，对于职权是否应当消灭，消灭的范围和程序以及消灭决定的方式等都会存在争议。权限争议的对象或者内容，主要是自贸试验区所获得以及申请取消的职权。该职权，既可以是行政许可、行政处罚、行政强制，也可以是行政复议、行政确认等公权力；可以是对事或者对物的权力，也可以是对人的权力。权限争议主体，既可以是管委会内设机构之间发生的权限争议、内设机构与管委会之间的权限争议、管委会与设立机构以及其他上级政府及其职能部门之间的权限争议，也可以是管委会同社会公权力组织、同私法意义上的公民法人或者其他组织之间的权力（权利）界限争议，还可以是管委会同立法系统以及司法系统之间的权限争议。中国自贸试验区管委会权限争议解决机制，是所有有权机关依法律、法规等的规定，按照法定程序和法定方式，对中国自贸试验区管委会权限争议公平合理高效做出裁决的制度性安排的总称。权限争议解决机制的启动可能是依职权启动，可能是依申请或者要求启动。不论是依职权还是依申请或者依要求启动，启动权限争议解决程序的必须是有权机关，可以是行政机关、立法机关、司法机关，也可以是其他组织或者个人。关于中国自贸试验区管委会权限争议解决的方式，一般都有法律法规的规定或者其他规范性文件的限制，对程序参加人、审查标准、审查人员组成以及议事规则、回避制度、听证制度等都有相应的规则约束。最后解决的方式，可以是协议、行政决定、行政规范、法律的制定修改废止与解释，以及司法机关的裁决等。

二 权限争议的类型

按照权限争议主体之间的隶属关系，可以分为纵向权限争议与横向权限争议；按照权限争议主体对争议权限主张的积极状态，可以分为消极权限争议与积极权限争议。当然，按照不同的标准会产生不同的类型，这里仅仅选取比较普遍的分类标准进行类型化分析。

（一）纵向权限争议与横向权限争议

所谓纵向权限争议，是指与中国自贸试验区管委会具有上下隶属关系的组织之间发生的权限争议。纵向的权限争议包括四项内容。其一，管委会与内设机构之间。管委会为了组织落实国家和上级地方人民政府确定的改革发展任务，为了对相关的经济社会发展建设进行管理，对相关的自贸试验区市场主体进行服务，一般都会设立一定机构，包括办公机构以及政策研究机构等。这些机构在履行管委会赋予的职责权限的过程中，可能会越权行使本来应该属于管委会作出决定的事项，进而引发权限争议。其二，管委会与设立管委会的机构之间。管委会一般是由所在地的市申请相关的机构、人员编制，设置管理自贸试验区的管理委员会。上海规定中国（上海）自贸试验区管委会是上海市人民政府的派出机构；天津市设立自贸试验区管委会，但是并不规定管委会的性质和法律地位；广东和天津也都没有规定自贸试验区管委会的性质和地位，但是都规定省、直辖市人民政府及其组成部门向其下放经济社会发展管理权限。在这些权限下放、运行、变更以及消灭的过程中，就会发生授权机关与管委会之间的权限争议。其三，管委会与不同级别的自贸试验区推进工作领导小组之间。天津、上海在区一级、直辖市一级，设立自贸试验区推进工作领导小组；福建和广东在市一级、省一级，设立推进工作领导小组。在这些领导小组和管委会之间，存在着一定的职责分工。职责划分、履行的过程中也会存在着因为权限划分不明或者法律法规规定存在漏洞而产生的权限争议。其四，管委会与相应的上级政府及其组成部门之间。前面已经提到自贸试验区所在地的市（区）与省一级政府跟自贸试验区管委会之间的争议，除此之外，还有国务院部门以及国务院与管委会之间的权限分工问题。对于该分工的具体界限亦难免存在界限模糊的地方或者漏洞。横向权限争议包括五项内容。其一，管委会内设机构之间的权限争议。例如，上海自贸试验区内设综合协调、政策研究和对外联络局，以及各个上海自贸试验区分区管理局；天津自贸试验区管委会下设负责日常办公、协调、政策研究以及信息服务等机构；福建自贸试验区福州片区管委会以及相关的机构编制规定下设 6 个管理机构（负责日常办公、人事、法治研究以及相应的经济社会发展和保护的管理局）和其他机构（综合监督和执法局以及福州片区各个组成区域设立的五个办事处或者管理局）。这些机构在履行职责的过程中难免会发生相应的权限争议问题。其二，管委会与立法机关之间。这里的立法机关主要是所在地的区、市、省一级人大及其常委会以及全国人大及其常委会，这些立法机关对自贸试验区的改革发展以及其他职责范围之内的事务有权作出决定，制定相关的法律、法规或者其他决议，解决管委会在改革发展进程中的立法资源供给问题。其三，管委会与司法机关之间。管委会对于一些在管理过程中的遇到相关问题或者争议进行处理的时候，可能还会涉及与司法机关的关系，有些问题是专属于行政机关的，有些事务是专属于司法机关处理的，有些是两者皆可的。至于如何理解各自的权力界限则可能会存在着争议。其四，管委会与专业性争端解决机构之间。对于一些民商事纠纷或者其他纠纷，一些社会性专业性、中立性机构或者组织，例如中国国际经济贸易仲裁委员会、中国海事仲裁委员会以及其他仲裁机构，也发挥着解决经济贸易以及海事纠纷的作用和功能。在仲裁与管委会职权之间也会存在着职权交叉、职权分工等权限争议问题。其五，管委会与相对人之间的权限争议。管委会与相对人之间的法律地位是平等的，只是各自所享有的权力或者权利并不对等，但是哪些权力属于管委会以及哪些权利属于相对人，则可能不是不证自明的。

（二）消极权限争议与积极权限争议

所谓消极的权限争议，是指权限争议各方对于争议权限都不主张归属于自己的权限争议类型。对于这一类权限争议，一般来说都是比较麻烦、受理以后或者做出处理以后并不会带来什么好处，反而会增加一定负担的权限内容。例如，信访、安全生产和消防等事务，[①] 权限争议各方都唯恐避之不及，自然不会争先恐后地争取获得争议权限。这也是人类的自然本性所决定的，人都有趋利避害的本性。反映在组织行为中，道理是一样的。组织行为是由人来负责组织实施。虽然是组织行为，但是体现的是人的意志，受人的意志支配。权限争议主体不愿意，甚至不敢承担相应的职责，从人的本性角度来说是可以理解的，没有人愿意自找麻烦。现在中国的经济发展到了一个提速换挡更加注重发展质量的经济新常态时期，因为经济转型升级，短时间内来看，因为高库存、高杠杆率等问题，中国经济形势还是比较严峻的。在这样的一个时期，某种矛盾产生的可能性就会相对增加，甚至会在局部爆发而产生重大的社会影

---

① 近年来（2015年左右）群体性事件、重大安全生产事故以及重大火宅等具有重大不利影响、公众关注度比较高以及产生重大人身财产损害的事故时有发生，频率甚至更高一些。这些问题涉及管理者的政绩和升迁问题，不少领导干部不愿意分管这些工作，在离开该工作岗位调任其他领导职位不再分管安全生产以及社会稳定等事务时甚至按捺不住心中喜悦。当然也有一些领导干部运气不好，暂且忽略问责制度存在的问题，刚任职不久发生重大安全生产或者群体性事故或者事件时，即便平时尽职尽责，但是最后至少也需要承担相应的政治责任，以平息公众对政府管理工作的不满。所以这些工作就像烫手山芋，谁也不愿意接，分管这些工作时，就像坐在火山口上一样，祈求重大事故或者事件的发生不是在自己的任期即可。

响。这些经济社会领域产生的矛盾一旦处理不好，就会对自己的政治生涯产生不利影响，甚至还会被追究政治责任，有的还会被追究法律责任和纪律责任。毕竟这样的工作还是需要有人来承担，需要有相应的领导来分管，因此而产生的权限争议的可能性就相对会更高一些。与消极权限争议相对的是积极权限争议，即，对于争议权限，相关各方都积极主张该权限归属于自己。之所以会发生这样的状况，是因为对于能够产生积极有利的经济社会影响的事务，能够为自己在政治生涯增光添彩的，或者能够带来相对较大甚至巨大的经济利益的事项。所谓一个理性人，可能都会选择积极争取该争议权限。积极权限争议的内容主要是诸如群体性事件、安全生产监督管理、火灾等消防管理等事务之外的，能够带来有利影响或者其他较大经济社会政治利益的事项。例如，财政金融、土地开发、城市规划与建设、交通运输等。人性都是趋利避害的，当然一些道德高尚的人还是存在的，这个不能够否认，但是这样的人毕竟还是少数，治理或者解决这些问题关键不是道德，而是制度设计与严格执行、落实，也就是权限争议的解决机制设计，以及严格执行问题。

三　权限争议解决路径分析

中国自贸试验区管委会权限争议的解决机制，是根据管委会权限争议的内容、性质以及影响，以及在考虑中国自贸试验区的实际情况下而设计的不同程序制度的总和。不同的权限争议，就有不同的权限争议类型，归纳起来大致有协商、仲裁等六种。

（一）协商协调

中国自贸试验区所在区、市或者省一级直至国务院层面都建立有自贸试验区工作协调机制，主要表现为地方政府的自贸试验区推进工作协调领导小组，以及国务院层面的中国自贸试验区工作部际联席会议制度。自贸试验区管委会的职权是有限的，涉及管委会与上级人民政府之间的事项、管委会与自贸试验区省直机关以及国务院垂直领导机关的驻区机构之间、管委会所在地与相邻地区之间（例如，珠海横琴自贸试验区片区与毗邻的港澳之间）的事项。管委会是可以协调的，但是协调的力度和效果未必能够达到所要追求的目标，所以就设立了自贸试验区各级工作领导小组，负责协调这些上下左右的重要事项，满足自贸试验区管委会的制度需求。在省一级领导小组、市一级领导小组等之间还存在着权限分工的问题。一般来说，省一级领导协调小组的权力更大一些，发生争议时，由省一级调处。国务院层面，有商务部申请国务院批准设立的中国自贸试验区工作部际联席会议制度。由国务院相关领导同志牵头，协调解决自贸试验区相关工作。但是不刻印章，也不对外发布规范性文件。办公室设在商务部，由商务部分管同志任办公室主任、同时设立召集人和副召集人，在必要的时候或者成员单位申请召集联席会议的时候，召集联席会议，协调解决相关自贸试验区发展过程中的问题，形成会议纪要，重要的事项按照相关程序进行，会议确定的事项由相关成员单位解决。除了协调，协商，也是重要的处理权限争议的方式，权限争议各方对等平和协商，最终达成解决权限争议的协议。协议达成以后，各方都应当遵守，履行协议确定的义务，在有权机关撤销协议之前，该协议因为是双方自愿平等的基础上的意思表示一致的结果，最后达成的协议就相当于当事人之间的法律，对双方都具有约束力。

（二）仲裁

自贸试验区的建设与运行将催生出许多涉及自贸试验区的仲裁案件。案件争议的范围涵盖投资、金融、贸易、服务等领域。随着自贸试验区建设进度越来越快，由此而产生的民商事纠纷特别是国际投资贸易纠纷就会越来越多。为了加快自贸试验区纠纷解决的机制建设，丰富权限纠纷解决的渠道，有必要充分发挥仲裁机构的作用。仲裁机构可以及时高效地解决仲裁纠纷，程序比较简便，当事人相对来说不用耗时耗力来应付复杂的程序。而且仲裁员的选择与决定尊重当事人的意思。虽然仲裁一裁终局，但是因为其尊重当事人的意愿，而且专业性强。仲裁员一般都是相关领域的专家教授或者其他专业人士，不只是境内的专家和境外的较高比例的专家，能够满足仲裁案件的国际性专业性要求和需求，而且自贸试验区仲裁规则也将依据自贸试验区建设方案和相关的法律、法规与国际投资贸易规则相对接，将更加具有开放性。仲裁机构还有一个好处，就是能够更好地保护当事人的商业秘密。所以，各个自由贸易试验区纷纷设立仲裁机构。例如，上海国际经济仲裁委员会①于 2013 年在上海自贸试验区设立仲裁院，提供商事仲裁服务。支持香港以及国际上知名的仲裁机构入驻上海自贸试验区，在自贸试验区设立代表处。在2015 年 11 月香港国际仲裁中心在上海设立仲裁代表处，这就有利于内地仲裁规则与国际仲裁规则相对接，加快中国仲裁机构和仲裁规则的国际化程度，促进中国仲裁机构和规则高标准国际化建设的进程。2015 年 4月，中国 4 个自由贸易试验区的仲裁机构发起设立仲裁机构联盟，以促进中国自贸试验区仲裁机构的相互合作与交流，整合优势资源，提升中国仲裁机构的国际化程度和专业化水平，满足当事人解决民商事纠纷的仲裁制度高标准国际化的需求。厦门设立了国际商事仲裁院，通过加大与台湾地区仲裁机构的合作，充分发挥厦门在两岸商事纠纷仲裁机制解决的地位和作用，采用法人治理结构。天津也设立国际商事仲裁机构，但是功能比较单一。厦门国际商事仲裁机构除了仲裁的功能之外还包括调解、评估等职能。中国国际经济贸易仲裁委员会以及中国海事仲裁委员会在天津也设立仲裁中心，提供国家级国际化高标准的国际经济贸易以及海事纠纷仲裁服务。2015 年 8 月，福建司法厅先后登记了厦门自贸试验片区、福州自贸片区以及平潭自贸片区国际商事仲裁机构分支机构，福建三个自贸试验片区全部设立了面向国际的高标准商事仲裁机构。2015 年 9 月，在深圳前海蛇口片区由相关机构联合发起设立的金融仲裁中心，为自贸试验区包括全国提供公平高效的金融纠纷仲裁服务，满足纠纷双方对效率、公平和保密性的要求。此后相继在广州南沙片区设立的航运仲裁中心，以及在福建设立的中国贸仲、海仲福建仲裁中心，在广东自贸试验区设立的中国贸仲和海仲广东自贸试验区仲裁中心，提供仲裁服务，解决相关的权限争议。

（三）民间调解

民间调解是指自贸试验区内，具有调解职能的组织或者个人所组织的针对自贸试验区管委会权限争议，通过协调达成合意，最终解决权限争议的纠纷解决方式，包括人民调解、商事调解、行业调解和其他组织

---

① 上海国际经济仲裁委员会在全国的案件受理范围不仅在中国，还包括国际上 60 多个国家，仲裁员有相当大的比例是境外的专业人士，国际化程度相对比较高。

或者个人所进行的调解。自贸试验区鼓励权限争议各方优先选择调解的方式解决纠纷，因为调解的成本比较低，效率比较高，需要及时高效地解决权限争议。如果调解组织或者个人调解没有实现最终效果的，应当告知当事人有申请其他救济渠道解决管委会权限争议的权利。当事人可以向相关的具有调解职能的组织申请进行调解，调解组织也可以依照自己的职权对相关的管委会权限争议进行调解，但是调解应当尊重当事人的真实意思，不能够对当事人的权限争议进行强制调解。调解人员如果与调解的权限争议具有利害关系，或者调解人员与权限争议各方有一定的亲戚、朋友、同学等关系可能影响调解工作公正客观进行的，应当在调解工作进行之前，披露相关方面的信息。当事人提出回避要求或者调解人员自动提出回避的，应当回避。调解程序一般是不公开的，主要目的就是保护权限争议双方的隐私不被社会所知晓，但是也有例外。如果权限争议各方同意调解工作对社会进行公开的，也可以向社会进行公开。调解人员引导当事人达成调解协议的依据可以是村规民约、相关的行业惯例，不一定非得是法律、法规的强制性规定，只要是合理的不与法律法规相抵触的习惯、惯例、民俗等规则，都可以作为调解的依据。权限争议各方如果出现故意拖延时间、撤回调解申请或者明确表示将不遵守调解协议的，以及其他违法行为可能对公共利益及公法民法人或者其他组织的合法权益造成不利影响的，应当终止调解工作。如果最后没有达成调解协议，调解组织可以对没有争议的事实部分出具证明文件。如果对主要的事实没有争议，调解组织可以提出调解方案，当事人认可的，调解协议生效；如果不予认可，则调解方案不发生效力。调解成功的，调解组织应当制作调解协议书，由双方当事人签字盖章；如果双方当事人都认为不需要制作协议书的，记录在案后，由双方当事人签字盖章。

（四）行政调处

自贸试验区管委会的权限争议可以由相关的行政机关，例如自贸试验区管委会的设立机关、自贸试验区管委会的上级机关，以及自贸试验区推进工作领导小组，依照法律、法规、规章等规定的程序和标准，在法定职权范围内，对管委会的权限争议进行调查、调解或者直接作出相应的行政决定，以解决管委会权限争议的方式。行政调处的权限争议范围主要是法律、法规等规定的私法主体与行政机关之间产生的民商事纠纷、私法主体与具有公共事务管理职能的社会公权力组织之间的权限争议、相对人与管委会就管委会的权力界限问题所发生的纠纷，以及与自贸试验区相关的其他可以由行政机关进行调处的权限争议。相关的有权调处机构在履行法律法规赋予的职责的过程中，如果发现权限争议，应当告知当事人有申请行政处理的权利，对于对公共利益或者公民法人或者其他组织的合法权益造成损害或者具有损害的危险的，应当依照法定职权主动进行调处，及时合理公平高效地化解权限争议。管委会权限争议的管辖一般情况下按照属地原则进行处理，对于属于自己的法定职责权限范围内的，应当及时作出处理决定，如果不属于自己的职权范围内的事项，应当及时移送有管辖权的机关进行处理。如果对于管辖权有异议的，不明确或者涉及多个部门的，可以由共同的上级机关确定管辖权。对于当事人提出的行政处理的申请，相关主管机关在经过审查后认为符合受理条件的，应当及时告知受理的决定。如果认为不符合受理条件的，应当告知申请人不予受理的决定以及不予受理的理由。行政调处的过程中，权限争议各方有提出回避申请的权利，相关的主管机关可以通过柔性执法方式促进权限争议双方达成和解。如果柔性执法方式或者行政指导不能满足需要时，则应当依职权作出具有强制性约束力的决定，对于该决定，权限争议各方应当尊重和遵守。

（五）立法程序

这里的立法程序，是指相应的立法机关依照职权或者依照有提案权的主体所提交的提案，对管委会的权限争议，依法科学合理提出立法意义上的解决方案，并获得立法机关多数通过的解决权限争议的制度安排，包括制定新的法律、法律的修改废止以及法律解释等。对于自贸试验区管委会对于相关的职权的需求，以及是否应当享有相应改革发展建设创新的相应职权，在职权运行过程中，在变更以及消灭过程中产生的权限争议，特别是针对该权限争议需要作出立法的制度性安排，实务中已经有比较成熟的经验和制度，需要上升为法律以固定改革的成果。或者国外有相关的成功经验，需要进行法律移植为自贸试验区相关方面的权限划分以及职权的运行、变更以及消灭等纠纷及其解决机制，提供高标准引导性的制度供给。进行立法的除了全国人大常委会、国务院、国务院各部门，还包括自贸试验区所在的市以及省一级人大及其常委会、政府。

有时制定一部法律成本很高，特别是一些制度或者已有法律、法规的规则可改可不改的，或者只是一部分需要修改的，只要对该部分法律规则进行修改就能够满足权限争议解决的制度性供给方面的需求，那么就没有必要制定一部新的法律，只需要对需要修改的部分进行修改即可。如果导致管委会权限争议是因为法律规定不明确，或者法律规定有漏洞，在制定法律时应当考虑的情形却因为疏忽或者其他不应当有的立法技术的缺失而没有对相关的权限划分进行规定，而此时制定新法或者修改旧法成本比较高，或者制定新法和修改旧法的时机还不成熟，则可以选择法律解释的方式解决相关的权限争议。法律解释的方式有文义解释和学理解释。在文义解释和学理解释之间还存在着适用的优先顺序问题。但是不管怎样，法律解释能够及时有效地使得法律更加明确，更能够适应经济社会发展的现实，而同时又节约了国家公权力运行的成本，同时提高了效率。因为解释根植于最新的制度实践与自贸试验区的社会现实，所以更具有生命力和解释力。当然，如果自贸试验区相关的权限争议所涉及的法律、法规，已经全部或者基本上不能够适应自贸试验区管委会职权产生、运行、变更和消灭过程中的实际需要，甚至是对自贸试验区管委会职责的履行产生严重的阻碍，此时应当考虑对相关的法律、法规等进行废止。

（六）司法程序

中国自贸试验区一般都设立有司法机构，或者是派出法庭，或者是自贸区法院，主要负责涉及自贸试验区的民事商事纠纷及海事纠纷、刑事案件以及行政案件的解决或者审理工作，以支持和保障自贸试验区管委会的职权行使，解决管委会权限争议。探索建立自贸试验区巡回法庭审理机制，丰富完善法官的专业化知识背景，提高法院审理专业国际化案件的能力。中国上海自贸试验区，2013 年 11 月，由浦东新区法院派驻设立派出法庭，主要负责原来由浦东法院审理的涉及自贸区的如房地产、金融等民商事案件，并且会随着自贸试验区发展建设的需要逐步调整派出法庭的受案范围。同时，上海市人民检察院在自贸试验区派驻设立自贸区监察室，负责对自贸试验区内的职务犯罪案件的办理和查处，负责相应的法律监督工作，并与相关的自贸试验区部门建立了联系，突出检察室的国际化专业化水平，以应对自贸试验区内的专业化和国际化的事务，并且检察室还担负着预防犯罪的职能。上海海事法院在自贸试验区也设立自贸区法庭，负责自贸试验区的海事纠纷的审理，在 2016 年已经调解一起自贸试验区仓储合同纠纷，自贸区海事法庭开始运行。2015 年 4 月，上海浦东新区人民法院成立自贸试验区知识产权法庭，专们负责审理涉及自贸试验区的知识产权保护案件，解决涉及自贸试验区的知识产权纠纷。天津市自贸试验区在 2015 年 12 月，由天津市滨海新区人民法院在自贸试验区设立了自贸区法庭，主要负责审理自贸试验区内原来由滨海新区管辖而且涉及自贸试验区的知识产权、金融、投资等民商事案件。一定的刑事与行政涉及自贸试验区的案件，也将由自贸试验区滨海新区派出法庭管辖，由其审理。天津自贸试验区滨海新区法庭提供双语服务，法官也是经过挑选的专业领域的专业人才。2015 年 4 月，福建就筹划在三个自贸试验片区设立自贸试验区派出法庭，专门受理涉及福建自贸试验区内的知识产权纠纷、金融等民商事案件的审理。8 月厦门片区湖里法院自贸试验区法庭经过福建高院批准同意，在自贸试验区挂牌成立。12 月福州马尾法院自贸试验区法庭设立，同时在省法院、市中院以及厦门海事法院，对涉及自贸试验区的案件，分别集中审理相关的民商事和海事自贸区案件，厦门法院还专门发文规范自贸试验区法庭的审判规则。在广东，南沙新区于 2015 年 12 月在原来南沙新区人民法院的基础上成立了南沙自贸试验区人民法院，其他自贸试验区都是设立的自贸试验区派出法庭，而南沙片区设立的人民法院则是第一家人民法院，负责审理民商事案件，同时还有调解的职能，未来可能发展成为广东自贸试验区人民法院，统一管辖自贸试验区内的权限争议案件。深圳前海合作区人民法院专门出台意见，服务深圳前海蛇口自贸片区的建设与发展工作，保障自贸区政府职能转变，依法公正高效处理与自贸试验区相关的行政管理体制改革过程中出现的政府信息公开、行政处罚、行政许可等权限争议，同时加强前海法院的审理管理体制机制以及人才的法律素质的培养和提高，充分保障自贸试验区管委会的权限争议的有效解决。珠海横琴片区也出台了一些措施，采取一定的探索，设立了自贸试验区珠海横琴新区人民法院知识产权自贸试验区巡回法庭，审理知识产权纠纷，同时完善相关的体制机制，利用毗邻港澳的优势，开展司法领域与港澳的合作，服务保障自贸试验区的司法制度资源的需求。因为自贸试验区的设立和建设发展，广东省人民法院出台意见和措施，指导各自贸试验区片区所在地的人民法院，积极进行探索和进行相应的调整，以适应自贸试验区建设发展的新的形势和情况，满足自贸试验区建设发展过程中的司法资源供给需求，以解决管委会的权限的先行先试与现有法律法规之间可能存在的法律冲突，以及其他民事商事、刑事和行政权限纠纷。对于仲裁案件的司法审查和执行方面，仲裁的决定是只要尊重当事人的意思自治以及不违反法律的强制性规定，自贸试验区司法机构原则上都予以认可。同时对仲裁案件立案审查程序进行了调整，提高了审查和执行的效率和质量。

表10−4　　中国自贸试验区管委会权限争议解决方式及其具体内容

权限争议解决方式	具体内容
协商协调	中国自贸试验区所在区、市或者省一级直至国务院层面，都建立有自贸试验区工作协调机制，主要表现为地方政府的自贸试验区推进工作协调领导小组，以及国务院层面的中国自贸试验区工作部际联席会议制度
仲裁	涉及自贸试验区的建设与运行催生出的许多涉及自贸试验区的仲裁案件，案件争议的范围涵盖投资、金融、贸易、服务等领域
民间调解	自贸试验区内具有调解职能的组织或者个人所组织的针对自贸试验区管委会权限争议，通过协调达成合意最终解决权限争议的纠纷解决方式，包括人民调解、商事调解、行业调解和其他组织或者个人所进行的调解
立法程序	相应的立法机关依照职权或者依照有提案权主体所提交的提案，对管委会的权限争议，依法科学合理提出立法意义上的解决方案，并获得立法机关多数通过，包括制定新的法律、法律的修改废止以及法律解释等
司法程序	中国自贸试验区一般都设立有司法机构，或者是派出法庭、自贸区法院，主要负责涉及自贸试验区的民事商事纠纷及海事纠纷、刑事案件以及行政案件的解决或者审理工作
其他权限争议解决方式	除协商协调、仲裁、民间调解、立法程序、司法程序之外的权限争议解决方式

第四节　小结

民法上的权限争议，其实就是民事主体就各自的权利界限所发生的争议。这种权限争议发生在民事权利的产生、行使、变更以及消灭的全过程。因为在民事权利的行使与变动的过程中，涉及对民事权利的划分问题。对于民事权利的划分，有可能会因为双方约定不明确，或者因为疏忽大意而没有规定，因对民事权利界限理解的不一致引起争议或者纠纷。对于这些权限纠纷，一般在理论和实务中鼓励争议各方当事人首先进行协商，通过自愿平等的协商，最终达成权限争议解决的协议。该协议因为体现了争议各方当事人真实协商一致的意思表示，所以具有法律上的约束力，各方当事人都应当尊重和遵守。其次，当事人也可以申请相关的专门调解组织进行调解，专门调解组织也可以依职权主动进行调解，但是应当征得权限争议各方当事人的同意。如果当事人不同意，则不能够进行强制调解。再次，行政机关也负有调处民事权限争议的职能，可以依争议一方当事人的申请启动调处程序，也可依职权进行调处。行政机关最终作出的决定，双方当事人应当遵守。复次，高标准高水平的仲裁也是当今经济社会发展进步法制环境优越的重要表现，因为仲裁的专业性、自治性以及保密性和公平高效特征，在实践中比较受当事人的欢迎和接受。然后，如果对仲裁和行政调处不服的，依据法律法规等相关规定，可以提出诉讼的，也可以向人民法院提起诉讼，请求解决相应的权限争议或者纠纷。最后，因为法律规定不明确、法律有漏洞而导致权限争议未解决的，可以对法律进行修改、废止，或者进行法律解释。行政法上的权限争议及其解决机制的概念与特征，以及权限争议的类型、权限争议解决的路径，大致都是相似的，所有的这些纠纷解决机制共同构成一个有机的、多元化的权限争议解决机制。

国际自由贸易园区立法实践对权限争议及其权限争议解决机制，一般也没有做出专门而系统的规定，但是对于自贸园区在设立、运行与管理过程中，在权限的变更以及权限的取消过程中等，都规定了相应的处理程序。该程序一方面是审查和批准程序，另一方面也是权限争议在自贸园区管理机构系统内的解决程序性安排，特别是对于自贸园区管理机构及其辅助机构的决定不服的，还有一定的申诉或者复议程序的规定。当然，除了自贸园区系统内权限争议解决制度性的安排，自由贸易园区所在的区域的地方政府、立法以及司法机关，国家或者中央的立法、行政与司法机关也都有权处理相应的权限争议，只是这些权限争议解决机制在自由贸易园区成立之前就已经存在，在后来专门制定的自由贸易园区的设立与管理立法之中没有必要再进行重复，否则只是无意义的重复与浪费笔墨。所以，在将来的中国自由贸易园区国家立法中，应当参照这一国际立法的经验，对于在自由贸易园区设立之时已经存在的权限争议解决机制，则没有必要重复进行规定，只需要在行政服务或者行政管理的过程中提供相关的告知服务，告知其有相应的救济的权利，并提供相应的技术行政援助，或者在日常的场所、网站、出版物或者其他媒体上系统定期地进行宣传，提供相关的查询以及其他权限争议解决服务。对于涉及自贸园区设立、权限行使、变更以及消灭过程中的权限争议，因为具有一定的特殊性，特别是涉及国际投资、贸易、金融等规则，涉及仅仅适用于自贸园区的法律法规，涉及自贸试验区特殊的经济社会形势与问题，所以需要进行专门的规定，特别是对于自贸园区管理机构做出的决定不服的救济渠道。因为是对外发生效力，而且也是最常发生的，应当重点着墨。但是这并不意味着自贸园区权限变动与运行过程其他环节的内外部权限争议解决机制的重要性就低一些，相反，这些环节的权限争议反而也会影响外部主体的权利，所以需要进行科学合理的制度设计。

第十一章

中国自贸试验区职权问题未来展望

中国自贸试验区管委会职权相关理论的研究以及制度实践的发展，对于中国以后的行政法学理论的发展与进步，以及中国自由贸易园区设立与管理的国家立法具有重要的促进和推动价值。中国自贸试验区的制度实践，在变迁过程中，检验着相关行政法学原理的解释能力、指导能力和实践适应能力，同时又丰富和发展了中国的行政法学相关基本理论。自贸试验区相关的制度和理论的成熟，也会成为中国自贸园区国家立法之良好基础。

第一节 理论发展展望

自贸试验区的相关制度实践，为中国传统的行政法学原理提出了相当大的挑战，特别是在私人行政理论的接受与否，中国公法意义上的法人理论以及管委会的地位问题如何认识，行政法律关系理论与行政法律事实理论，特别是行政行为的撤回和撤销理论如何正确理解，行政法意义上的代理、授权与委托理论以及三者相互之间的关系，以及行政职权的类型化标准问题等方面，理论上应当做出回应。这在另一方面，不敢说是对理论的重大贡献和发展，至少能够引起相关学者或者实务界的重视。如果能够起到抛砖引玉的作用，则自然更好。

一 私人行政理论

中国自贸试验区的制度实践，特别是法定机构制度、自贸试验区企业运营制度的出现，为中国传统的行政法理论，特别是行政主体与行政行为理论带来了不小的挑战。而中国的这些新的制度实践和发展趋势，也需要一个科学的、具有包容性的理论来解释或者进行指导。但是中国传统的行政主体只是包括行政机关、法律、法规授权组织，后来随着最高院的司法解释以及2014年修订的行政诉讼法的规定，行政主体扩大到规章授权组织，理论上也已经做好了将社会公权力组织纳入行政主体当中去的准备。但是，对于其他组织包括法律、法规授权以外的法人或者其他组织以及私人的行政主体地位则倾向于否定，而将之推向民法等私法的范畴。这是中国画地为牢的表现，理论研究没有坚持严谨的逻辑思维，缺乏足够的对社会实践的关怀，只会导致行政法学的自我封闭，以及缺少对社会问题和现象的解释与适应能力，结果只会成为行政法制度实践发展变迁的理论障碍。行政行为理论也相应地存在，只认为是行政机关或者法律、法规、规章授权组织履行行政职权也就是公权力的行为，将同样为了实现行政任务或者目标而以私法方式作出的行为，排除在行政行为之外，或者称之为行政私法行为，根本上还是私法行为，不在行政法等公法的研究范围之列。也确实有学者从民法的角度研究行政机关、法律、法规、规章授权组织为了实现行政任务，而以私法方式作出的行为，但是对于纯粹的私法意义上的，除了社会公权力组织之外的主体所谓的为了实现行政任务而为的研究还需要深入。传统的行政行为理论的问题与传统的行政主体理论的问题或者缺陷是大体一致的，研究态度不够严谨，没有足够的社会关怀，以及存在学术上的画地为牢或者山头林立，对于中国自贸试验区制度实践来说，缺乏足够和应有的解释力和指导价值。

中国应当接受私人行政理论，对传统的行政主体和行政行为理论进行改造。私人行政是传统的公共行政所不能够包含的，传统的公共行政主体以及公共行政行为理论，是经过扩展以后仍然不能够解释所有的行政法现象以及解决一些新的行政法实践问题的理论。改造行政主体理论，除了坚持行政机关以及法律、法规授权组织是行政主体的传统理论，学理上发展了的社会公权力组织也是行政主体，以及立法制度实践中扩展的为学理所进行摹写的规章授权组织也是行政主体的理论外，还应将行政主体的范围扩展到其他为了实现行政任务，采用公法方式、私法方式或者公私法方式兼而有之的作用的主体，包括自然人、法人，也包括任何其他组织。相应地，行政行为理论也就发生了变化，未来应当将行政行为界定为自然人、法人或者其他组织，为了实现行政任务而采取的能够实现行政任务的作用或者方式的总称，可以分为公共行政行为以及私人行政行为。划分的标准就是行政所由而出的主体。公权力组织为了实现行政任务而采取的措施或者作用，就是公共行政行为。行为的性质可以是公法性质的行为，也可以是私法意义上的行为，并不影响公共行政行为的成立和构成。私人行政行为是私法意义上的主体为了实现行政任务所施加的作用或者采取的措施。当然，随之而来的行政主体以及行政行为的分类、构成、成立、有效、生效以及救济理论也会发生很大的变化。但是，所有这些变化的前提就是私人行政理论的接受、对行政主体以及行政行为理论的重新定位，这个才是最重要的，不然其他的问题也就没有研究的必要。如果能够抓住私人行政这个重点，那么行政主体以及行政行为范畴的类型化、法律效力以及救济理论问题也就迎刃而解。必然，与行政主体与行政行为理论相关的其他理论也会发生结构性的、质的规定性变化。这样一来，就在最大程度上与行政法的制度实践相契合，能够具有解释行政法传统与新实践的一个具有足够包容性的理论范畴。在充分的理论研究的基础上，一方面发展了传统的行政主体、行政行为以及相关法学原理；另一方面，对于眼前需要及时作出决策采取措施的行政法实践也具有重要的指导意义，对于中国自贸试验区的改革创新工作也就减少了理论困惑，为我国自贸试验区的制度实践创新发展提供了一个有利的、清晰的、有用的、严谨的思路。

二　法人与管委会的法律地位理论

中国的行政主体理论需要引入法人的理论，并将法人分为团体法人和公务法人。中国各类特殊的开发开放区域的管理机构——管委会的法律地位问题，也就相应迎刃而解。也就是说，管委会为公务法人的执行机关。

（一）行政法意义上的法人理论

传统的行政法学理论认为所谓派出机构是一级政府的职能部门为了管理的方便，在诸如比较偏远的地方等设立机构，将自身所有的部分职权依法转授该机构来承担。与派出机构相关的行政法学范畴是派出机关。

依据我国地方组织法的规定，所谓派出机关，就是省、自治区、县、自治县、市辖区以及不设区的市经过上一级政府批准，可以设立若干地区行政公署、区公所以及街道办事处，作为其派出机关。但是这里的派出机关采用的是列举的方式，能够设立派出机关的主体，也没有明确列举直辖市，综合起来看直辖市即便可以设立派出组织，也只能是派出机关，而不能是派出机构。从各类开发、开放机构的特征来看，类似于派出机关，而不是派出机构。但是派出机关也缺乏足够的解释力，再加上传统的行政主体理论的混乱，参照国际上法治发达国家的成熟理论，我国应当接受公法意义上的法人理论，将公法人分为团体法人以及公务法人。所谓团体法人，就是以一定的地域和一定人民组成的区域，由其行使主权或者职权的团体的总称，包括国家和地方自治团体。所谓公务法人，就是团体法人为了实现行政任务而设立的，依法专门管理特定事务的法人的总称。这是我国学者一直在研究和论证的理论，也是学界和实务界应当追求的目标。但是因为现实的各种制约因素，以及我国具有特色的国体和政体，最终是将法人分为国家法人以及公务法人。随着我国中央与地方关系的法定化，以及地方自治的发展，渐渐也会有国家法人与地方团体法人的分野。限于我国目前理论的成熟度以及各种实践的制约，以及改革的长期性，应当有策略地逐步过渡到最终目标，现在宜将法人界定为中央政府、各级地方政府以及公务法人。

（二）各类管委会的法律地位理论

现在我国各类开发开放区域管理机构分为三种：第一种是政府主导型，第二种是企业主导型，第三种是政企混合型。政府主导型如浦东新区、滨海新区以及广州南沙新区人民政府；企业主导型如深圳蛇口工业；政企混合型如深圳前海管理局、厦门海沧保税区等。按照现有的理论，政府主导型管理机构主要表现为一级人民政府，或者政府的派出机构，或者派出机关；企业主导型，是法律法规或者规章授权组织；政企混合型是企业化政府，或者事业单位。虽然这些理论能够解释和解决一部分问题，但是仍然显得逻辑混乱，对于一些法律、法规、规章授权之外的组织所进行的管理行为，缺乏解释的能力。所以，有必要明确管委会的法律地位。管委会类似派出机关，将其界定为派出机构是不合适的，这是对派出机关和派出机构之间的关系没有界定清楚的结果。但是其职权

行使的全面性、国家强制力作为后盾的保障特征，都使得管委会的职权
类似一级人民政府。之所以不将其界定为一级人民政府，或者作为一级
人民政府建制来进行设计，就是因为管委会作为派出组织来说机构设置
调整以及行使都具有较大的灵活性，就是为了与一级人民政府的条块分
割办事效率低下相区别。随着管委会职权的变化发展，很多问题管委会
作为一级派出机构所不能够协调和处理，在一个行政区域内还涉及与区
域人民政府一级其上下级的关系，所以为了赋予管委会更大的职权，有
些地方经过报批将管委会作为一级政府来进行调整和建制，这就是所谓
的体制复归现象。另外，法律、法规授权组织也能够解决一些问题。但
是大量没有经过法律、法规授权的职权，管委会在行使着，所以也会存
在一定的短板。其实，将已经体制化、政府化的组织作为团体法人的执
行机关，将未体制化政府化的管委会作为公务法人或者自然人或者私法
人来定性就可以了。因为法人理论已经比较成熟，不论是民法还是商法
等都比较成熟，可以参考来用，没有必要另搞一套，徒增成本，甚至走
上一条不归路。

三　行政法律关系变动与行政法律事实理论

行政法学研究的核心就是行政法律关系。行政法律关系运动变化的
全过程就是行政法律关系变动。这也是行政法学的重要研究对象。行政
法律关系变动是有原因的。其原因就是行政法律事实。两者是引起和
被引起的关系。在行政法学理论和实务中，常有学者将两者混淆或者
混用。

（一）行政法律关系变动理论

行政法律关系变动，简单来说就是职权职责的产生、变更以及消灭
的过程。所谓行政法律关系的产生，就是行政法律关系从无到有的过程。
这里主要涉及职权的设定、职权的授予与委托等，固有行政职权、法律
法规授权组织等职权的产生过程即是。职权的变更与职权的变动不同。
职权的变动是一个更为上位和更具包容性的概念，包括职权产生、变更
以及消灭的全过程。而职权的变更既不包括职权的产生过程也不包括职
权的消灭过程，这里的变更指的仅仅是职权的非实质性变更也就是非要
素性变更。如果是行政法律关系的实质性变更或者要素性变更，则构成

了职权的更新，也就是职权的主体、内容或者客体发生了移转，从一个主体已转到另一个主体，内容发生了替换，与原来的职权职责已经是两个概念互不相关，或者职权作用的客体在客观上已经不复存在。研究行政法律关系变动是很有意义的，因为在实践中行政法律关系不是固定不变的，甚至是经常变动不居，但是怎么变、变什么以及变动之后的法律后果如何，都是很实在的问题。

（二）行政法律事实理论

行政法律事实是法律所承认的能够引起行政法律关系产生、变更或者消灭的客观现象。首先，行政法律事实是一种客观现象，如果仅仅存在于人的头脑之中，只能够是一种意识或者是一种主观的想象，并不能为法律所规制，更不会产生法律上的有利或者不利的后果。其次，行政法律事实是为法律所承认的具有评价必要性和可行性的客观现象。如果一个客观现象没有为法律进行评价的必要性或者意义，或者短时间内受制于现实的各种物质条件，对其进行评价还不具有可行性，那么这种客观现象不能够引起法律上的有利或者不利后果。最后，行政法律事实与行政法律关系的变动之间存在着引起与被引起的关系，就是说发生了行政法律事实足够引起行政法律关系的变动，行政法律关系的变动是由行政法律事实所引起的。一般情况下，一个行政法律事实就能够引起行政法律关系的产生、变更或者消灭，但是也存在着需要两个或者两个以上的行政法律事实才能够引起行政法律关系产生、变更或者消灭的后果。这种情况叫作行政法律事实构成。行政法律事实依据不同的标准有着不同的分类。依据行政法律事实是否以人的意志为转移可以分为行为和事件。以人的意志为转移的客观现象叫作行为，符合法律的肯定性评价的就是合法行为，否则就是违法行为；具有意思表示内容的叫作表示行为，否则就是非表示行为；行为人的主观状态是积极的就是作为，否则就是不作为。事件就是不由人的意志支配的客观现象，不是由人的行为引起的而是自然产生的客观现象叫作绝对事件，例如自然灾害、生老病死、时间流逝等；否则就是相对事件，也就是由人的行为引起但是不以人的意志为转移的行为，例如战争、重大传染病爆发等。行政法律事实，依据起作用的时间长短，又可以分为一次性作用的民事法律事实和长时间作用的民事法律事实。

（三）行政行为的撤销与撤回新解

现有的行政行为撤销与撤回理论，是片面性的、不周延的、不严密的行政行为效力消灭理论。现有理论认为已经生效的违法行政行为效力的消灭叫作撤销，已经生效的合法行政行为效力的消灭叫作撤回。至少这是不周延的。导致行政行为效力消灭的原因有很多，除了已经生效的行政行为效力的消灭，还包括无效行政行为被认定为自始绝对当然无效。还包括事件，即不以人的意志为转移的客观现象，那些不是由人的行为引起而是自然发生的客观现象也就是绝对事件，也能够引起行政行为效力的消灭；那些虽然是由人的行为所引起的，但是不以人的意志为转移的客观现象即相对事件，也能够引起行政行为效力的消灭。另外，撤销和撤回理论与民法上的撤销和撤回理论也是两回事，这是不应该的。民法理论发展源远流长，特别是在我国，民法理论的成熟度更高一些。对于基本的法学原理不能够仅仅学来一个空壳而变换了实质内容。撤销应当是意思表示已经到达对方生效以后效力的消灭。所谓撤回是指，意思表示的内容还没到达对方，或者撤回的意思表示与之前的意思表示一同到达对方而发生的，使得意思表示根本不曾生效。这个理论应当借鉴。

四　行政法意义上的代理与授权委托理论

现有的行政法意义上的代理理论和授权委托理论是混乱的，甚至是中国行政法学理论与实践中最为混乱的行政法现象之一，有必要厘清行政法意义上的代理制度、授权制度与委托制度各自的界限范围，以及相互之间的关系。如果将行政法学上的代理理论、授权与委托理论研究清楚，也是对行政法学理论发展的一大贡献。

（一）行政法意义上的代理理论

行政法意义上的代理是指行政主体遇到不能够亲自为而应当亲力亲为之事，为了保护公共利益或者维护公民、法人或者其他组织的合法权益，请人代为处理相关事宜的制度。就像民法学研究民事法律行为不得不研究民事代理一样，行政法学研究不应当多下一些功夫和笔墨研究行政法意义上的代理制度。一般来说，根据代理产生的依据，可以分为意定代理和法定代理。所谓意定代理是指，代理人与被代理人之间经过自愿平等协商以后达成代理的意思表示合意，基础是双方经过协商一致的意思表示行为。所谓法定代理是指，代理的产生不是依据当事人之间的合意行为，而是依据法律的规定，法律规定的情形已经出现或者产生，就当然发生代理的法律效果，不以当事人的意志为转移，当事人不得转让或者放弃，否则应当承担相应的法律责任。我国对法定代理的研究不多。意定代理中，对于无权代理、表见代理、显名代理和隐名代理的构成要件和法律效果的研究也缺乏有力的理论成果。

（二）行政法意义上的授权理论新解

传统的行政法意义上的授权分为法律、法规和规章的直接授权，以及行政机关依据法律、法规和规章的规定的授权；除此之外的就是委托。这里将授权和委托的区别仅仅界定为有没有法律、法规、规章的直接规定或者间接规定，这实际上是混淆了授权和委托的实质区别，不利于将授权和委托区分开来。我国的理论和制度实践中授权理论和委托理论其实是混用的，不论是有法律、法规、规章依据还是没有这些依据，有时在没有依据的情况下更为严重。其实授权理论经历了一个统一于委托行为向独立于委托合同行为的发展演变的过程。授权理论原来是委托合同的约定的内容之一，委托合同中包含着授权条款，授权只是委托合同发生效力的表现形式之一。授权行为以及法律效力并不具有独立性，产生代理关系只需要委托行为即可。委托行为是代理关系产生、变更与消灭的原因。后来，随着德国授权行为理论的发展，就像以发生物权变动为目的的债权合同行为独立于物权行为一样，授权行为开始独立于债权行为。要发生代理的法律关系，委托合同并不是必然的原因，必须有单独的独立的授权行为才发生代理行为。委托合同只是原因行为，其生效与否并不影响代理关系是否产生与生效。也就是说，授权行为具有独立性和无因性，类似民法上的物权行为。简而言之，所谓授权行为，是被代理人单方面作出能够引起代理关系产生的具有独立性的民事法律行为。授权行为是代理权限的证明或者来源，是代理行为的原因行为。这里的授权行为仅仅是就代理的内部关系而言，代理具有内部效果，但是主要是就外部关系而言。

（三）行政法意义上的委托理论新解

其实授权理论和委托理论的关系发展历史，特别是民法上的授权与委托之间的关系发展历史，如果能够研究清楚，就不会出现现在行政法学上的如此混乱现象。关键在于委托以前包含授权，是产生代理关系的原因行为，代理主要是对外，也具有对内的效果，委托是对内而言。后来随着授权行为开始具有独立性，委托行为就不再是代理关系产生的原因行为，授权行为具有独立性和无因性，委托合同是否生效，不影响授权行为是否生效。委托合同仅仅是一个以产生代理关系为目的，但是必须结合授权行为才能够产生代理的、民事法律效果的普通合同行为。委托合同中可以就代理人、被代理人的权利义务，违约的责任以及发生纠纷以后的救济途径作出规定，即便合同生效，也并不会引起代理关系的产生，代理人不得据此主张代理权限存在，如果构成无权代理，则需要被代理人追认。同时第三人也有催告权，经过被代理人追认的无权代理发生，有权代理的法律效果。追认既可以向代理人为之，也可以向第三人为之。此时被代理人与第三人之间直接发生民事法律关系，在被代理人追认之前，第三人可以催告被代理人及时追认，如果被代理人不予追认，就不发生有权代理的法律效果。

五 职权类型化标准理论——以物权的类型化标准为参考

对于职权的类型化，特别是将职权划分类似条、款、项、目的标准，一直是学者，据笔者了解是部分行政法学大家[①]关注的重大问题。该课题的研究意义重大，只要一出成果，就是创新；能够填补相关领域的空白，就是该领域的先行者和开拓者。但是因为行政职权的类型化研究难度很高，所以鲜有有影响力的论著出现。笔者对于这一问题也很感兴趣，也关注了一段时间，思考了一段时间，特别是在研习过杨立新教授以及马俊驹和余延满教授的民法学论著以后，尤其是其中的物权类型化问题，有了一些启发。物权的类型化标准，笔者认为对于行政职权的类型化标

---

① 在学界对于行政职权的类型化的标准问题认为比较重要而且一直关注的学者，据笔者了解并不多，笔者所知道的有行政法学界大家、国家行政学院法学部主任胡建淼教授，一直在关注这一问题，胡教授认为如果能够在行政职权类型化领域做出一番成果，将会对行政职权类型化理论的发展做出很大的贡献，填补这一领域的空白。但是这一课题任务确实比较重，需要付出较长的时间和较大的精力，哪怕是作为博士论文选题，也几乎没有人敢触碰，所以至今尚没有关于行政职权类型化的著作或者有影响力的论文出现。

准研究具有重要的参考价值，前提是将职权作为一种类似物权的，对物或者人享有的支配、对抗以及其他排他的权利。

依据权力享有者是对自有职权还是对其他主体所有的职权享有的支配以及排他的权利，可以分为自有职权和他有职权。自有职权就是对自己所管辖范围内的人和物所享有的支配、管理以及其他排他的职权；他有职权，是指对其他主体管辖范围内的人和物所享有的支配管理或者其他排他的职权。自有职权是职权主体依法享有的职权，当事人不能够约定予以排除、放弃或者转让。自有职权就是职权的所有权。所有权就是自有职权。他有职权就是对其他主体所管辖的人和物所享有的支配、管理或者其他排他的权利。两者区别在于自有职权的主体是自有职权的所有人，他有职权的主体并不是职权的所有人；自有职权是完整职权，享有对所有的职权进行占有使用收益处分的所有权能，只受法律的限制；他有职权又称为限制职权或者定限职权，仅仅享有某些方面的支配力或者部分权能，既受法律的限制也受当事人双方合意的限制；自有职权一般是没有期限限制的，他有职权一般情况下是有期限限制的。如果是经过协议取得的，则只在协议有效期内有效，因此前者又叫作无期职权，后者又可以称为有期职权。根据他有职权设立的目的的不同可以分为用益职权和担保职权。用益职权是以实现对职权客体的使用和收益为目的而设立的他有职权。担保职权是为了担保义务的履行，在义务人或者第三人的权利或者物上所设立的他有职权。两者的区别在于，用益职权在于实现职权客体的使用价值，担保职权在于实现职权客体的交换价值；前者以使用收益为目的，后者在于担保义务履行；前者是对客体的直接支配，后者注重的并不是客体本身，而是客体的价值；前者一般有着确定的存续期限，后者以所担保的权利的实现为前提，权利实现了，担保职权也就不存在了。如果客体发生了变化，用益职权会受到影响，但是担保职权并不会因此而受到影响。

第二节　制度实践未来展望
——《中国自贸园区设立与管理服务法》立法建议

随着中国自贸试验区改革创新实践的进一步推进，以及自贸园区设立与管理服务理论研究的进一步深入，今后自贸试验区的数量还会增加，分布与我国的"一带一路"倡议更为贴合，而自贸试验区的设立与管理的法制化的问题，特别是国家立法的需求会更加迫切，制定一部专门而统一的《中国自贸园区设立与管理服务法》势在必行。依据本书研究，现就中国自贸园区设立与管理过程中的核心问题提出立法建议如下：

一　自由贸易园区委员会、各级政府以及自贸园区管理机构的职权和运行规则

（一）自由贸易园区委员会的职权与运行

1. 职权

（1）制定自贸园区人员进出境等与本法以及相关法律行政法规相抵触的规章或者其他规范性文件；

（2）对自贸园区公共安全等利益造成不利影响的，可以采取命令逐出境外；

（3）要求自贸园区受让人定期向自贸园区委员会报告园区运行情况；

（4）签署自贸园区授权决定，审批自贸园区分区的设立以及对原始自贸园区的变更；

（5）对需要以自贸园区委员会作出决定行为进行审查并作出决定；

（6）对自贸园区委员会内设机构的行为不服复议的处理；

（7）对自贸园区受让人、运行商、使用人等相关情况进行调查和评估；

（8）限制或者禁止自贸园区的运行和维护；

（9）依法终止对自贸园区相关事项的审查程序；

（10）对于违反本法或者与自贸园区相关的法律行政法规强制性规定的行为进行处罚；

（11）依法对自贸园区进行取消、搁置；

（12）依法出具文书证明自贸园区的相关行为是否符合公共利益；

（13）其他依照法律、行政法规可以而且应当由自贸园区委员会承担的事务。

2. 组织与议事规则

自由贸易园区委员会由商务部、财政部、卫生部、海关总署、国防部等相关职能部门派员组成，各部门应当向其成员转授相应的与自贸园区设立、运行与维护相关的职权，以便其有效履行职权。自贸园区委员会从中选取一人担任主任，同时任命副主任，遇到重大问题由主任召集；主任因为客观情况不能召集时，可以委托副主任召集会议，依据上述职权或者申请召开全体会议或者常务会议，进行集体讨论，最后做出决定。

委员会主任有权任命委员会的执行秘书，召集委员会全体会议，向国会提交自贸园区运行情况年度报告。每一个委员会成员单位应当安排一个候补委员。委员会作出决定应当由全体成员一致通过。

说明：有必要设立自贸园区委员会，对自贸园区的设立、运行和维护等事项进行监督管理，其职权主要涉及自贸园区相关事项的规章或者规范性文件的制定。对设立、运行和维护自贸园区权利的申请进行审查并做出处理，审查与自贸园区的分区设立以及变更、消灭、搁置等事项，依法追究违反与自贸园区相关法律的行为人的法律责任。依法处理不服自贸园区内设机构行为的复议请求，以及其他对自贸园区进行监督管理需要自贸园区委员会履行的职责。自贸园区委员的构成可以参考现有的自由贸易试验区工作部际联席会议制度，由财政部、商务部、交通运输部等相关部门组成，只是联席会议，只是协调，不刻制印章，不对外行文。自由贸易园区委员会刻制印章，对外行文，是国务院的职能部门。自贸园区的编制、职责以及机构组成，应当有专门的行政法规的规定，履行相应的手续或者程序，通过委员会决定。因为涉及所有的成员单位，对于国家发展又是重要的事项，为了充分保障自贸园区相关事项决策的科学性和民主性，应当经过委员会全体成员一致通过。

（二）其他各级政府及其组成部门

国务院其他职能部门按照各自的职能职责范围，对自贸园区范围的受让人、运行商或者使用者的设立、运行和维护事项行使监督管理的权力，同时加强与自贸园区委员会的合作，但是对于下放地方政府或者集中归并到自贸园区委员会行使的事项除外。

地方政府主要负责以下公共事务的管理与服务：

1. 涉及建筑及其附属物建设与管理、环境影响评价、资源回收再利用、排水或者相关水资源处理的设施升级换代、水土保持、森林沙土等的开采与保护、城市公园的规划与建设、土地开发利用计划的批准、公园娱乐设施的升级与管理、户外广告的管理与控制事项等；

2. 涉及罚款的收缴、土地征收补偿、土地出让、行政收费、城市发展规划、地方道路的划界与管理、地方税的征收、授权的收回、公共卫生事业管理等事项；

3. 法律所规定以及上级人民政府所交办的事项。

依本法由受让人承担，或者地方政府授权其代为处理的事项除外。

说明：对自贸园区的管理，一般来说，国务院除了自贸园区委员会之外的职能部门，在自贸园区委员会设立或者运行的过程中就应当将与自贸园区相关的管理和服务事项集中到自贸园区委员会行使，但是也会保留一些管理权。各部委在行使管理权的时候，应当与自贸园区委员会进行合作，可以对自贸园区的相关活动进行监督检查，可以下放相关的职权到地方政府。地方政府主要是负责土地、交通、安全、公共卫生等公共事务的管理与服务，以及法律规定的其他事项或者上级人民政府交办的事项的管理与服务。但是按照本法或者相关法律行政法规，以及地方政府交由相关的专门运行商进行运行和维护的事项，则应当排除到地方政府的管理范围之外。地方政府与运行商之间可以合同的方式约定涉及自贸园区的运行和维护各自的权利和义务，双方对于该合同都应当予以尊重和遵守。

（三）自贸园区运行维护机构

自贸园区运行和维护由申请设立、运行和维护的权利并获批的机构负责承担，该自贸园区运行维护机构应当提供必要的码头、停泊处、装载卸载等基本设施，必要的与相邻区域以及全国其他地区的交通联系，足够的能源、水以及排水设施，足够的国家与地方政府等相关机构在自贸园区内的办公设施，足够的隔离措施以及高效的人员、货物和商品的出入境的便利化措施，以及其他自贸园区委员会要求必须提供的基础设施或者其他服务。

受让人在自贸园区委员会批准的情况下，可以批准自贸园区的自然人、法人或者其他组织在自贸园区范围内构筑建筑物及其附属设施，批准的条件由法律、行政法规进行规定。但是这样的许可不能与国家的法

律、法规或者受让人也就是管理运行机构的监管相冲突，不能与国家自
贸园区委员会对自贸园区授权的处理相冲突，不能与自贸园区的公共用
途相冲突。

　　说明：申请自贸园区设立、运行和维护的机构，就是批准以后的运
营和维护机构，该机构既可以是政府，也可以是公司，该公司包括公营
公司和私营公司。公营公司是由国家、地方政府以及国家或者地方政府
的相关公共机构等共同组建控股的运营自贸园区事务的公司；私营公司
是指任何为了自贸园区设立、运行和维护而注册成立的公司。该公司或
者政府应当为自贸园区的正常运行提供必要的生产、生活、出入境便
利、公共安全等服务或者设施。受让人依据法律行政法规，依据自贸
园区委员会规定的条件，向自贸园区内从事相关服务或者营业活动的
自然人、法人或者其他组织颁发许可证，并对这些市场主体的活动负
责监督。

　　（四）相互间的合作

　　自由贸易园区委员会与自贸园区所在的各级地方政府在公共安全、
卫生以及其他与自贸园区相关或者在自贸园区内的其他事务方面加强合
作，同时自由贸易园区还应当加强与海关、交通运输部以及其他在自贸
园区享有管辖权的机构之间的合作。自贸园区在审查过程中需要对其他
机构掌握的信息进行了解，或者需要其他机构的配合，在国务院总理的
指导下，其他部门予以充分必要的协助。

　　说明：自贸园区的管理是一个复杂的工作，单单靠自贸园区委员会
是不够的，还涉及方方面面的事务、方方面面的管理机构，以及自贸园
区所在地的各级地方政府。所以，为了自贸园区的高效运作以及健康有
序地发展，需要各机构之间加强合作。

二　自由贸易园区的设立

（一）自由贸易园区设立主管机关

　　自由贸易园区委员会，负责依据法律、行政法规等授权，按照法律、
行政法规规定的条件，对市一级人民政府或者公营公司、私营公司提出
的设立自由贸易园区的申请进行审批和批准；或者自由贸易园区委员会
依据法律、行政法规规定的条件标准和程序，依职权设立自由贸易园区。

说明：自由贸易试验区的设立与管理是一个高度专业的事务，而且设立与管理涉及相关法律、法规、政策的调整，是相当重要的事项，不宜交由一个现有的国务院部门来承担。因为涉及职责的协调问题，也不宜设立在现有的部门之下，其重要性难以突出，而且程序烦琐。所以有必要专门设立对自由贸易园区的设立和管理事务进行专门负责的部门。建议提请设立自由贸易委员会，由各相关方面专业人士共同组成。规定城市有权申请设立。是因为城市是设立自贸园区的最前沿行政单位，不宜增加审批层级、增加审批成本。同时为了充分发挥市场的决定性作用，提高开发开放的效力，改善改革创新的效果，有必要赋予公营公司或者私营公司申请设立、运营和管理自由贸易园区的权利。

（二）自由贸易园区的数量

每一个城市或者临海、临江、边境地区或者城市之间的交界地区，都可以申请设立自由贸易园区，自由贸易园区的数量不设上限。

说明：自由贸易园区一般是在城市区划内，但是也有跨行政区划，例如跨江、跨海以及跨国境而设立自由贸易园区的情况。对于自由贸易园区的数量，为了保证各个城市的平等发展的机会，应当平等保护，也不宜设置数量限制。

（三）多个申请人同时申请时的处理

政府、公营公司、私营公司各自单独申请设立、运行和维护自由贸易园区，同时都符合设立条件的，按照申请的先后顺序批准设立自贸园区。如果政府、公营公司或者私营公司同时申请设立、运行和维护自由贸易园区的许可，则应当优先授予政府机构，其次公营公司，最后私营公司。

说明：如果是一个城市或者多个城市同时申请设立、运行和维护自由贸易园区的权利，法律应当平等保护，在符合法定条件的情况下，都应该予以批准。公营公司以及私营公司也是如此。关键在于当政府、公营公司以及私营公司同时申请时，到底优先授予哪一方主体。因为政府对公共利益代表性最强，公营公司其次，私营公司最次，所以应当优先授予政府，其次是公营公司，最后是私营公司。

（四）设立申请/要求

拟设立自贸园区的所在市政府，或者为此而组建的公营公司或私营公司，可以提出设立自贸园区的申请，该申请文件应当详细载明拟设立自贸园区的区位和条件、土地和水文条件、海关隔离管理的方式、建设自贸园区的可行性以及设立之后扩张的可能性、即将提供的公共设施和附属物、相应的立法计划以及成本评估，以及享有的可以用于自贸园区服务的公共设施和附属物，自贸园区挂牌成立、开工建设竣工以及相关公共设施和附属物的建设完成的时间计划，自贸园区的财政计划以及自贸园区委员会要求提供的其他事项。

说明：设立自贸园区，应当以书面形式提出申请，并提供详细的设立自贸园区的必要性和可行性的材料，主要是地理水文等客观自然条件、可能带来的经济社会效应、因此而付出的成本、相关的立法计划、相关的基础设施建设和服务计划，以及其他自贸园区委员会认为必要的事项。这样的要求主要是为了方便自贸园区委员会按照相关的法律法规，结合实际情况，对申请设立、运营和维护自贸园区行为，审查其是否符合法定条件，以及决定是否给予批准。

（五）听证程序

受让人申请自贸园区的设立、运营以及维护的权利的过程中，可以申请听证，或者自贸园区委员会或者其负责人可以依据职权安排或主持听证程序。自贸园区委员会应当在政府公报上公布听证的时间、地点与主题，所有的主体都有权参加，但是申请人及其证人享有优先权。根据情况在必要的情况下，负责听证主持的负责人可以对参会的人数以及报名参会的时间进行限制（自贸园区委员会其他监督管理活动的任何环节，都可以依据职权或者相关的申请组织听证会）。

说明：受让人申请设立、运营和维护自贸园区的权利，是一项涉及受让人的重要事项，应当赋予受让人申请听证的权利。自贸园区委员会以及负责人也可以依据法定职权，在认为必要的时候，主动组织听证会。听证会召开的时间、地点以及内容应当公开，并安排一定的时间让公众报名参加，但是申请人及其相关证人享有优先权。听证不只在申请设立自贸园区阶段，在申请获得批准以后的任何自贸园区的监督管理等程序过程中，只要是涉及受让人的重大利害关系，受让人都可以申请听证，自贸园区委员会及其负责人也可以在认为必要的时候主动组织听证。

（六）申请的批准

如果自贸园区委员会认为所提交的申请符合本法规定的条件和标准，以及相应地为了自贸园区的运行和维护，而存在或者建设的公共设施和附属物是有效的，或者能够满足需要的，符合建立自贸园区所要实现的目的，应当予以批准。

说明：这是对申请行为进行审查的程序性规定。自贸园区委员会有权对申请设立、运行和维护自贸园区的各项条件依法按照自己的职权进行审查，认为符合条件的，应当予以批准，否则不予批准，这自然是应有之义。

三　自由贸易园区的扩张、设立分区与其他变更

（一）申请、甄别与程序选择

1. 受让人有权向自贸园区委员会申请扩区或者对已经获得授权的自贸园区职权进行变更。

2. 自贸园区委员会召集人应当在与海关等部门进行协商后，确定建议修改的事项是实质性变更还是非实质性变更事项。

3. 实质性变更适用本法自贸试验区设立的程序的规定。

4. 申请或者请求应当以书面形式提交，自贸园区委员会负责人可以决定建议修改的事项是否是实质性变更。如果是非实质性变更，则适用非实质性简易程序，非实质性变更包括主体自贸园区的些微变更、自贸园区分区边界的调整，以及作为自贸园区分区的设立等；如果是实质性变更，则应当经过评估和审查程序。

说明：自贸园区的变更除了扩区、设立分区，还有其他方面事项的变更，因为扩区和设立分区相对比较典型，所以单独列出进行规定。对于扩区、设立分区或者自贸园区的其他事项的变更，受让人都有权向自贸园区提出申请。自贸园区委员会的负责人有权作出认定申请变更的事项是实质性变更事项还是非实质性变更事项。之所以作出这样的区分，是因为不同性质的变更事项，所适用的程序是不同的。实质性的变更事项适用自贸园区的设立程序；如果是非实质性变更事项，则适用专门的非实质性变更程序，非实质性变更程序相对比较简单高效一些。

（二）非实质性变更程序

提出非实质性变更申请，包括边界变更以及重新寻找区位，应当以书面形式提出。自贸园区委员会负责人应当在征求相关部门或者相关方面意见的基础上进行审查，然后由自贸园区委员会负责人作出是否批准的书面决定，在 1 个月内书面通知申请人。如果还涉及其他部门，申请人应当将申请书副本送交相关部门，相关部门原则上应当将意见反馈给自贸园区委员会负责人。

说明：申请对自贸园区的相关事项进行变更，可以分为两种情况：一种是对于实质性事项的变更，另一种是对于非实质性事项的变更。实质性事项的变更适用自贸园区的设立程序，非实质性变更事项适用本节规定的专门的非实质性变更程序。两者有很大不同，非实质性事项没有必要遵循那么严格的程序规则，只需要自贸园区委员会自己在法定期限内，运用自由裁量权作出决定即可。

（三）扩区、设立分区以及其他变更申请的审查标准

自贸园区委员会及其负责人在对扩区、设立分区以及其他事项的变更申请进行审查时应当考虑下列因素：

1. 在考虑到国际贸易活动以及对就业的影响的基础上，该修改是否具有必要性；

2. 现有的基础设施是否能够满足服务的需求，主要是考虑已有的自贸园区发展与执行规划中对建筑物、基础设施以及相关的时间表的契合度；

3. 对于修改的事项，对照其他已有的类似的自贸园区事项的运行与修改情况，考虑其修改的必要性与正当性；

4. 地方政府对于该地区经济社会发展以及自贸园区变更的态度和倾向；

5. 因为自贸园区事项的变更可能会因此而受到实质影响的利害关系人的意见；

6. 其他依照法律、行政法规应当考虑的因素。

说明：不论是自贸园区委员会还是自贸园区委员会负责人，在对相关受让人提出的实质性变更事项或者非实质性变更事项进行变更的申请进行审查的时候，应当遵循特定的标准。该标准不是任意的，应当是法定的，以使得受让人在申请变更时可以有确定的标准和稳定的预期，提供良好的法治环境。良好的法治环境，是一个自贸园区是否健康成熟，是否能够吸引国内外市场主体入驻运营的重要标准。自贸园区委员会及其负责人在审查时，主要是考虑国际贸易影响、就业意向、园区内的基础设施是否符合发展与执行规划并满足园区运营的需求、地方政府的意见以及可能会因此而受到实质性影响的主体的意见、其他现有的或者将有的自贸园区的变更情况以及法律、行政法规规定的其他标准。

四　自由贸易园区的运营

（一）一般条件或者限制

1. 在自贸园区设立、维护和运营的申请被批准以后，自贸园区在正式挂牌运营之前应当获得国家或者地方政府的所有的许可证照；

2. 自贸园区批准期限到期以后，授权自动失效，除非受让人在期限截止之前的合理期限内提出延期并获得相应的批准；

3. 自贸园区的受让人及其代表、运行商或者使用商应当允许中央国家机关为了履行监督管理职责而进入自贸园区并调取相关档案材料。

4. 其他限制条件

说明：相关的政府、公营公司或者私营公司在获得自由贸易园区委员会的批准以后，并不能马上投入运营，因为委员会的决定只是一种自贸试验区设立运行和维护资格的授予，如果要正式运营自贸园区，还需要按照国家或者地方的法律法规或者规章申请相应的行政许可，或者符合国家和地方规定的运行和维护自贸园区相关公共事务或者其他事物所要具备的条件并获得批准，之后才能够进行运营和维护。自贸园区的设立与存续是有时间限制的。在授权期限截止之前，相关的受让人可以按照相关的要求申请展期，获得批准以后自贸园区继续存在。如果没有获得批准，或者没有申请展期，则自贸园区的相关授权自动失效。自贸园区的设立并不排除中央和地方相关政府部门的监督管理。

（二）自由贸易园区委员会对自贸园区运营维护的限制

自由贸易园区委员会经过调查，认为自贸园区内相关活动对公共利益造成了侵害，或者具备侵害的可能，可以要求将货物强制迁出自贸园区，或者终止相关待遇的享有。对于已经获准进行的生产活动，自贸园区以及法律法规进行限制以保护公民的人身财产安全以及公共利益，当对自贸园区的相关活动是否与申请计划当中的规划相符合时，自贸园区委员会可以做出认定，此活动是否符合设立批准的目的与规划，是否与公共利益相契合。

说明：自由贸易园区委员会对于运行维护过程中的自贸园区的行为，有权进行监督检查，主要是为了保障自贸园区的建设发展活动按照计划进行，为了保护公共利益以及公民法人或者其他组织的人身财产安全。如果相关的行为或者活动违反了本法或者与自贸园区相关的其他法律、法规的强制性规定，自贸园区可以采取必要的预防或者惩治措施以避免或者减少损害的发生，弥补行为所带来的不利后果。经过调查，自贸园区委员会最终应当作出认定，相关的活动是否与申请设立自贸园区时上报的发展与执行规划的内容相符合，是否符合法律、法规的强制性规定，是否符合公共利益。

（三）其他限制或者禁止条件

国务院、国务院部门、地方政府以及组成部门可以依据法律、法规、规章的规定，按照法定职权，对自贸园区相关的行政事务，制定相关的要求、限制或者禁止条件。

说明：自贸园区的设立、运营和维护的管理，不只是自贸园区委员会的事情，还涉及方方面面的管理机构。对行政系统而言，除了自贸园区委员会，国务院的其他组成部门、地方政府、地方政府组成部门，都可以对自贸园区相关范围内的事务制定措施进行监督管理，但是应当符合本法以及相关法律、法规、规章的规定，遵循法定权限和法定程序。

五 自由贸易园区授权的让与、取消与中止
（一）自贸园区授权的让与

自贸园区依法获得的授权，不得以买卖、指派、移交方式让与。

说明：自贸园区设立、运行以及维护的申请人，在获得建设、运营以及维护自贸园区的授权以后，不得将该建设、运营与维护自贸园区的授权让与他人，不论让与是采取的何种方式。之所以有这样的建议，是因为自贸园区的建设、运营和维护是一个高度专业化、复杂化的工程，

只有特定的组织具备特定的条件才可以进行相应的活动。自贸园区委员会存在的意义就在于此，以便对相关的管理运行机构的资质资格进行审查，保障自贸园区的高效优质的建设、运营与维护活动，促进自贸园区的发展。

（二）自由贸易园区授权的取消

1. 授权取消的程序

受让人多次故意违反本法、相关法律、行政法规的强制性规定，自贸园区可以在发出取消自贸园区授权的公告一定期限以后，作出取消授权的决定。受让人可以申请自贸园区委员会进行听证，或者自贸园区委员会认为必要的也可以主动进行听证。证据材料应当形成书面形式并与最后的授权取消决定文书一并录入自贸园区委员会档案。

2. 证人的出席与证据的提出

证人有出席自贸园区取消相关程序环节进行作证的义务，自贸园区授权取消的程序的任何环节，自贸园区委员会有权强制要求证人出席作证，提出相关的书面证据材料，或者出具相应的证人证言。为了达到证人出席作证的目的，自贸园区委员会可以寻求人民法院启动相应的程序以寻求帮助。

3. 自由贸易园区委员会取消授权的决定性质

因为违反本法或者与自贸园区相关的法律、行政法规，自贸园区委员会作出的取消授权的决定是最终的决定，除非被取消授权人在法定期限内提起相应的复议、诉讼程序。

说明：申请人在获得设立、运行和维护自贸园区的授权以后，在建设、运行和维护自贸园区的过程中，因为违反了本法律或者相关法律、行政法规的强制性规定，没有履行应有的职责，或者超越职权造成了一定的侵害或者影响，自由贸易园区委员会可以作出取消授权的决定。该决定的作出应当遵循正当程序，给予当事人申请听证的权利，在程序的任何一个环节，可以要求相关的证人出席作证。为了保证程序的正当性，可以寻求司法机关的协助。委员会作出的取消授权的决定，除了在法定期限内提出相应的救济请求程序外，应当是最终的决定。

（三）授权的中止

自贸园区委员会负责人有权对自贸园区授权作出中止的决定，该决定有效期至违法状态消除之时。

违反本法、相关的行政法规以及授权的决定内容，未按时缴纳罚款或者违反自贸园区委员会采取的相关管制措施等，都会导致授权中止程序的启动。

如果是部分授权的中止，该中止决定不影响其他授权的效力。

作出授权中止决定，首先应当通知违法行为人及时履行相关的义务，如果相对人有异议，可以在法定期限内提出。依据申请或者职权，自贸园区委员会应当提供听证的机会，听证可以由代理人代为参加，任何证据都应当当场提出，听证会应当制作笔录。委员会负责人应当提出处理建议，由自贸园区委员会作出最后的决定。如果相对人不执行决定，可以强制执行或者申请人民法院强制执行。

说明：如果行为人拒绝缴纳罚款、拒绝履行法定义务或者自贸园区委员会确定的其他强制性的责任，则自贸园区委员会可以依据职权作出相应的授权中止的决定。该决定的有效期至相关的违法行为状态得到消除之时，主要是为了消除行为的违法状态。授权中止的对象既可以是授权的部分内容也可以是授权的全部内容。如果是授权的部分内容，则该部分的授权中止的决定，并不影响其他部分授权内容的效力。作出授权决定应当履行特定的程序，首先应当通知相应的违法行为人。如果受让人不是违法行为人，还应当通知受让人。违法行为人和受让人可以提出异议，自贸园区委员会应当安排合理的时间方便违法行为人或者受让人提出异议。同时自贸园区委员会应当提供听证的机会，该听证既可以依据申请作出，也可以依据职权在认为必要的时候主动积极地组织。听证参加人可以委托代理人代为参加。所有的证据都应当当场一次性出示，听证会制作笔录，并根据听证会的笔录提出相应的建议以及作出相应的决定。相对人应当尊重和遵守该决定，如果不提出异议也不复议诉讼的，自贸园区委员会可以强制执行或者申请人民法院强制执行。

六　复议、诉讼与监督检查

（一）复议

对于自贸园区负责人依据本法作出的决定等，因此而受到实质性影响的利害关系人可以向自贸园区委员会提出复议的请求。

相关的利害关系人应当以书面的形式提出复议申请，并提交实质性决定的原件、其他证明文件或者相关材料。自贸园区委员会应当启动审查程序，经过审查以后，作出相应的决定，并书面通知申请人。

说明：相对人对于自贸园区委员会负责人等相关机构或者个人作出的对其产生实质性影响的决定，可以向自贸园区委员会提出复议的请求。该复议的申请，应当以书面形式提出，并载明申请复议的对象、内容以及希望复议机关所作出的救济措施的建议或者请求，并提供相关的决定的原件或者复印件。自贸园区委员会经过审查以后，认为不符合受理条件，受理以后认为请求不成立，应当作出不予受理或者驳回复议请求的决定；如果认为符合受理条件，经过审查以后认为被申请人的决定违法或者不当，应当作出相应的调整的决定，并以书面形式通知申请人。

（二）诉讼

对于自由贸易园区委员会作出的设立、变更、取消或者搁置自由贸易区的相关决定不服的，可以向自贸园区所在地的人民法院提起诉讼。人民法院在受理之后，应当将起诉状副本送交被告，之前认定或者提交证人证言和书面证据材料，只要是符合法律规定的条件，人民法院应当考虑作为案件事实认定的依据。

说明：自贸园区委员会作出的决定，不论是关于自贸园区的任何事项，都应当是可诉的，应当给予当事人提起行政诉讼的权利。单靠行政系统内的救济是不够的。行政系统的上下级之间，虽然有监督与被监督的关系，上级可以撤销下级的决定，但是因为是一个系统，所以对于同一个系统内的机关作出的决定，存在着偏袒的可能性。为了保障当事人的合法权益，限制行政系统的裁量权，在行政系统外赋予当事人司法救济的权利是必要的也是可行的。管辖法院应当是自贸园区所在地的人民法院。至于法院的诉讼程序已经有现行法律的规定，这里仅仅提示即可，没有必要重复。

（三）监督检查

一般情况下，自贸园区委员会或者其负责人有权对自贸园区的建设、运行和维护情况在任何时间进行监督检查，主要是检查自贸园区建设、运行以及维护情况是否符合本法、相关的法律法规以及自贸园区委员会对自贸园区的授权的规定，最后提出整改的建议。依职权或者依申请，自贸园区委员会以及负责人可以启动相应的评估程序，相关主体各方应当配合工作提供便利，否则应当承担相应的法律责任。如果经过审查认为自贸园区的相关活动违法，则可以作出相应的限制或者禁止措施。受让人有陈述和申辩的权利。

说明：对于自贸园区的建设、运行和维护活动，在获得设立、运营和维护的权利之后，不是说就放任不管，还是要接受相关主体主要是自贸园区委员会及其负责人的监督检查，在监督检查的过程中相关各方应当提供协助，配合工作，否则应当承担相应的责任。经过审查认为自贸园区的相关活动违法造成了损害或者具有损害的可能性，则可以采取相应的限制或者禁止的措施，不过应当遵循正当程序，赋予受让人陈述和申辩的权利。

七 法律责任

（一）受让人的责任

一般情况下，受让人不为运行商或者其他使用者行为承担责任，但是如果受让人采取措施而相关的违法行为就不会发生，受让人并不能因此免责。

说明：受让人的角色主要是对自贸园区的运行和维护提供基本的管理行为以及市场主体活动的必要公共服务的需求。对于在自贸园区内营运的主体的行为，应当由其自负其责，不能够让受让人承担责任。但是也存在例外，即如果受让人之前采取了相关的监督管理的措施，损害或者损害的可能性就不会存在时，受让人仍然需要按照相关的规定承担责任。

（二）相关违法行为及其责任形式

1. 一般情况下，违反自贸园区设立与管理服务法以及相关的行政法规的行为，都可以处以罚款，只要违法状态继续，罚款以天为单位进行计算。

2. 违反自贸园区设立与管理服务法以及相应的行政法规的主体，包括受让人、运行商、使用商等。

3. 受让人如果没有按时向自贸园区委员会提交年度报告，每天的延迟都构成一次违法，可以处以一定的罚款；如果因为运行商不按时提供充分准确的信息，导致受让人不能够及时向自贸园区委员会提交相应的年度报告，也构成违法，每一天的延迟，构成一次独立的违法行为，可以处以相应的罚款；如果受让人提供了及时的年度报告，报告认定运行商没有能够及时充分准确地提供信息，那么受让人因此而免责。

4. 受让人或者代表受让人处理自贸园区事务的人，如果对自贸园区市场主体差别化对待，则构成违法，每一天的持续，都是一个独立的违法行为，可以因此而处以一定数额的罚款。

5. 其他违法行为以及本法或者相关行政法规规定的责任形式。

说明：自贸园区委员会有权对自贸园区的设立、运行和维护行为进行监督检查，对于经过审查认为违反本法或者其他与自贸园区相关的法律行政法规等的强制性规定、自贸园区委员会的限制性或者禁止性措施的，可以依照法定程序，对自贸园区的相关违法行为进行处理。这里的违法行为人包括受让人、运行商以及其他违反本法或者相关法律、行政法规以及自贸园区委员会的强制性规定的行为人。追究责任的形式有罚款，当然还有法定的其他责任形式。这里需要强调的是对于处于长时期持续状态的违法行为怎么认定的问题。笔者主张对于处于持续状态的违法行为，每一天的持续，都构成一个独立的违法行为，应当承担相应的法律责任。

（三）责任追究程序

当自贸园区委员会及其负责人发现自贸园区主体有违法行为，并且应该给予相应的处罚措施时，应当遵循以下程序：

1. 自贸园区负责人应当及时通知相对人以及受让人相关违法行为的性质与内容，并安排一定的合理的期间作为相对人或者受让人做出回应的时间；

2. 自贸园区负责人认为必要时或者根据当事人的申请，组织召开听证会，当事人可以委托律师或者其他代理人参加，任何证据都应当当场出示，听证会应当制作笔录，由听证会相关参加人签字确认；

3. 自贸园区负责人应当及时提出处理建议，如果作出肯定的处理建议，还应当提出具体的处理措施的意见；

4. 自贸园区委员会依据负责人的建议作出处理决定，对于较小数额的罚款自贸园区委员会授权其负责人独立作出相应的决定。

说明：对于违法行为进行责任追究应当遵循一定的程序，这种程序是法律规定了的。首先自贸园区委员会应当将发现的违法行为的性质、内容告知相关违法行为人以及受让人。相关的利害关系主体有异议的，可以在自贸园区委员会规定的时间内提出异议。自贸园区委员会应当基于利害关系人申请听证的权利，或者认为必要的时候可以积极主动地组织听证会，听证会应当制作笔录。在听证会的案卷的基础上，自贸园区负责人提出相关的处理建议，最后由自贸园区委员会根据负责人的建议作出最后的决定。但是对于一些简单以及较小罚款数额的案件，可以授权自贸园区委员会负责人单独作出相应的决定。

（四）责任的减免

自贸园区委员会有权依据特定证据，结合实际情况，作出对自贸园区违法行为人的法律责任的减免决定，同时对于特定数额的罚款或者其他比较简单的案件，可以授权自贸园区委员会负责人做出减免的决定。

作出减兑决定应当考虑违法行为人违法记录、行为人主观状态、在违法行为原因中的作用、相关补救措施、是否配合调查以及自贸园区委员会和其负责人认定的其他可以减免法律责任的情形。

说明：违法行为人如果符合本法规定的特定的情形，可以申请减免责任，或者自贸园区委员会在认为符合法定情形的条件下，作出减免责任的决定。对于特定的简单的案件，可以授权自贸园区委员会作出一定的处理措施。在作出减免决定时，主要是考虑违法行为人的主观状态、过往的违法记录、违法行为原因力的大小以及是否采取补救措施等，然后作出是否减免的决定。

参考文献

（按照作者姓名拼音顺序排列）

一 著作类

（一）国内

［1］［英］彼得·莱兰、戈登·安东尼：《英国行政法教科书》，杨伟东译，北京大学出版社 2007 年版。

［2］陈新民：《行政法学总论（修订八版）》，三民书局 2005 年版。

［3］福建师范大学福建自贸区综合研究院：《自贸区大时代 从福建自贸试验区到 21 世纪海上丝绸之路核心区》，北京大学出版社 2015 年版。

［4］福建省社会科学界联合会、福建师范大学福建自贸区综合研究院：《中国（福建）自由贸易试验区 180 问》，海峡出版发行集团、福建人民出版社 2015 年版。

［5］龚祥瑞：《比较宪法与行政法》，法律出版社 2012 年版。

［6］关保英：《行政组织法史料汇编与点评（1950—1960）》，中国政法大学出版社 2007 年版。

［7］韩大元：《比较宪法学（第二版）》，高等教育出版社 2008 年版。

［8］韩春晖：《社会管理的法治思维》，法律出版社 2013 年版。

［9］韩春晖：《行政法治与国家形象》，中国法制出版社 2011 年版。

［10］韩春晖：《现代公法救济机制的整合：以统一公法学为研究进路》，北京大学出版社 2009 年版。

［11］洪永森：《海峡西岸经济区发展报告》，北京大学出版社 2015 年版。

［12］胡建淼：《行政法学》，法律出版社 2015 年版。

[13] 胡建淼：《比较行政法：20 国行政法评述》，法律出版社 1998 年版。

[14] 胡建淼：《法律规范：评估与审查》，知识产权出版社 2015 年版。

[15] 胡建淼：《世界行政法院制度研究》，武汉大学出版社 2007 年版。

[16] 胡建淼：《世界宪法法院制度研究》，浙江大学出版社 2007 年版。

[17] 胡建淼：《公权力研究：立法权、行政权、司法权》，浙江大学出版社 2005 年版。

[18] 胡建淼：《行政行为基本范畴研究》，浙江大学出版社 2005 年版。

[19] 黄建忠、陈子雷、蒙英华：《中国（上海）自由贸易试验区研究蓝皮书》，机械工业出版社 2015 年版。

[20] 蒋硕亮：《中国（上海）自贸试验区制度创新与政府职能转变》，经济科学出版社 2015 年版。

[21] 李泊溪、周飞跃、孙兵：《中国自由贸易园区的构建》，机械工业出版社 2013 年版。

[22] 李友华：《境外自由贸易区与中国保税区比较研究》，吉林大学出版社 2006 年版。

[23] 林纪东：《行政法》，三民书局 1994 年版。

[24] 林洲富：《行政法——案例式（第三版）》，台湾：五南图书出版股份有限公司 2015 年版。

[25] 刘锐：《中国事故受害人救济机制研究》，国家行政学院出版社 2012 年版。

[26] 刘锐：《机动车交通事故侵权责任与强制保险》，人民法院出版社 2006 年版。

[27] 龙安山：《沪港发展报告（2014—2015）》，中国社会科学出版社 2015 年版。

[28] 孟鸿志等：《中国行政组织法通论》，中国政法大学出版社 2001 年版。

[29] ［日］米丸恒治：《私人行政——法的统制的比较研究》，洪英、王丹红、凌维慈译，中国人民大学出版社 2010 年版。

[30] 齐虹丽：《中国—东盟自贸区法律协议条文释义》，经济管理出版社 2011 年版。

[31] 钱震杰、胡岩：《比较视野下自由贸易区的运行机制与法律规范》，清华大学出版社 2015 年版。

［32］任进：《和谐社会视野下中央与地方关系研究》，法律出版社 2012
　　　年版。

［33］任进：《行政组织法教程》，中国人民大学出版社 2011 年版。

［34］任进：《中外地方政府体制比较研究》，国家行政学院出版社 2009
　　　年版。

［35］任进：《比较地方政府与制度》，北京大学出版社 2008 年版。

［36］任进：《中欧地方制度比较研究研究》，国家行政学院出版社 2007
　　　年版。

［37］任进：《政府组织与非政府组织：法律实证和比较分析的视角》，山
　　　东人民出版社 2012 年版。

［38］上海保税区管委会研究室编：《世界自由贸易试验区研究》，改革出
　　　版社 1996 年版。

［39］上海财经大学自由贸易区研究院编著：《赢在自贸区 寻找改革红利
　　　时代的财富与机遇》，北京大学出版社 2014 年版。

［40］上海财经大学自由贸易区研究院、上海发展研究院：《全球自贸区
　　　发展研究及借鉴》，格致出版社、上海人民出版社 2015 年版。

［41］孙元欣：《2015 中国自由贸易试验区发展研究报告》，格致出版社、
　　　上海人民出版社 2015 年版。

［42］王丛虎：《行政主体问题研究》，北京大学出版社 2007 年版。

［43］王名扬：《美国行政法》，中国法制出版社 2005 年版。

［44］魏宏：《法律的社会学分析》，山东人民出版社 2003 年版。

［45］魏宏：《权力论》，上海三联书店 2011 年版。

［46］肖林：《国家试验 中国（上海）自由贸易试验区制度设计》，格致
　　　出版社、上海人民出版社 2015 年版。

［47］薛刚凌：《行政主体的理论与实践——以公共行政改革为视角》，中
　　　国方正出版社 2009 年版。

［48］［日］盐野宏：《行政组织法》，杨建顺译，北京大学出版社 2008
　　　年版。

［49］杨伟东：《权力结构中的行政诉讼》，北京大学出版社 2008 年版。

［50］杨伟东：《行政行为司法审查强度研究：行政审判权纵向范围分
　　　析》，中国人民大学出版社 2003 年版。

［51］杨伟东：《政府信息公开主要问题研究》，法律出版社 2013 年版。

［52］杨向东：《建国初期（1949—1954 年）行政组织法认识史》，山东人民出版社 2013 年版。

［53］杨小军：《行政机关作为职责与不作为行为法律研究》，国家行政学院出版社 2013 年版。

［54］杨小军：《政府信息公开实证研究》，国家行政学院出版社 2014 年版。

［55］杨小君：《行政诉讼问题研究及制度改革》，中国人民公安大学出版社 2007 年版。

［56］杨小君：《重大行政案件选编》，中国政法大学出版社 2006 年版。

［57］杨小君：《国家赔偿法律问题研究》，北京大学出版社 2005 年版。

［58］杨小君：《我国行政复议制度研究》，法律出版社 2002 年版。

［59］杨小君：《行政处罚研究》，法律出版社 2002 年版。

［60］杨小君：《我国行政诉讼受案范围理论研究》，西安交通大学出版社 1998 年版。

［61］应松年：《四国行政法》，中国政法大学出版社 2005 年版。

［62］应松年、王龙江：《美英德法日行政体制与组织法研究》，法律出版社 2014 年版。

［63］应松年、薛刚凌：《行政组织法研究》，中国政法大学出版社 2002 年版。

［64］袁志刚：《中国（上海）自由贸易试验区新战略研究》，格致出版社、上海人民出版社 2013 年版。

［65］张家洋、陈志华、甘国正：《行政组织与救济法》，国力空中大学 1994 年版。

［66］章剑生：《现代行政法基本理论》，法律出版社 2014 年版。

［67］张迎涛：《中央政府部门组织法研究》，中国法制出版社 2011 年版。

［68］赵红军、李依捷、江福燕：《上海国际贸易地位变迁与区域经济影响》，上海人民出版社 2015 年版。

［69］庄芮、张国军、白光裕：《中国自由贸易区战略理论与实践》，对外经济贸易大学出版社 2015 年版。

［70］《中国（上海）自由贸易试验区指引》编委会：《中国（上海）自由贸易试验区指引》，上海交通大学出版社 2014 年版。

［71］周汉民、王其明、任新建：《上海自贸区解读》，复旦大学出版社2015年版。

［72］周佑勇：《行政法专论》，中国人民大学出版社2010年版。

（二）国外

［1］Chadee, Doren D. *Prosepects and Challenges of Free Trade Agreements: Unlocking Business Opportunities in Golf Cooperation Council Markets.* Houndmills, Basingstoke, Hampshire: Palgrave Macmillan, 2015.

［2］Christopher Findlay. *ASEAN and Regional Free Trade Agreements.* London, New York: Routledge, Taylor & Francis Group, 2015.

［3］Cunningham. *The Rise and Decline of the Free Trade Movement.* Cambridge: Cambridge University Press, 2014.

［4］Giupponi, María Belén Olmos. *Rethinking Free Trade, Economic Integration and Human Rights in the Americas.* [S. l.]: Hart Publishing, 2016.

［5］J. Humberto Lopet, Rashmi Shankar. *Getting the Most Out of Free Trade Agreements in Central America.* Washington, D. C.: Word Bank, 2014.

［6］Naoi, Megumi. *Building Legislative Coalitions for Free Trade in Asia: Globalization as Legislation.* New York, NY: Cambridge University Press, 2015.

［7］Ricaardi, Lorenzo. *Investing in China through Free Trade Zones.* [S. I.]: Springer, Berlin Heidelberg, 2015.

［8］Suresh Moktan. *Regional Integration and Free Trade Agreements: Effects on Trade Flows of SAARC Countries.* Saarbrucken, Deutschland: LAP Lambert Academic Publishing, 2011.

［9］Susan Tiefenbrun. *Tax Free Trade Zones of the World and in the United States.* Cheltenham, UK; Northampton, MA: Edward Elgar, 2012.

［10］Todd, David. *Free Trade and Its Enemies in France, 1814 - 1851.* Cambridge: Cambridge University Press, 2015.

二 论文类

(一) 国内

[1] 葛云松:《法人与行政主体理论的再探讨——以公法人概念为重点》,《中国法学》2007 年第 3 期。

[2] 胡彬:《开发区管理体制的过渡性与变革问题研究——以管委会模式为例》,《外国经济与管理》2014 年第 4 期。

[3] 李年清:《私人行政司法审查受案标准的美国经验——简论我国私人行政责任机制的建构》,《法制与社会发展》2015 年第 3 期。

[4] 李昕:《中外行政主体理论之比较分析》,《行政法学研究》1999 年第 1 期。

[5] 沈岿:《公共行政组织构建的合法化进路》,《法学研究》2005 年第 4 期。

[6] 王长发:《法学分类方法的局限性及其克服》,《黑龙江社会科学》2007 年第 4 期。

[7] 王丽英:《论中国(上海)自由贸易试验区管委会的法律地位》,《海关与经贸研究》2015 年第 6 期。

[8] 薛刚凌:《我国行政主体理论之检讨——兼论全面研究行政组织法的必要性》,《政法论坛》1998 年第 6 期。

[9] 薛刚凌:《行政主体之再思考》,《中国法学》2001 年第 2 期。

[10] 余凌云:《行政主体理论之变革》,《法学杂志》2010 年第 8 期。

[11] 张树义:《论行政主体》,《政法论坛》2000 年第 4 期。

(二) 国外

[1] Dabour Nabil M. , "Free Trade Zones in the Aftermath of the Uruguay Round: Experience of Selected Oic Member", *Journal of Economic Cooperation Among Islamic Countries*, 1999, 20 (4).

[2] Gum Christopher C. , "Free Trade Zones in Closed Developing Economies: An Examination of EPZ Success in Mauritius", *Indian Journal of Economics and Business*, 2014, 13 (2).

[3] Hakimian Hassan, "Iran's Free Trade Zones: Back Doors to the International Economy?". *Iranian Studies*, 2011, 44 (6).

［4］ Nath, Smita. "North-South Asymmetry and Free Trade Zones", *Journal of Social and Ecomomic Policy*, 2013, 10 (2).

［5］ Nath Smita. "Free Trade Zones and Employment in Developing Ecomomies", *Indian Journal of Labour Economics*, 2005, 48 (3).

［6］ Nath, Smita. "Free Trade Zones and Outstanding Debt", *Foreign Trade Review*, 2013, 48 (2).

［7］ Siousiouras Petros. "The Euro-Miditerranean Free Trade Zone: Prospects and Possibilities", *Mediterranean Quarterly*, 2003, 14 (3).

［8］ Susan. Pual, Schneider. "Geoggrye. Institutional Challenges in the Development of the World's First Worker-owned Free Trade Zone", *Journal of Economic Issues*, 2008, 42 (2).

［9］ Tazzara Corey. "Managing Free Trade in Early Modern Europe: Institutions, Information, and Free Port of Livorno", *Journal of Modern History*, 2014, 86 (3).

［10］ Vasques Sergio. "The Medeira Free Trade Zone: Compliance and Control Issues", *European Taxation*, 2012, 52 (4).

［11］ Yao Daqing, Whallye John. The China (Shanghai) Pilot Free Trade Zone: Background, "Developments and Preliminary Assessment of Initial Impacts", *World Economy*, 2016, 39 (1).

［12］ Zaafrane Hafedh, Mahjoub Azzem. "The Euro-Mediterranean Free Trade Zone: Economic Challenges and Social Impacts on the Countries of the South and East Mediterranean", *Mediterranean Politics*, 2000, 5 (1).